現代企業の社会性
——理論と実態——

林　正　樹 編著

中央大学企業研究所
研究叢書31

中央大学出版部

はしがき

　企業は社会のなかに存在するのであり，企業と社会は共生関係にある．ここに「企業の社会性」が存在する根拠がある．しかし，現代日本企業の行動を社会との関連でここ10～20年の範囲で特徴的に見るならば，不正な会計処理による利益操作，偽装食品，偽装請負，事故隠し，欠陥製品隠し，談合，贈賄，利益供与，顧客情報の漏洩，などなど，いわゆる企業の不祥事がたびたび繰り返されていることに驚きと怒りを禁じ得ない．
　企業の不祥事は「企業の社会性」の欠如から発生する「企業の非社会性」の現れということができる．「企業の非社会性」の根底には企業の利益は他社（および他者）から奪うもの，それによって企業の競争力が強化される，さらにはそれこそ株主の利益を最優先する企業の使命である，という勘違いが存在しているのではないかと思われる．「企業の社会性」の欠如は企業や経営者（以下，単に，経営者）の倫理や「社会的責任意識」の欠如の現れである．こうした企業の行為は，経済的業績の追求を優先するあまり，経営者が「社会は企業の存続基盤」という意味での「企業の社会性」意識を放棄ないし喪失するところから発生すると考えられる．では，経営者は，なぜ，「企業の社会性」意識を放棄ないし喪失するのであろうか．
　他方では，企業の中にも，法律の遵守や企業倫理の徹底および地球環境保全を考慮した「環境経営」や地域コミュニティーの活性化など社会貢献に積極的に取り組む企業が徐々に増えていると伝えられている．そういう経営者は「企業の社会性」意識（社会的倫理や社会的責任意識）をしっかりと持っているだけではなく，利益という業績も上がっているという．そうであれば，経営者による社会貢献と利益追求とは両立することになるが，両立の論理はいかなるものであろうか．
　これらの疑問にこたえるために，2007年4月から，中央大学企業研究所の

中に「企業の社会性に関する研究」チームが設置され，4年間，理論研究と実態調査を行ってきた．本書は，その研究成果をまとめたものである．以下，本書の内容を各章ごとに簡単に説明しておこう．

第1章 「日本企業の社会性——企業の競争力を問い直す——」（林 正樹）

第1章は，日本企業の中に「企業の社会性」意識を放棄ないし喪失しているものが目立つとして，そうした「企業」が後を絶たない理由を分析するために，日本企業の競争力要因を (1) 企業外要因と (2) 企業内要因に分け，戦後から今日までを5つに時期区分してその変化を明らかにしている．このなかで，企業内外の競争力要因が1990年を境にして大きく変化し，企業の競争力の強化が国の経済や国民の生活の向上をもたらしたというかつての「方程式」が崩れたのはなぜかについて，企業の競争力の概念を社会との関連で検討した上で，今後日本企業が社会と共生しつつ発展するための経営システムのダイヤモンド・モデルを提起し，それが実現するための条件を考察している．

第2章 「低炭素社会と日本企業の行動——「個」重視から「関係性」重視への転換——」（所 伸之）

第2章は，「低炭素イノベーション」が進行する中で，日本企業が市場において持続的な競争優位を獲得し，収益を上げていくためにはいかなる戦略が求められるかを，ヒアリング調査と文献研究により分析している．日本企業はハイブリッド・カーや電気自動車，太陽光発電パネル等の製品において優れた技術力を有し，プロダクト・イノベーションを創出してきた．しかしその反面，持続的な競争優位を獲得するためのより高度な総合戦略を構想する力が弱く，技術的な優位性が崩れ，製品がコモディティー化した場合に市場での競争優位を失う可能性が高い．かつて，市場において高い競争優位を有していたDRAM半導体，液晶ディスプレー，薄型テレビは韓国や台湾の企業の攻勢の前に競争力を失った．ハイブリッド・カーや電気自動車，太陽光発電パネル等の製品が同じ轍を踏まないためには，競争優位＝技術的優位という従来の発想から抜け出し，新しい戦略思考を持つ必要があるとし，そのためには，個別企業が個々の製品を競い合うだけではなく，個々の企業が有する技術や知識，ノ

ウハウなどが融合する「場」を通じて，より付加価値の高い製品・サービスを創出していく「関係性」戦略を提唱している．

第3章 「企業の環境対策の戦略的意義と制約条件」（岡村龍輝）

第3章は，企業の環境戦略とその制約条件について論じている．かつてマイケル・E.ポーター（Porter, 1991）は，適切な環境規制が企業による技術の再構築を促進し，コスト削減や品質の向上を促すとする「ポーター仮説（Porter hypothesis）」を提唱したが，その実現可能性に関する最近の研究では，この仮説が支持されるという一般的な結論を導くことはできないとされている．しかし，企業の競争戦略という側面からみた場合，ハイブリッド・カーの実用化にみられるように，環境対策が企業の競争優位性を向上させる場合もありうる．第3章では，こうした環境規制と企業の環境対策および競争戦略論との関連性を明確にするとともに，企業が環境問題に対して積極的に取り組む条件として，外部環境に対する認識と資源の制約，および環境問題と企業行動をめぐる利害関係者間の相互作用関係のプロセスが存在することを明らかにしている．

第4章 「環境経営の段階的イノベーション――持続可能な環境経営への発展プロセス――」（山田雅俊）

地球温暖化対策として都市や地域社会のスマート化が日本，ドイツ，アメリカなど多くの国で注目されている．特にドイツは再生可能エネルギーの安定供給や都市交通のインフラの再設計など，自動車のあり方を問うような環境政策を先進的に試みている．環境に配慮した経営（＝環境経営）を徹底することがドイツ自動車企業にとって競争力獲得および存続の条件になっている．ドイツ自動車企業はどのように環境経営を徹底しようとしているのか．第4章では，フォルクスワーゲン（Volks Wargen）社，BMW社，ダイムラー（Daimler）社の環境経営を事例として，企業が持続可能な環境経営を確立しようとするプロセスを検討する．従来の経営学研究のように漸進的イノベーション（incremental innovation）と抜本的イノベーション（radical innovation）を別個に議論することによっては環境経営の発展プロセスを理解できないとし，これらのイノベーションを総合するイノベーション，すなわち「段階的イノベーション」（gradual innovation）が環境経営のもとに進展していることを考察する．

　第5章　「ソーシャルネットワークとサスティナブルマネジメント」（井上善博）

　ソーシャルネットワークの普及によって，今まで目に見えない価値だった人間関係や相互信頼が可視化されるようになった．これまでのグローバルな資本主義経済体制では，すべての価値は貨幣価値に換算されて評価されていた．しかし，現代社会においては，貨幣価値では評価できない，共感，信頼，評判，尊敬などの価値の大切さを世界の人々は瞬時に実感できるようになった．このような新たな社会において，世界の顧客が何に価値を求め，何に共感しているのかについて企業が傾聴することは従来に比べてはるかに容易になった．企業の提供するサービスが顧客の信頼を得ているかについて感知することも同様である．そして，ソーシャルネットワーク上では，サービスに対する良い評判あるいは悪い評判は「口コミ」で瞬時に世界中に発信される．このような顧客の企業に対する心象を真摯に受け止め，世界中の顧客を味方につけることが現代におけるサスティナブルマネジメントの優先課題となっている．

　第6章　「社会的責任としての危機対応による事業継続とサプライチェーン」（塩見英治）

　第6章は，CSRとBCP（事業継続計画）との関係を整理した上で，今回の東日本大震災によって，サプライチェーン構造の中で広範囲の影響をうけた自動車関連産業を対象に，被災の特徴と影響，震災に対する企業対応を考察し，危機対応のための調達システムとサプライチェーンの再構築の課題について検討を行っている．近年，BCPに代表されるように，企業が直面している多様な緊急事態のリスクの顕在化や危機の発生による被害を最小限におさえ，事業継続をはかる立案計画が重要性を増すようになっている．さらに，それらの危機への対応は，企業の盛衰とグローバル規模での市場の競争状態に影響を与えることから，企業価値の向上に資するものとして，戦略的に捉える意義も見いだされる．CSRの観点から見て望ましいBCPは，経済性，環境性，社会的利益についてバランスをとるトリプルボトム・ラインを目標とし，社会的要請やス

テークホルダーからの期待や要求を踏まえたものでなければならないと考察している．

　第7章「日本における自動車リサイクルの実態と課題――自動車メーカーと解体業者の関係を中心に――」(島内高太)

　第7章は，日本自動車産業は循環型社会構築に貢献できるのかという問題意識から，自動車リサイクル法が制定された2002年以降の廃車リサイクルの実態分析を試みている．リサイクル促進には自動車メーカー(産業動脈部)と自動車解体業者(静脈部)それぞれにおける取り組みの強化と両者の相互連携が必要不可欠になるというものであるという分析視点に基づき，次のような分析結果を示している．①リサイクルを担うメーカーや解体業者は，廃車リサイクルを社会的(法的)要請であると同時に企業競争力を規定する一要因として認識している．そのため，②リサイクル促進のために両者が求める相互連携の方向性は，その立場の違いを反映して大きく異なっている．たとえばメーカーには優良な解体業者を囲い込むインセンティブが働いている一方で，解体業者はメーカーに支配されず自らの環境ビジネスを発展させようとしている．③廃車リサイクルをめぐる企業の論理と企業間相互連携の方向性を理解することは，循環型産業としての日本自動車産業を展望する重要なポイントになる．

　第8章「韓国製紙産業と古紙産業における原料調達の実態と課題――フェアトレードの視点から――」(孫榮振)

　世界的な古紙リサイクルの進展とともに，先進国における古紙余剰の問題に伴い，古紙価格が大きく変動するという問題が深刻化し，その価格決定に関しては様々な見解が示されている．第8章は，韓国の古紙調達価格が買手寡占的なメカニズムにより決定されているとの認識を基に，製紙産業と古紙産業における公正な調達方法を論じ，そして韓国における製紙原料の需給構造をフェアトレードの観点から考察し，これまでのフェアトレードに関する議論の幅を広めることを試みている．すなわち，従来の議論では，フェアトレードとは，先進国と先進国ではない国家間における貿易で生じる不公正な取引の問題点から

出発し，先進国でない国家の生産者に公正な対価を支払うことを促す新しい貿易形態であった．しかし，本章においては，南北間において生じる不公正さだけではなく，貿易の制限を通じて国内の1次的な生産者の情報を抑えることから生じる不公正さを含めることによって，フェアトレード概念の拡大を提起する．

第9章 「ハーレーダビッドソン社の市場戦略と文化の関係」（瀬口毅士）

第9章は，グローバリゼーションのもとで拡大・深化を続ける多国籍企業の戦略とその中に包摂される文化との結び付きに着目し，その関係について考察する．具体的には，多国籍企業の市場戦略において文化がどのように取り込まれているのか，その帰結として，多国籍企業の市場戦略は文化にどのような影響をおよぼし得るのかについて論述する．

多国籍企業の市場戦略と文化の関係を把握するために，自社の商品に文化的意味を付与する「文化的要素」の活用と，商品に付与された「文化的要素」を魅力的であると解釈するような消費者の認識枠組みやライフスタイル，すなわち「文化的プラットフォーム」の形成，という2つの視点を導入する．これら2つの視点から，ハーレーダビッドソン社を事例として取り上げ，同社がアメリカと日本でどのように市場を形成してきたか，またそのプロセスにおいて文化がどのような役割を担ってきたかについて検討している．

第10章 「労働慣行の改善に向けた多国籍企業と国際機関の取り組み——ナイキ社の事例から——」（根岸可奈子）

第10章は，多国籍企業が途上国における労働者に関するCSR活動に取り組むきっかけの1つとなったナイキ社の事例を取り上げたものである．同社の事例に関しては，従来多くの批判が行われており，非倫理的な言動がブランド価値を下落させるということの典型的な例として取り上げられることが多かった．ただし，そこでは，同社が改善活動を具体的に行っていったプロセスや，そこから生じた監査結果等に関する考察が十分に行われていなかったと思われる．そこで，改善活動の中でも，ナイキ社が国際機関やNGOなどと組んで行った活動に焦点を当て，その活動の成果と課題を検討した．ナイキ社単独で行

った活動ではなく，こうした従来組むことのあまりなかったステークホルダーとの関係に主眼を置くことで，近年企業のCSR活動に関わりを見せるようになったステークホルダーとの関係の意義について論じる．

第11章 「日本企業における女性従業員の処遇問題」（奥寺 葵）

これまで女性従業員の労働問題は，国が推し進める人権問題対策として扱われてきた．今日，企業における女性従業員の処遇問題は，男女共同参画施策や均等施策などの「差別をなくすべきである」という人権問題の視点からだけではなく，「企業の社会性」として取り組むことによる意義や新しい展望，そして解決への新しい理論的アプローチの提起が課題となっている．本章では以上のことを前提にして，第1に現代企業における女性従業員の処遇問題について，第2に企業の取り組みについて検討した．本章で検討した女性活躍推進の取り組みは，企業にとっては，戦略として扱われており，業種や企業によって，その力の入れ方にはまだかなりの強弱の差があるのが実態である．第3に女性従業員の処遇問題が生じるその原因となる理論的アプローチを行った．そして上記の課題について検討しながら，「企業の社会性」が求められる環境における，企業の女性従業員の処遇問題の取り組みのあり方について考察した．

第12章 「中小企業金融における情報利用と顧客特性」（新井大輔）

第12章は，信金・信組に代表される中小金融機関が社会に「埋め込まれた(embedded)」存在であることを具体的に示すことを課題としている．すなわち，一般に企業，特に営業地域を限定している中小企業の経済取引は，常に人間関係やコミュニティといった社会的文脈から影響を受ける．また，特に銀行取引においては借り手についての情報が決定的な意味を持っており，中小金融機関はその情報を純粋な経済的取引関係だけでなく，それを超えた借り手との人格的な関係を通じて取得している．つまり，信金・信組は一般的な意味だけではなく，後者の特殊な意味でも社会関係に「埋め込まれて」いるといえる．本章で取り上げるのは，後者の側面である．本章では，信金・信組が利用している情報，これら金融機関の顧客特性，および情報収集の体制という三者の密接な関係を考察することを通じて，金融機関がそこに「埋め込まれて」い

る社会関係の積極的な意義を明らかにする．

　企業経営に関する研究は，ガバナンス論・経営戦略論・組織論・イノベーション論・マーケッティング論などなど，企業内部の課題が分析の中心になりがちであるが，今日のように，世界的金融危機の長期化と各国の通貨対策の対立，グローバリゼーションや経済成長政策さらには地球温暖化対策をめぐる先進工業国と新興国の対立などなど，企業環境が著しく不安定な時代においては，企業経営の研究は，企業の外部環境が抱えている問題に経営者がどのように取り組むべきかという課題に最優先で答えなければならない．このような問題意識から，本書は，社会が抱えている問題を取り上げて，企業経営のあり方を社会との関係を通して理論的かつ実態的に分析しようと試みたものである．経営学の研究者や学生だけではなく，企業経営の専門家にも読んで頂き，ご批判をいただければ幸いである．

　4年間の研究期間に，文献資料に基づく研究会，外部講師をお招きしての研究会，日本企業に対するヒアリング，などを行ってきた．外部講師や訪問企業のお名前は省略させていただくが，この場を借りて，厚くお礼を申し上げたい．

　最後に，中央大学企業研究所の宮川美智子さんには，4年間の研究会設定と企業訪問実施のたびごとにお世話になった上に，5年目の成果のまとめの段階では，中央大学出版部の菱山尚子さんとの連携もよろしく，原稿執筆が遅れがちのわれわれをねばり強く叱咤激励して頂いた．記して御礼を申し上げる．

　2011年12月　　研究室にて

林　　正　樹

目　　次

はしがき

第Ⅰ部　理論編

第1章　日本企業の社会性
　　　　──企業の競争力を問い直す──
　　　　　　　　　　　　　　　　　　　　　　　林　　正　樹

　はじめに……………………………………………………………… 3
　1．企業の競争力とは何か──概念と現状………………………… 4
　2．企業の競争力研究の枠組み……………………………………… 7
　3．企業の社会性…………………………………………………… 15
　4．企業の非社会性………………………………………………… 18
　5．競争力と社会性の統合的研究──模索……………………… 25
　おわりに…………………………………………………………… 31

第2章　低炭素社会と日本企業の行動
　　　　──「個」重視から「関係性」重視への転換──
　　　　　　　　　　　　　　　　　　　　　　　所　　伸　之

　はじめに…………………………………………………………… 33
　1．低炭素イノベーション時代の到来…………………………… 34
　2．「3つの共」（共創―共振―共感）の実践…………………… 37
　3．「技術優位性のわな」──日本企業のジレンマ…………… 41

4．「個」重視から「関係性」重視へ──ホリスティックな
　　戦略構築の必要性………………………………………………… 49
　おわりに…………………………………………………………………… 52

第3章　企業の環境対策の戦略的意義と制約条件
岡　村　龍　輝

　はじめに…………………………………………………………………… 57
　1．先行研究──ポーター仮説をめぐる先行研究の到達点……… 58
　2．理論的枠組み──競争戦略論におけるポーター仮説と
　　企業の環境対策の位置付け……………………………………… 63
　3．事例研究──排出ガス規制に対する日本自動車メーカーの
　　対応過程…………………………………………………………… 70
　4．インプリケーション…………………………………………… 85
　おわりに…………………………………………………………………… 88

第4章　環境経営の段階的イノベーション
　　　──持続可能な環境経営への発展プロセス──
山　田　雅　俊

　はじめに…………………………………………………………………… 95
　1．環境経営の類型と発展の方法…………………………………… 97
　2．ドイツ自動車企業の環境経営………………………………… 104
　おわりに………………………………………………………………… 111

第5章　ソーシャルネットワークとサスティナブル
　　　　マネジメント
井　上　善　博

　はじめに………………………………………………………………… 121
　1．市場コントロールの限界……………………………………… 122

2．商品開発パートナーとしての顧客……………………… 130
        3．協働型マーケティング…………………………………… 135
           おわりに……………………………………………………… 140

第Ⅱ部　実　態　編

第6章　社会的責任としての危機対応による事業継続と
         サプライチェーン
塩　見　英　治

           はじめに……………………………………………………… 147
        1．CSR と BCP……………………………………………… 148
        2．東日本大震災による影響とサプライチェーンの脆弱性…… 150
        3．企業による緊急対応 ……………………………………… 154
        4．危機対応とサプライチェーンの再構築………………… 156
        5．実効性のある BCP の策定と促進……………………… 159
           おわりに……………………………………………………… 162

第7章　日本における自動車リサイクルの実態と課題
         ──自動車メーカーと解体業者の関係を中心に──
島　内　高　太

           はじめに……………………………………………………… 167
        1．日本の廃車リサイクルと自動車リサイクル法………… 169
        2．自動車メーカーにおける廃車リサイクル……………… 174
        3．自動車解体業者における廃車リサイクル……………… 178
           おわりに──メーカーと解体業者の関係性の行方……… 185

第8章　韓国製紙産業と古紙産業における原料調達の
　　　　実態と課題
　　　　　──フェアトレードの視点から──
　　　　　　　　　　　　　　　　　　　　　　　孫　　榮　振
　　はじめに………………………………………………………… 193
　1．フェアトレードの定義とその拡張………………………… 194
　2．韓国古紙市場の現状………………………………………… 198
　3．韓国における古紙調達の問題──古紙の輸出による
　　　社会経済への貢献は可能か………………………………… 207
　　おわりに………………………………………………………… 216

第9章　ハーレーダビッドソン社の市場戦略と
　　　　文化の関係
　　　　　　　　　　　　　　　　　　　　　　　瀬　口　毅　士
　　はじめに………………………………………………………… 221
　1．現代多国籍企業の市場競争と文化………………………… 223
　2．アメリカにおける市場戦略と文化の関係………………… 226
　3．日本における市場戦略と文化の関係……………………… 235
　4．ハーレーダビッドソン社における市場戦略と文化の関係… 245
　　おわりに………………………………………………………… 252

第10章　労働慣行の改善に向けた多国籍企業と
　　　　国際機関の取り組み
　　　　　──ナイキ社の事例から──
　　　　　　　　　　　　　　　　　　　　　　　根　岸　可奈子
　　はじめに………………………………………………………… 259
　1．ナイキ社の競争環境と戦略の特徴………………………… 262
　2．ナイキ社による改善活動…………………………………… 267

3．改善状況と結果の検討……………………………………… 272
　おわりに……………………………………………………………… 276

第11章　日本企業における女性従業員の処遇問題
奥　寺　　　葵

　はじめに……………………………………………………………… 283
　1．先行研究における日本企業の女性従業員の処遇問題に
　　関する課題…………………………………………………………… 284
　2．日本企業における女性従業員を取り巻く環境の
　　変化──実態………………………………………………………… 286
　3．日本企業における女性従業員の処遇に対する
　　取り組み──事例…………………………………………………… 291
　4．日本企業における女性従業員の処遇問題と
　　「企業の社会性」──考察………………………………………… 295
　おわりに……………………………………………………………… 300

第12章　中小企業金融における情報利用と顧客特性
新　井　大　輔

　はじめに……………………………………………………………… 305
　1．主流派経済学と経済社会学における情報観の相違………… 306
　2．中小企業金融におけるソフト情報の重要性………………… 310
　3．ソフト情報の伝達経路としての親密なネットワーク……… 316
　おわりに……………………………………………………………… 319

第Ⅰ部
理論編

第1章　日本企業の社会性
―― 企業の競争力を問い直す ――

はじめに

　日本企業の特徴が1990年頃を境に大きく変化した．「昔はすべて良かった」という趣旨ではなく，「経済の二重構造」「大企業中心の企業社会」などという問題を抱えながらも，「一億総中流」といわれる「共同体」的な特徴を感じるものが存在した．たとえば，大企業と中小企業の格差や男女間の賃金格差は存在していたが，そうした格差を縮小させることを「是」として，その方向に向かっているという特徴をもっている国や企業に対して国民や従業員の期待が存在していた．

　ところが，最近の日本企業の行動は自らの利益の追求になりふり構わず突き進むという傾向が目に余る．特にアジア金融危機以後における人件費削減のための海外進出の急増とそれに伴う中小企業の切り捨て，および正社員と非正社員を含めた人員削減と賃金の引き下げ，などが目立つ．企業は自社の競争力を優先するあまり，企業の収益性（営利原則）を一方的に，すなわち自らのパートナーである協力企業や社員の犠牲をも厭わずに追求しているように見える．企業行動を外部から見ると，「利益は新たに創造するもの」というよりは，「利益は他社および他者から奪うもの」という感覚ないしイデオロギーが存在するのではないか，と思わざるを得ない．本来，企業は社会の中に存在するのであり，企業と社会は共生関係にある．ここに「企業の社会性」が存在する根拠があるのだが，最近の日本企業は自らの存続基盤を破壊しているかのように見えるだけではなく，その根底には自社の利益は他社および他者から奪うもの，それによってこそ会社の競争力が強化されると勘違いしているのではないかと思

われるのである．

また，現代日本企業の行動特徴をここ10～20年の範囲で概括的に見るならば，談合，贈賄，利益供与，利益操作，事故隠し，欠陥製品隠し，顧客情報の漏洩，などなどがたびたび繰り返されており，「企業倫理」や「企業の社会的責任意識」の希薄ないし欠如を指摘せざるを得ない．こうした企業の行為は経済的業績の追求を優先するあまり，企業や経営者（以下，単に，経営者）が「社会は企業の存続基盤」という意味での「企業の社会性」意識を放棄ないし喪失するところから発生すると考えられる．では，経営者は，なぜ，「企業の社会性」意識を否定ないし喪失するのであろうか．

本章は，日本企業の行動特徴が上記のように変化してきた背景にも言及しながら，企業が競争力を維持ないし強化するとはどういうことなのか，企業の競争力の概念を社会との関連で検討した上で，企業と社会が共生しつつ発展するための経営システムを提起し，それが実現するための条件を考察する．

1．企業の競争力とは何か──概念と現状

IMD (International Institute for Management Development) や WEF (World Economic Forum) の「国の競争力ランキング」で日本の地位が低下[1]し，原因として，日本企業は「ものづくり力は優れている」が，「戦略がない」「戦略が間違っている」と指摘され，そこから「日本的経営」の「崩壊」とか「終焉」[2]が議論されている．

だが，そもそも企業競争力の概念すらはっきりしていない．それゆえ，まず，国や産業の競争力と企業の競争力の概念を明確にすること，また，従来は企業の利潤や競争力が前提にされてきたし，それによって雇用の保障や賃金・給与の増加が期待できたからであったが，今や雇用の削減や賃金・給与の切り下げによって利潤の追求や競争力の強化を図る企業が多く見られる時代になった．それゆえに，「企業の社会的存在理由」が問い直されており，また，企業経営研究の新しい方向が求められている．したがって，本節および次節の課題

は，企業競争力の概念の検討を通じて，経営学研究の新しい方向性を示すことにある．

　従来の競争力概念でよく知られているものは，スイスにある国際機関である，IMDの「国の競争力ランキング」である．それによると，日本の競争力は1981年から1992年までの1位（1985年の3位を除く）から2000年代には大きく低下して，2002年には30位まで下がった後にやや挽回したが，2010年は58カ国中27位とされている．1992年の1位から10年後には30位まで下がり，次の10年間は最高で16位まで回復した年（2006年）もあったが，2009年に17位，2010年は27位に落ちている．ちなみに，この間の日本の名目GDPの推移は，480.8兆円（1992年），491.3兆円（2002年），479.2兆円（2010年）であり，いわゆる「失われた10年」という言葉は経済成長の停滞を意味しているが，IMDの「国の競争力ランキング」も国内経済，貿易，雇用などの低下とその後の停滞を反映している．

　従来の競争力概念として，第2に，テレビ，電子レンジ，冷蔵庫などの家電産業，自動車に代表される輸送用機械産業，あるいはNC工作機械や産業用ロボットなどの製造業，各種半導体やコンピュータ製品，医薬品，食品など個別製品や産業のグローバル市場におけるマーケットシェアの大きさが注目されてきた．たとえば，『通商白書』（2010年版）には，カラーテレビ，パソコン，携帯電話，電子部品，自動車，粗鋼の6製品の生産に占める各国の割合が示されている（図1-1）．2008年の時点で，中国はこれら6製品のうち自動車を除く全製品で世界のトップ・シェアを占め，自動車についても，2010年に日本と米国を抑えてトップに立った（国際自動車工業会，OICA）．これを裏付ける指標の1つとして，機械産業のマザー・マシンといわれる工作機械の生産高が，2009年にリーマン・ショックによって世界経済が大きく落ち込む中で，それまで1位と2位であった日本とドイツを抜いて第1位になっている（2010 World Machine Tool Output & Consumption Survey, Gardner Publications, Inc.）．

　上記第1と第2の競争力概念とその分析は，政府の経済政策や産業政策の作成の策定には不可欠であるが，その場合においてもマーケットシェアの推移を

図 1-1

カラーテレビ（液晶含む）
合計 2008 年 1 億 9,000 万台
- その他 2%
- 日本 5%
- 欧州 21%
- 北米 12%
- その他アジア 18%
- 中国 42%

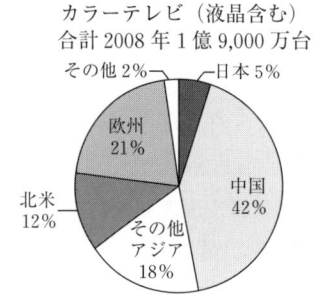

（備考）　生産見通しのデータ．
（出所）　電子情報技術産業協会（2009）
「電子情報産業の世界生産見通し」
から作成

パソコン（ノート型含む）
合計 2008 年 2 億 8,000 万台
- その他アジア 2%
- 日本 2%
- 中国 96%

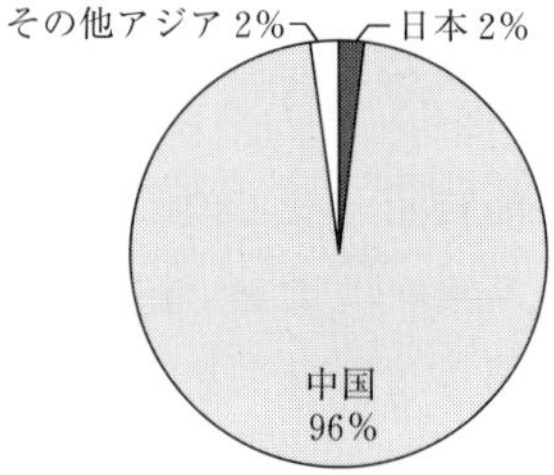

（備考）　生産見通しのデータ．
（出所）　電子情報技術産業協会（2009）
「電子情報産業の世界生産見通し」
から作成

携帯電話
合計 2008 年 11 億 9,000 万台
- その他 4%
- 日本 3%
- 欧州 8%
- 北米 4%
- その他アジア 30%
- 中国 51%

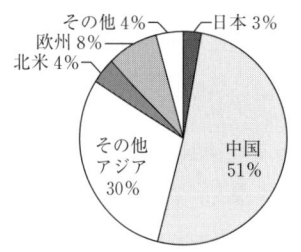

（備考）　生産見通しのデータ．
（出所）　電子情報技術産業協会（2009）
「電子情報産業の世界生産見通し」
から作成

電子部品
合計 2008 年 3 兆 7,678 億円（出荷額）
- 欧州 9%
- 米国 7%
- アジア他 23%
- 日本 37%
- 中国 24%

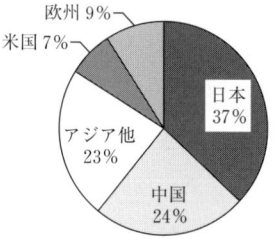

（出所）　電子情報技術産業協会（2009）
「電子情報産業の世界生産見通し」
から作成

自動車
合計 2008 年 7,053 万台
- その他 17%
- 日本 17%
- 米国 12%
- 欧州 26%
- 中国 13%
- 韓国 6%
- アジア他 9%

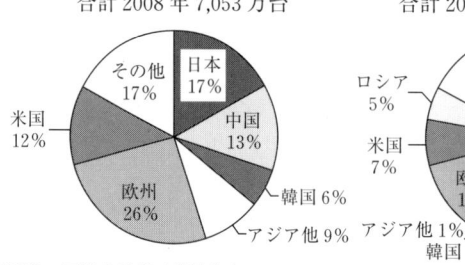

（出所）　国際自動車工業連合会
Web サイトから作成

粗銅
合計 2008 年 133 万ギガトン
- ロシア 5%
- その他 17%
- 米国 7%
- 欧州 15%
- アジア他 1%
- 韓国 4%
- 中国 38%
- 日本 9%
- インド 4%

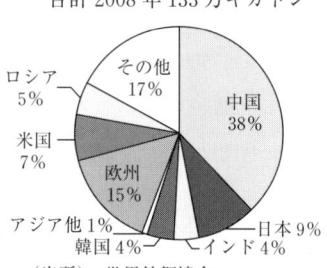

（出所）　世界鉄鋼協会
Web サイトから作成

（出所）　経済産業省『通商白書』，2010 年版

追いかけるだけではなく，その要因やプロセスの分析が重要なのである．

第3の競争力概念は企業の競争力であり，個々の企業の競争力の水準を他の特に競争相手の企業との比較で示すものである．また，企業の競争力研究がもつ重要性は他社のそれと比較するだけではなく，それが構築されてきた要因やプロセスを，失敗の経験を含めて，明らかにするからである．企業は要因やプロセス分析を通じてのみ，競争力の将来の発展に向けた方針や戦略・組織などを検討し実施することができるからである．

さて，企業の競争力の推移を，成功と失敗を含めて，その要因やプロセスを分析するためには，経営学研究自体が，コーポレート・ガバナンス（CG），経営戦略，経営組織，人事・労務，R&Dやマーケティングなどに専門化していることを前提にして，これら各々の研究を総合的に発展させる枠組みが必要である．

2．企業の競争力研究の枠組み

企業の競争力は国や産業の競争力とどのような関係にあるのだろうか．

まず，企業の競争力は国や産業の競争力とは別の概念でありながらも，前者は後者によって大きく影響されることは明らかであり，逆に，後者も前者の成長・発展やその逆の倒産によって悪影響を受けることはいうまでもない．両者の関係を整理すると，企業の競争力要因は企業外要因と企業内要因とからなるといえる．企業外要因は，国内外の政治・経済情勢，自然環境状況であるが，やや具体的に述べれば，① 各種国際協定（ISO，WTO，京都議定書，など），地域経済圏，② 国の法律，政府の政策，関税，税制，など．③ 各国のGDP成長率，為替，貿易政策，人口，経済・産業・金融構造，経営者団体・各種経済団体，労働組合の全国組織，④ 日本人の意識・文化などからなる．他方，企業内要因は，① コーポレート・ガバナンス（(a) 企業統治構造・制度（株主総会，取締役会，監査役会など）と (b) 基本原理（収益性，事業力，人間性・社会性の尊重）），② 経営戦略（全社戦略，事業戦略，環境戦略，社会戦略，提携戦略，職能戦

略),③事業・職能の管理組織・制度,生産・販売・流通システム,④雇用・人事・報酬システム(雇用保障・企業内教育・内部昇進制度など)と労使関係とからなる(図1-2).

企業は経営システムとして構成され,運営される.経営システムは,企業の競争力要因のうちの企業内要因が経営者によって組み合わされて経営システムの構成要素となったものである.企業外要因は,経営者によって取捨選択さ

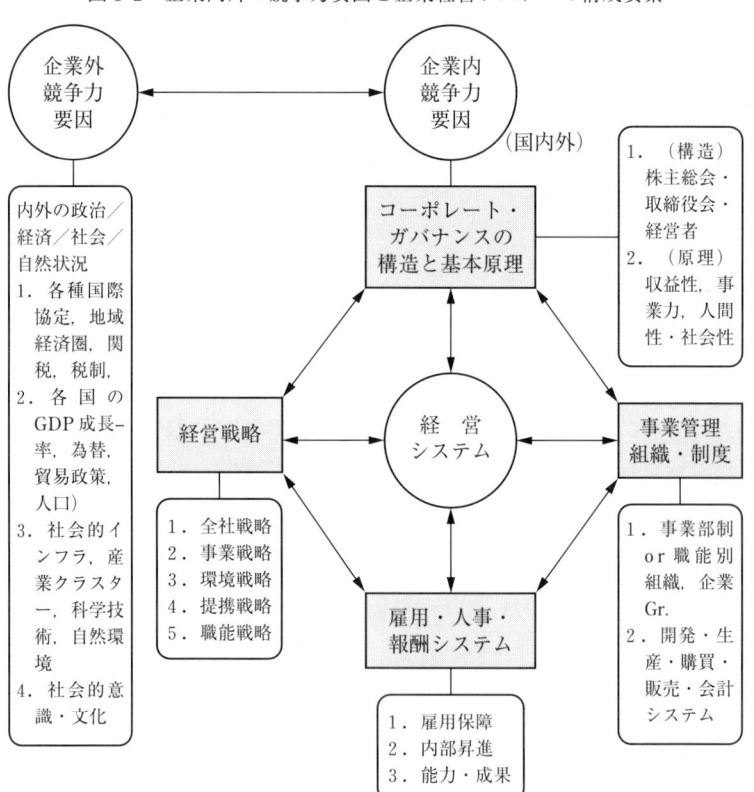

図1-2 企業内外の競争力要因と企業経営システムの構成要素

```
        企業外                    企業内
        競争力  ←――――――→     競争力
        要因                      要因
                                           (国内外)        1．(構造)
                                                              株主総会・
                                  コーポレート・               取締役会・
    内外の政治／                 ガバナンスの                経営者
    経済／社会／                 構造と基本原理            2．(原理)
    自然状況                                                   収益性,事
    1．各種国際                                                  業力,人間
      協定,地域                                                性・社会性
      経済圏,関
      税,税制                   経営         事業管理
    2．各国の      経営戦略 ←→ システム ←→ 組織・制度
      GDP 成長
      率,為替,
      貿易政策,    1．全社戦略                    1．事業部制
      人口)         2．事業戦略                       or 職能別
    3．社会的イ      3．環境戦略                       組織,企業
      ンフラ,産    4．提携戦略                       Gr.
      業クラスタ    5．職能戦略                    2．開発・生
      ー,科学技                   雇用・人事・        産・購買・
      術,自然環                   報酬システム        販売・会計
      境                                                 システム
    4．社会的意                    1．雇用保障
      識・文化                    2．内部昇進
                                  3．能力・成果
```

　　　　　□は競争力の企業内要因として企業経営システムを構成する.
　　　(出所)　筆者作成

れ，企業内に取り込まれた要因は経営システムに一定の方向性，たとえば，株主利益重視か，ステイクホルダー全体の利益重視か，どちらかをより重視するという場合にはその比重は何対何か等，コーポレート・ガバナンスに影響を及ぼす．本章の趣旨との関連で一言付け加えれば，株主重視かステークホルダー重視かという決定は経営者が行うのであるが，企業外要因によって影響されるということは，経営者がそれを「社会性」と意識するか否かを問わず，経営システムの社会性を意味すると考える．

　戦後日本企業の競争力要因を (1) 企業外要因と (2) 企業内要因に分けて，1945 年から 2011 年の今日までを 5 つに時期区分したものが，表 1-1，表 1-2[3)]である．この表で，1990 年を境にして，企業内外の競争力要因が大きく変化していることに注意してほしい．

　まず，(1) の「企業外要因」から見ていくと，1955 年までの戦後回復期と 1970 年代半ばまでの高度成長期を経て，1970 年代後半から 1990 年までの 15 年間は製造業の国際競争力が多くの製品で世界 1 の地位を獲得した国際化の時期であった．しかし，最後の数年間はバブル経済に狂奔したため，次の時期に不良債権の処理という大きな荷物を背負うこととなった．1991 年から 2005 年までの 15 年間を「グローバル化による構造改革期」と名付ける．その理由は，ロシア・中国など旧社会主義・計画経済諸国が市場経済に移行したこととインターネットの商業利用が可能となり情報通信技術（ICT）革命が起きたこと，さらに 1992 年の国連環境開発会議（地球サミット：リオ・デ・ジャネイロ）において「環境と開発に関するリオ宣言」が採択され，従来の大量生産・大量消費から持続可能な開発体制への移行が国際的に確認されたことによって，日本経済・社会は根本的な転換点に立たされたからである．日本を取り巻く国際環境が根本的に転換するなかで，日本政府は米英型の「小さな政府主義」と「規制緩和」路線に突き進み，その結果，株式の法人相互所有が縮小に向かい，6 大企業集団の再編成が始まり，商法は会社法に変わり，労働者派遣が原則自由になった．

　しかし，根本的な大転換が急速に進んだ結果，1980 年代に「1 億総中流」

表 1-1　戦後日本企業の競争力要因 (1)

企業外要因＼時代	敗戦～1955年 ―戦後復興―	55年～70年代前半 ―高度経済成長―
内外の政治・経済情勢	敗戦, 2.1ゼネストの中止 (47),マーシャルプラン (48),朝鮮戦争 (50～53),日米安保 (51),冷戦体制.	神武景気 (55～57) 電化製品の三種の神器, 日米安保条約 (60).
国　家　政　策	GHQの民主化政策（農地解放,財閥解体,労働三権,独禁法,等),経済安定九原則とドッジ・ライン (49),税制改革 (50)（←シャウプ勧告), 55年体制.	貿易・資本の自由化, 所得倍増計画 (60), 大企業中心の産業・企業の国際競争力重視＝行政指導, 重化学工業振興政策：機振法,機電法.
経済・産業・金融構造,経営者団体	石炭・鉄鋼の傾斜生産,経済同友会 (46), 経団連 (46),日経連設立 (48),企業集団＝社長会の結成・住友 (51) 三菱 (54) 産別から総評 (50).	経済・産業・金融の二重構造,生産性本部設立 (55), 生産性向上運動, 社長会：三井 (61), 芙蓉 (66),三和 (67), 同盟結成 (62).
日本人の意識・文化	混乱から再建へ, 共同体的平等意識	「何でも見てやろう」, 「努力すれば報われる」, 学歴社会 and 能力主義, 欧米に追いつき追い越せ.

（出所）　林正樹編著『現代日本企業の競争力―日本的経営の行方―』,ミネルヴァ書房,2011年.

企業外要因の歴史的変化

70年代後半〜1990年 —国際化—	1991年〜2000年代前半 —グローバル化による 構造改革—	2000年代後半〜 —自前のグローバル化； 自立？迷走？
ニクソン・ショック (71)，石油危機 (73・79)，プラザ合意 (85)，円高不況 (86-7)，ISO9000制定 (87)，バブル景気 (88-90)，ベルリンの壁崩壊 (89)．	バブル崩壊 (91)，ソ連邦解体 (91)，地球サミット (92)，ISO 14000 (96)，地球温暖化対策—京都議定書 (97.12)，アジア金融危機 (97)，IFRS（国際会計基準）：EU-05	米オバマ大統領 (08)．WTOの手詰まり→地球経済圏の拡大→FTA，EPA リーマン・ショック (80)．地球環境対策は各論へ，CO_2；90年比25％削減へ，生物多様性；COP10．
研究開発振興政策：電振法，機情法，産業・企業の国際競争力強化政策 vs. 米国との貿易・政治摩擦の激化．中曽根内閣の民営化 (82)．(→行政指導の劣化)．	自社株買い解禁 (94)，J-金融ビッグバン (96)，労働者派遣原則自由化 (99)，e-JAPAN (01)，小泉内閣構造改革 (01-5)，委員会設置会社と監査役会設置会社の選択制 (02)．	2009年9月；政権交代（民主党＋社民党・国民新党），u-JAPAN (06)．2国間・地域経済圏ネットワーク；FTA・APEC・TPPを推進．
6大企業集団中心のフル・セット型産業構造，株式相互所有．社長会；一勧 (78)，下請け・系列の選別，鉄鋼・金型・LSI世界1「連合」結成 (89)．	6大企業集団の再編．外国人機関投資家の増加 日本経営品質賞 (95)，日経連『新時代の日本的経営』(95)，日本経団連 (02)．海外進出企業の増大，NC工作機械・IRobot世界1．	為替レート；円の独歩高，新興国企業の競争力強化，国内産業の空洞化，企業・地域発でアジアを始め諸外国の地域企業・市場とネットワーク化，IFRS；日本選択適用 (09)．
大学大衆化 and 能力主義，1億総中流意識，平等・横並び意識．	平等から個性尊重，ゆとり教育 vs. 新興国との競争，個人主義→自己中心主義→格差社会の始まり (98)．	個人主義→自己中心主義→格差社会の深化，勝ち組／負け組，自己責任論→引きこもり，閉塞感 vs. ボランティア，仲間．

276ページ．一部修正

表1-2　日本企業の競争力 (2) 企業内要因

企業内要因＼時代	敗戦〜1955年 ―戦後復興―	55年〜70年代前半 ―高度経済成長―
コーポレイト・ガバナンス 1) 構　造： 　株主総会 　取締役会 　経営者 2) 基本原理： 　a) 収　益　性 　b) 事　業　力 　c) 人間性・社会性	a) 売上高 b) 再建・事業ドメインの確立 c) 企業福祉主義	a) 売上高・シェア重視の成長・発展(国内＋輸出) b) 会社本位の能力主義 　企業帰属意識（大企業・中小企業・系列）
経　営　戦　略		良いものを安く 国内外への市場拡大
事業・機能の管理組織・制度・生産・販売・流通システム	職能別部門組織 事業部門制組織 生産設備の再建 SQC	職能別部門組織＋a)＆b) 事業部門制組織＋a)＆b) a) 系列子会社 b) 下請けの階層化 　トヨタ生産方式 　小集団活動，QC-C
人事・処遇・報酬システム＆労使関係	生活保障賃金 雇用確保 企業別労働組合	年功賃金＋終身雇用＝生活保障的能力主義 団体交渉制度・労使協議会

（出所）前表に同じ．277ページ．一部修正

（＝経営システム）の歴史的変化

70年代後半～1990年 ―日本の国際化―	1991年～2000年代前半 ―グローバル化圧力による構造改革―	2000年代後半～現在 ―自前のグローバル化へ；自立するか？ 迷走か？
a) 長期的利益 　株式の時価発行，エクイティ・ファイナンス	a) 企業価値＝株式時価総額 　総人件費削減＝短期的利益（＝株主価値）vs. 啓発的自己利益＝長期的利益 b) & c) 社会的責任／社会貢献，サスティナビリティ	a) 啓発的自己利益＝長期的利益 vs「株主＝投機ファンド」 企業価値＝株式時価総額＋α 総人件費削減＝投機的利益 b) & c) 社会的責任／社会貢献，サスティナビリティ
減量経営→低価格・高品質・短納期→日本的経営全盛，輸出市場依存型成長→貿易摩擦→現地生産の開始；先進国中心	世界最適立地戦略，地球統括会社，戦略的提携，環境マネジメント，高付加価値化，CSR経営，ステイクホルダー経営，中国・インド等で現地生産・低価格戦略	1) アジア等の新興国で現地生産・低価格戦略だけではダメ 2) 高付加価値化，環境マネジメント，CSR経営，ステイクホルダー経営の国際ネット化
職能別部門組織＋a)&b) 事業部門制組織＋a)&b) 系列・下請け＆サプライヤー・システム，日本的生産方式，ME，FMS，CIM，NCM，IR，小集団活動普及，TQC	組織のモジュール化・network化（カンパニー制，OEM・ODM，EMS等），生産のモジュール化，SCM，セル生産方式，生産方式の海外移転，工場の海外移転，EMS・EDS，TQC（現場），TQM	本社（ホールディングス）のもとに統合を強化，カンパニー制→子会社化，事業部の統合，研究開発＋製造＋販売＋サービスの世界的ネットワーク，国内工場＝母工場化
[年功賃金＋人事考課＋終身雇用制度＝仕事能力主義]の一般化 ……集団的労使関係	高齢化，成果主義の導入，非正社員の急増，派遣・請負労働の活用． 新たに，個別的労使関係の登場	成果（＝結果）主義の矛盾の顕在化→ プロセス重視の適材適所人事・能力重視賃金を制度化

といわれた日本が 2000 年前後から「格差社会」に突入した．2006 年以降は，前期の行きすぎた競争主義の矛盾が政治・経済・企業経営の面でも相次いで現れ，雇用や医療など国民生活を脅かす事態も発生してきている．

次に，(2) の「企業内要因」を表 1-2 で 1991 年以降の時期を中心に見ておこう．1991 年から 2005 年までは，「グローバル化と構造改革」の大波の中で，販売市場の面でも株主の面でも米国の比率が高い大企業を中心にコーポレートガバナンス (CG) のアメリカ化が進んだ．ただし，アメリカ化は取締役会のスリム化とそのための執行役員制度の導入が広がったものの，委員会設置会社への移行は東証一部上場会社では 40 社程度（そのうち，10 社は日立グループ会社）にとどまっている．CG のアメリカ化を推進するはずの会社法が施行されても委員会設置会社に移行する企業が極端に少ない理由は何であろうか．委員会設置会社に移行すると，監査委員会を設置する必要があり，監査委員会の委員の過半数が外部取締役で構成されなければならないと定められている．これに対して，監査役会設置会社であれば，監査役の数は 3 人以上で，過半数が社外監査役とされている．わが国では，外部取締役が過半数を占める委員会に対する親和性が低いのである．親和性が低い最大の理由は，トップの経営者が後継者の人事権や報酬の決定権を外部取締役に委ねることに踏み切れないからである．また CG の基本原理としては，企業価値を株式時価総額に求め，総人件費の削減によるコスト競争力の強化など，短期的利益追求型の株主価値重視経営への移行が顕著であった．その移行は，経営者の意志決定によるものである．特に，中国やインドなど経済成長が著しい新興国への投資が増大したことと新興国企業との低価格競争に巻き込まれたこと，国内での投資が伸びないなかでコスト競争力強化のためとして，正社員のリストラと非正社員の急増によって人件費を圧縮し，残った正社員には過重な仕事と責任の付与と成果主義賃金を導入した．しかし，その後，矛盾が顕在化し，修正の動きが広がっている[4]．

以上を整理すると，第 1 に，企業の競争力は，企業内競争力要因と企業外競争力要因とから構成されるが，企業内競争力要因が競争力として効果を上げることができるのはそれらの要因が経営システムの構成要因となっているからで

ある．第2に，企業外競争力要因はそのままストレートに企業の競争力になるのではなく，経営者によって選択され，さらに補強されたり修正されたりしたうえで，経営システムの構成要因に影響を与えるからである．

3．企業の社会性

(1)「企業と社会」の関係

　1960年代半ば以降，経営学の内部に，「企業倫理」と並んで「企業と社会」論（business and society）と呼ばれる研究分野が形成され，定着した[5]．その主要な考察領域は，①企業と社会における基本的な動向ならびに現代的な特質，②企業の社会的責任，③企業とその主要なステークホルダー，④今日的な社会的責任課題，に大別される．その中でも，企業の環境を市場とそれ以外の社会的領域とに分けた場合における社会に関わる企業の社会的責任問題が，主として考察の対象となっている．また，その視点は，①「株主の利益を強く追求する『経営者資本主義』の基本概念批判」，②「ステークホルダー指向のコーポレート・ガバナンス＝ステークホルダー・マネジメント原則の提示の要求」[6]を含むという特徴がある．

　企業経営を社会との関係において，企業システム（＝経営システム）として理解する研究も重要である．たとえば，谷本寛治の「企業システム」概念がそれである．谷本によれば，「企業システムは，基本的に私的・個別的な利得の追求を目的として，環境における制約性・外部主体との相互作用関係の中で自己増殖していく．企業システムは絶えざる環境変動―不確実性にさらされる中で，常にこの自己目的の達成を目指して経済合理性基準に基づく戦略的な対応・意思決定に迫られる．」[7]谷本は，企業行動をこのように企業システムの運動として捉えているのである．彼は企業の外部要因を「環境における制約性」と理解し，企業システムを構成する株主や経営者や従業員は「環境の制約性」に対して「自己目的の達成を目指して経済合理性基準に基づく戦略的な対応」を行う企業システムの構成要素なのである．本章の経営システム概念はこの企

業システムとほぼ同じものである．

　企業の外部に存在する「企業の多様な利害関係者との関係」に注目する研究も重要である．企業は多様な利害関係者と多様な関係を結ぶから，A. T. Lawrence 他は，外部の利害関係者を，企業の経済的利害関係者と非経済的利害関係者とに分類する．彼らは，法律は経営者に株主の利益増大のために行動するよう求めているが，他方では，その他の利害関係者の利益を尊重する裁量権を認めている，と指摘する[8]．人間が法律だけで規定できないのと同様，企業は法人だとはいえ，法律だけでは律することができなないことを法律自体が認めているというのである．

　社会的制度に埋め込まれた企業システムに注目し，企業システムの国際的多様性を認める研究も注目に値する．経営システムは，「企業と社会」の理論によると，企業は社会のなかに「埋め込まれている」．P. アドラーたちの研究によると，日本と米国の企業経営システムは，もともと，「企業を取り巻く社会」が異なっている．したがって，日米の経営システムは，各々の社会の特徴（＝相違）を反映して，それぞれ相異なる構造と特徴を有するが，両者は全面的に

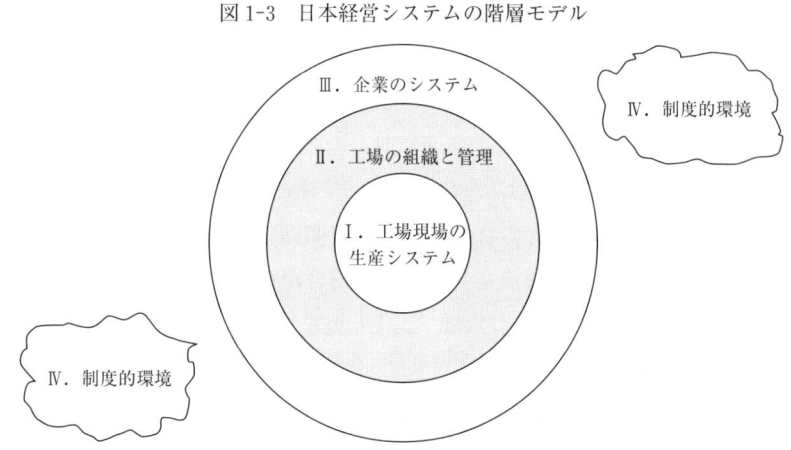

図1-3　日本経営システムの階層モデル

（出所）　ライカー・フルーイン・アドラー編著，林正樹監訳（2005）『リメイド・イン・アメリカ』，中央大学出版部，6ページ

相いれないものではなく，トヨタ式生産方式がアメリカ社会という環境条件の中で，職務区分の大括り化や現場作業者によるカイゼン活動などは大いに機能していると認識しており，その理由は，管理方式を環境条件に合わせて再構成したからであるという[9]．

M.ポーターは，国の競争優位を決定する要因として，① 要素条件（労働力，耕地，天然資源，知識資源，資本，インフラストラクチャーなど（『国の競争優位』上，111ページ）），② 需要条件（国内需要が大きければ規模経済性が働き，海外の需要が大きければ，輸出や現地生産が増大する．（同上，138ページ）），③ 関連新産業（国の中に，国際競争力をもつ供給産業と関連産業が存在すると，国内の産業企業のイノベーションとグレードアップの過程において，それらの企業の競争力が高まる．（同上，151-153ページ）），および ④ 企業の戦略・構造・ライバル間競争（企業が国・地域で異なる法律・慣習・文化・市場に合った，経営戦略や組織を採用したり製品・サービスを提供すれば業績は上がる．企業間競争は互いの競争力向上につながる．（同上，159-183ページ）），という4つを挙げている[10]．このうちの①〜③と④の「ライバル間競争」はわれわれのいう「企業外競争力要因」であり，④の「企業の戦

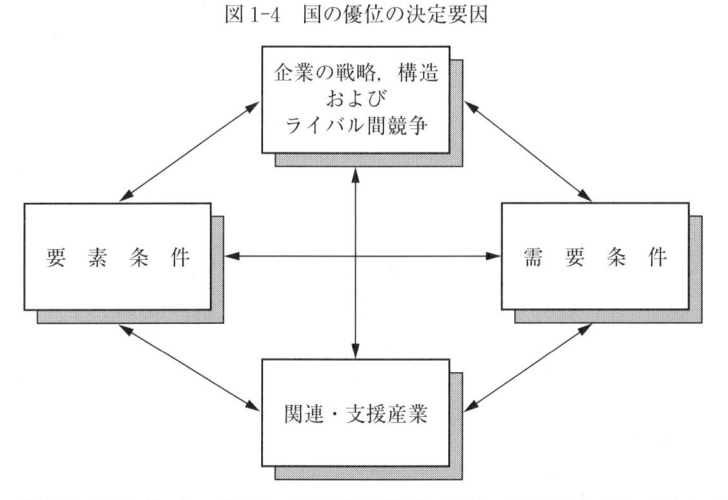

図1-4　国の優位の決定要因

```
        企業の戦略，構造
            および
         ライバル間競争
        ↗     ↕      ↘
   要素条件  ←→  需要条件
        ↘     ↕      ↗
         関連・支援産業
```

（出所）　M. E. ポーター（1990），『国の競争優位力（上）』，ダイヤモンド社，106ページ

略，構造」は「企業内競争力要因」である．ポーターは企業が競争に勝ち残っていくためには，企業外要因を的確に認識し企業の競争力要因として利用することが重要であると認識しているだけではなく，「生産要素の不足，強い使用制限は効果の要素コストと同等以上にイノベーションに刺激を与える」（同上，124ページ）と指摘するなど経営者の主体性を重視している．ポーターの論理は，本章の趣旨からすれば，「経営システムが企業外要因によって規定される」という意味で，経営システムには社会性があるということであり，経営者の意思決定行為が「国・地域の法律・慣習・文化」などに適合する社会性をもつことが求められるという本章の論理との共通性が確認できるのである．

　以上より明らかになることは，企業は，社会の中に存在し，一方では社会から制約されながら，他方では社会から経営資源を獲得し，社会的インフラや支援産業を利用しながら社会の需要に応えかつ創造していく存在であるということである．

4．企業の非社会性

　1990年代以降日本企業の競争環境の変化が著しい．まず，1980年代に製造業の競争力を日本に奪われたアメリカの巻き返しが始まる．また，1990年代初頭に日本経済のバブルがはじけ不良債権の処理に苦しむ一方で，ロシアや中国などの旧社会主義国が市場経済に移行したことがアジアをはじめとする新興国市場の発展の契機となり，日本経済はアジア市場によって支えられる反面，新興国の追い上げ・追い越しによる競争に晒されることになった．他方で，1980年代の英米の小さな政府主義＝規制緩和路線が5〜10年遅れで日本を襲い始め，アメリカは1990年代半ば以降，従来は社内やグループ内に限られていたコンピュータをインターネットで結ぶ情報通信技術（ICT）革命で世界を先導することによって，金融・産業・企業経営のグローバルなネットワーク化による再編成の主導権を握り，世界経済の指導者としての地位を回復する．こうして，アメリカは「ニュー・エコノミー時代」の開拓に成功したかに見え

た．

　日本で小泉政権（2001-2006 年）が英米の「小さな政府」＝規制緩和政策を本格化させた頃には，米国では，天然ガスや電力などのエネルギー会社であるエンロン社が政府の規制緩和政策に乗って天然ガス，石油，石炭，などの既存商品だけでなく，信用リスクや排ガス排出権などを商品化し，インターネット取引によって売上高を伸ばして全米第 7 位の巨大株式会社となるが，事業拡大のために株価をつり上げるという不正会計処理が明るみに出て破綻するという「エンロン事件」が発生している（2001 年）．そういう危険な予兆があったにもかかわらず，当時の日本の多くの大企業は，第 2 次世界大戦後の高度経済成長の過程で営々と築き上げてきた「日本的経営方式」（メイン・バンク制度，株式相互持ち合い，安定配当と分厚い内部留保，終身雇用・年功賃金，日本的生産方式，垂直統合，改善活動，全員経営，などなど；1970 年代の 2 度の「石油危機」をいち早く克服した要因）を極めて潔く放棄し，雇用の流動化と成果主義の導入による高業績の追求に方向転換した．また，この間，小泉政権による「構造改革」路線に乗って，インターネット取引を中心に買収による事業拡大を行い，そのために株価をつり上げる不正会計処理を行うなど，エンロンとの共通点が多いライブドア事件が発生している（2006 年）が，その教訓は企業の社会性の発展に生かされることはなかった．その結果，史上最高の業績をあげる大企業も多く出てきたが，他方では，年収 200 万円以下のワーキングプアが 1,000 万人を超える（2006 年）など，日本は格差社会に突入する．

　2009 年 9 月，政権交代で民主党政権が誕生したが，産業経済政策にしろ，財政・金融政策にしろ，非正規雇用を減少させたり，失業率を減少させるほどの効果は発揮できてはいない（図 1-5, 1-6）．そして，2011 年 3 月 11 日に東日本大震災が発生し，翌日には福島原発事故が発生した．震災による死者と行方不明者の数が 2 万人にのぼるという大惨事となった．

　企業経営の研究者として，この災害をきっかけとして改めて考えさせられたことは，「われわれ人類は自然の懐の中で生かされている」ということであり，巨大企業といえども「自然の力を侮ってはならない」ということ，さらに，

20　第Ⅰ部　理論編

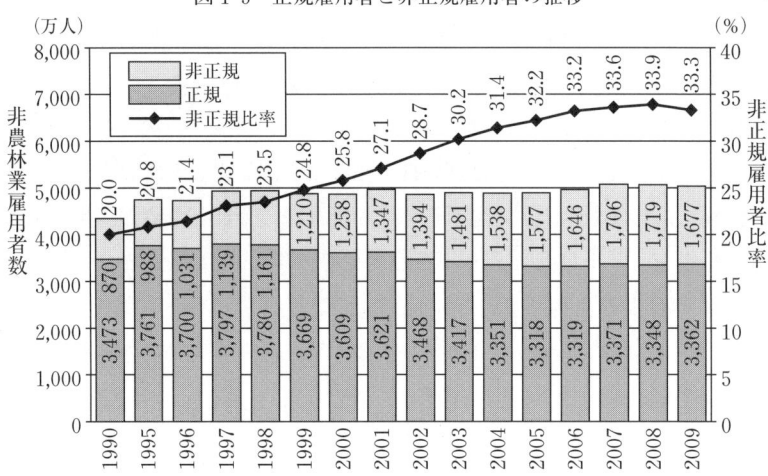

図1-5　正規雇用者と非正規雇用者の推移

年	正規	非正規	非正規比率(%)
1990	3,473	870	20.0
1995	3,761	988	20.8
1996	3,700	1,031	21.4
1997	3,797	1,139	23.1
1998	3,780	1,161	23.5
1999	3,669	1,210	24.8
2000	3,609	1,258	25.8
2001	3,621	1,347	27.1
2002	3,468	1,394	28.7
2003	3,417	1,481	30.2
2004	3,351	1,538	31.4
2005	3,318	1,577	32.2
2006	3,319	1,646	33.2
2007	3,371	1,706	33.6
2008	3,348	1,719	33.9
2009	3,362	1,677	33.3

（注）　農林業は含まず．2001年以前は2月調査，それ以降1〜3月平均．非正規雇用者にはパート・アルバイトの他，派遣社員，契約社員，嘱託などが含まれる．正規には役員を含まず．
（出所）　労働力調査

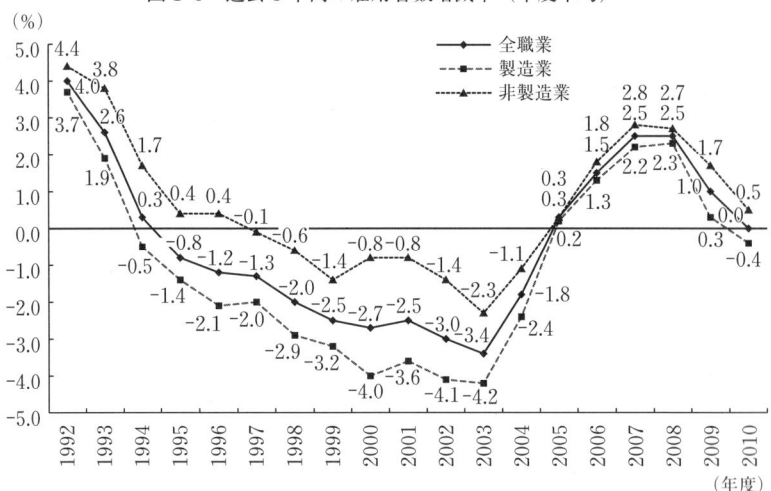

図1-6　過去3年間の雇用者数増減率（年度平均）

年度	全職業	製造業	非製造業
1992	3.7	4.0	4.4
1993	1.9	2.6	3.8
1994	-0.5	-1.4	0.3
1995	-0.8	-2.1	0.4
1996	-1.2	-2.0	0.4
1997	-1.3	-2.9	-0.1
1998	-2.0	-3.2	-0.6
1999	-2.5	-4.0	-1.4
2000	-2.7	-3.6	-0.8
2001	-2.5	-4.1	-0.8
2002	-3.0	-4.2	-1.4
2003	-3.4	-2.4	-2.3
2004	-1.8	-1.1	0.3
2005	0.2	0.3	0.3
2006	1.3	1.5	1.8
2007	2.5	2.2	2.8
2008	2.5	2.3	2.7
2009	0.3	0.0	1.0
2010	0.5	-0.4	1.7

（注）　15年度調査のみ正社員数の変化．雇用者数増減率は，平成4年度から調査開始．
（出所）　内閣府経済社会総合研究所「平成22年度企業行動に関するアンケート調査報告」

「巨大企業によってわれわれの日常の生活ばかりか，いつの間にか，命までも翻弄される状況になっている」ということである．それは東北4県のサプライ・チェーンの寸断で，世界のものづくりが影響を受けたことによって，日本のものづくり力，中小企業の技術力の高さが再確認され製造業の復旧は相当程度進んだ一方で，被災地住民の生活の復旧・復興はなかなか進まないという実態がある．住民生活の復興こそが，日本経済全体の再生にとって不可欠の条件であるということをあらためて強く認識させられた．

しかし，震災からの復旧が進まないために，多くの企業が国内工場の海外移転を加速せざるを得ないという．多くの日本企業はすでに国境を越えるビジネスに乗り出している．国内にとどまっていたのでは，ビジネス・チャンスに限界があり，コストも高い．企業にとっては，海外生産は市場の拡大とコストの削減という一石二鳥の効果が期待できるという．さらに，海外で競争することによって鍛えられ，競争力が高まる可能性も期待できるともいう．しかし，震災からの復旧が進まないからといって企業が海外進出を増大させるならば，ますます復旧は遅れるという悪循環に陥る．さらに，企業の海外生産の増大によって一般の労働者が仕事を失えば，復旧・復興どころか生活すらできなくなる．これでは，国内産業の空洞化にとどまらないで，人間の心の空洞化が始まることが懸念される．企業は何のために，誰のために，存在するのか，ということが問われている．

すなわち，企業経営に成功する，企業が成長する，とはどういうことか．どういうことが望ましいのか．これまで，経営の成功や企業の成長は，人々の雇用機会の増大や収入の増加，さらに物質的精神的生活の多様化と水準の向上につながるものと，暗黙のうちに想定し，期待されてきた．ところが，企業は，復旧が進まなければ，地元を捨てて，さっさと外国に工場を移転するという．

ちょっと待ってほしい．日本企業の海外進出は，製造業に限れば67.2％の企業が行っている（図1-7）．海外生産比率は25.1％（平成22年）となっている（図1-8）が，この数字は「生産高」の金額表示であり，高価格製品を国内で生産しているわが国では実態よりも低めの数字になる．これを生産量（台数など）

22　第 I 部　理論編

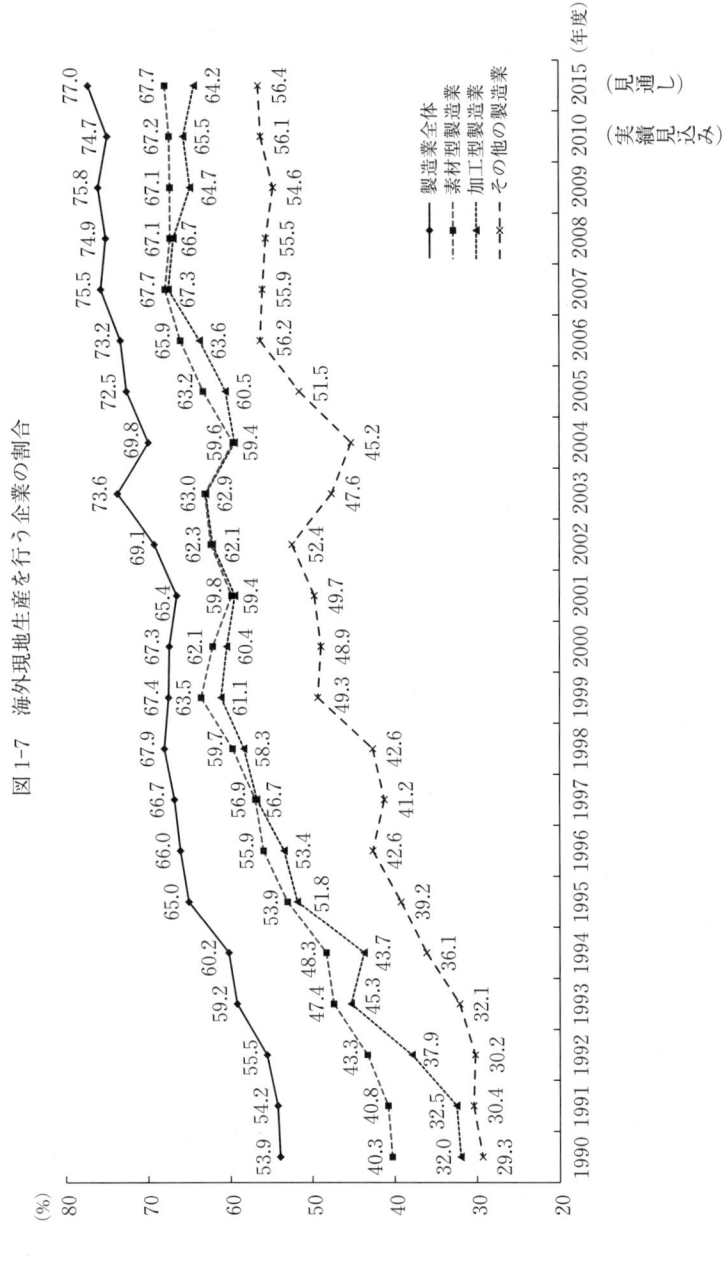

図 1-7　海外現地生産を行う企業の割合

(出所)　図 1-6 と同じ

第1章　日本企業の社会性　23

図1-8　海外現地生産比率の推移

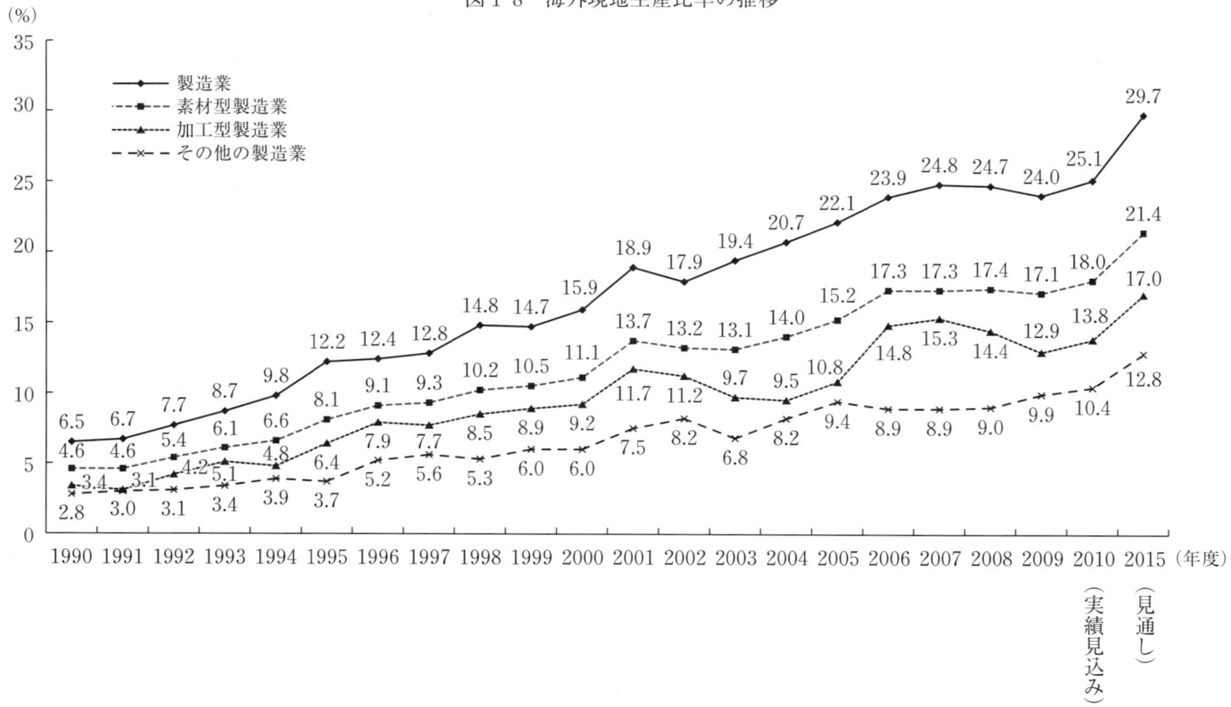

(注)　海外現地生産を行っていない企業も含めた回答企業の単純平均。
(出所)　図1-6と同じ

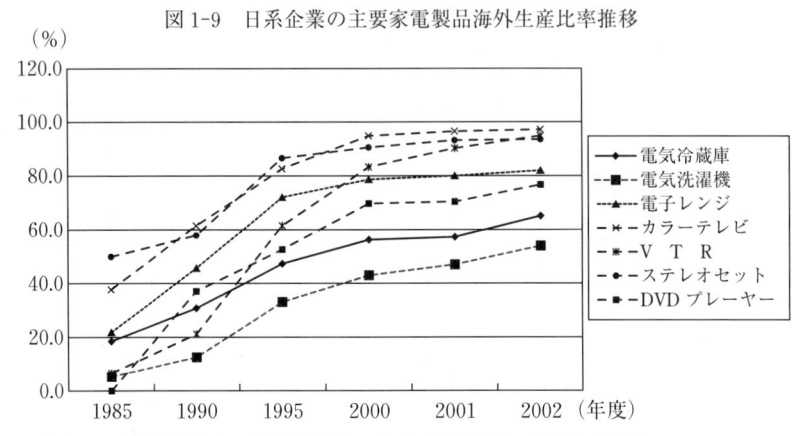

図 1-9　日系企業の主要家電製品海外生産比率推移

(注)　1．海外生産比率＝海外生産台数÷(国内総生産台数＋海外生産台数)×100
　　　2．DVD プレーヤーは CD プレーヤー・MD・カー CD プレーヤー・カー MD を含む．
　　　3．国内生産台数は暦年，海外生産台数は年度．
(出所)　国内生産台数は経済産業省「生産動態統計」，海外生産台数は日本電機工業会，電子情報技術産業協会

で表示すると，たとえば家電製品ではほとんどの製品の7割以上が海外で生産されている（図1-9）ことがわかる．

　企業の成長が雇用と所得の増加や文化の発達をもたらすということではなかったのか？　人々の生活が安定し文化が発展するから企業が提供する製品やサービスに対する需要が増大して企業が成長できるのではなかったのか？　企業の発展が社会の発展に，社会の発展が企業の成長につながっていたからこそ，今日の社会があり，企業があるのではなかったのか？　それがあってこそ，初めて企業と社会との接点があるといえるのであり，企業が社会的な存在として認められるということである．

　そのためには，企業の存続原理（＝収益性原理）と社会の存続原理（人間性・社会性原理）とは両立することが必要である．また，収益性原理と人間性・社会性原理が両立するためには，事業力（ものづくり力，開発力，マーケティング力など）がなければならない．すなわち，収益性と人間性・社会性および事業力を三者鼎立させることが必要である．その鼎立は，経営システムの中に，コー

ポレート・ガバナンスの基本原理として，① ものづくり力やマーケティング力などの「事業力原理」，② 人間社会の存続原理であり，事業力のあるべき性質や発展の方向性を示す「人間性・社会性原理」，および ③ 組織運営の経済的効率性を示す「収益性原理」，これら3つの原理をバランスよく統合することによって実現されると考える（図1-2参照）．

これに対する批判として，経営者は株主の代理人として企業の経営を委託されたのであるから，経営者の責任は株主のために利益を追求することであり，企業の利益を株主以外の者の利益のために使うことは許されないという，M. フリードマンに代表される人たちの考え方が存在する．確かに，現在の法律は，会社の所有権は株主に属するという考え方で作られている．しかし，会社は株主が提供した資金だけでは企業システムにはならないし，事業活動を行うことはできない．元手は，お金，現金だけではない．「力士は身体が元手だ」という言葉があるように，人間の身体とその働き＝労働（頭脳労働を含む）は事業を行う上での元手であり，経営者と従業員はその「労働」という「元手」の提供を契約して社員になる．「元手」を提供した以上は，社員もその会社の所有者であり，自らの「労働」でその会社の付加価値が増大すればその一部分は社員に属する．企業活動の結果としての「利益」がすべて株主に属するというのは，肉体的および精神的労働を正当に評価しないということであり，不在地主の不労所得が「正当」であるとする近代以前の歴史的イデオロギーに過ぎない．

5．競争力と社会性の統合的研究——模索

(1) 企業の営利原則の「変質」

収益性と人間性・社会性および事業力が三者鼎立するためには，この3つが経営システムの構成要素となることが必要である．しかも，企業の競争力要因として経営システムを構成することが必要である．

ここで，論点を提起してみたい．すなわち，企業の「社会性」は，収益性や事業力と鼎立する論理（＝理論的根拠）は何かという論点である．その答えは，

藻利重隆の企業の「営利原則」の「変質」(発展・進化)の理解にある．藻利重隆[11]によれば，

1）「営利原則」とは，資本主義経営としての企業の指導原理のことである．
2）企業の発展に即して，「営利原則そのものの内面的変質が問われる」．
3）企業の発展は企業維持とそのための営利原則の長期化を伴う．
4）営利原則の長期化とは，第1段階の「総資本利潤率（ROI）の極大化」から第2段階の「総資本付加価値率（AVOI）の極大化」へと発展することである．
5）第1段階の長期化――「期間利潤の極大化」から「利潤率の極大化」へと発展する．

「利潤率の極大化」とは，「持続的な自己資本利潤率の極大化」であるから，それは「総資本利潤率の極大化」として確立されることになる．

$$\begin{aligned}総資本利潤率 &= 利益／総資本 \\ &= 利益／売上高 \times 売上高／総資本 \\ &= 売上高利益率 \times 資本回転率\end{aligned}$$

これでわかることは，総資本利潤率の極大化という営利原則は「賃金支払総額の切り下げによっても可能」となるという限界をもっているということである．

そこで「賃金支払総額の切り下げ」の限界を避けて「総資本利潤率の持続的極大化」を実現するためには，「総資本賃金率を犠牲に供することなしに総資本利潤率を極大化する」ことが必要であることがわかる．

6）第2段階の長期化：営利原則が「総資本利潤率の極大化」から「総資本付加価値率の極大化」へと必然的に「変質」するのである．

$$\begin{aligned}総資本付加価値率 &= (自己資本利潤 + 他人資本利子 + 賃金) \div 総資本 \\ &= 総資本利潤率 + 総資本賃金率\end{aligned}$$

……総資本付加価値率（Ⅰ）

営利原則が「総資本利潤率の極大化」から「総資本付加価値率の極大化」へと必然的に「変質」するとは，それによってこそ，企業の付加価値

生産が持続的に維持されるないしは成長するということである．

しかし，現代企業は，地球温暖化ガスの削減など地球環境の保全という全人類的課題を無視して総資本付加価値率の極大化を追求することはできない時代に入った．1992年の「地球サミット」が大きなエポックである．

7）第3段階の長期化；地球温暖化ガスの削減など地球環境の保全という課題に挑戦するためには，総資本付加価値率の概念は総資本付加価値率（Ⅰ）から総資本付加価値率（Ⅱ）へと必然的に「変質」する．

総資本付加価値率（Ⅱ）＝（自己資本利潤＋他人資本利子＋賃金＋研究開発費）
÷総資本
＝総資本利潤率＋総資本賃金率＋総資本研究開発費率

結）企業が自らの社会性向上のため，賃金と研究開発費を付加価値に計上し，総資本付加価値率と総資本利潤率の双方の向上（少なくとも，維持）を目標とするならば，企業の営利原則は総資本付加価値率（Ⅱ）の極大化へと必然的に「変質」し，企業の収益性と事業力および人間性・社会性は鼎立する．

経営理念でCSR（企業の社会的責任）や社会貢献をうたっても，それを可能にする事業活動がなければ継続性や発展性がない．無理矢理に継続すれば，収益性と矛盾することになる．この問題を考える1つの手がかりが，企業の指導原理（＝営利原則）の「変質」（＝発展・進化）である．

M. ポーターは，最近の論文で，「企業が地域社会に投資する際，CSR（Corporate Social Responsibility；企業の社会的責任）に代わって，CSV（Creating Shared Value；共通価値の創出）をその指針とすべきである．」[12]と述べている．その理由は，「CSRプログラムは主に，評判を重視し，当該事業との関わりも限られているため，これを長期的に正当化し，継続するのは難しい．一方CSVは，企業の収益性や競争上のポジションと不可分である．その企業独自の資源や専門性を活用して，社会的価値を創出することで経済的価値を生み出

す」からであると言う．ポーターの「CSV（共通価値の創出）」は「企業が地域社会に投資する際」という限定付きではあるが，われわれの「総資本付加価値率の極大化」概念を発展進化させるためにも大変重要な概念である．

ポーターは「競争優位と社会問題の関係」について，「社会問題に対応することで企業の生産性を向上できる」として，企業が健康増進プログラムに投資するケースについて，次のように述べている．「従業員とその家族が健康になれば，社会にとってプラスである．かたや企業は，従業員の欠勤と生産性の喪失を最小化できる．」[13]と．

ここに，企業の基本原理として，収益性と人間性・社会性および事業力が三者鼎立するというわれわれの考え方に共通するものを見出す．

(2) 産業の空洞化から高度化へ

日本企業は，その活動拠点のうち，どの機能を，世界のどこに立地するべきかという世界最適立地戦略をグローバルな視点で展開している．そのため，生産や販売機能や研究開発やデザイン機能だけではなく，地域ごとの各拠点の製品の輸出と輸入の比率および海外生産比率について，グローバルな視点から統轄する「地域統括本部」をもつ必要がある．しかし，日本全体としてのグローバルな産業立地戦略を欠いたまま，個々の企業がそれぞれの世界最適立地戦略に基づいて海外に進出し，企業が国際競争力を強化し利益を上げているだけである．その結果，グローバル市場では日本企業同士が競争し合って外国企業との競争に敗退したり，国内では製造業を中心に「産業の空洞化」が進んでおり，本国の産業や雇用に対する責任を放棄していると思われる事態になっている．企業が世界最適立地戦略を展開し国際競争力を強化することによって自らの企業利益を増大させるとしても，そのために国内の雇用が失われたり国内産業が衰退することになれば，長期的には企業の存続基盤が掘り崩される（既に，相当程度進行している）．企業は海外進出で獲得した利益をある程度国内に還元して，「国内産業の空洞化が生じない」ように，さらに「国内産業が発展する」ように，事業戦略とビジネス・モデルを構築する必要がある．わが国の政治

的・経済的安定と成長はこの国に本社を置くグローバル企業の責任であり課題である．また，お互いに競争関係にある個々の企業がそれぞれの思惑で行動したのでは，長期的投資戦略は疎かになり，重複投資も避けがたいなど，世界市場における地位を確保することは難しい．

　日本企業の海外進出は，1990年までの欧米への進出は国内での事業基盤や技術基盤に基づいていたのに対して，90年代以降のアジア諸国への進出は，欧米への進出と異なり，日本国内のコスト削減のためにアジア諸国の低賃金労働力を利用したいという進出動機が多く，「高コスト構造」の日本から「脱出」していく，「国内産業の空洞化」に直結するものが多い．ところが，通産省は，90年代の半ばに，欧米の進出とアジア諸国への進出の違いを無視して，「より安い製品の輸入」や「付加価値の高い製品生産」へのシフトというわが国企業の国際展開自体は「我が国産業の比較優位に沿った産業構造・高い就業構造の実現の過程そのもの」（=「産業の高度化」）であって，「産業の空洞化として問題視すべきではない」と解説していた[14]．「比較生産費」説（D.リカード）は国際分業と自由貿易の有効性を説明する理論ではあるが，それを研究開発と「ものづくり」という生産の機能分業に適用することには疑問がある．

　東レ経営研究所の資産では，「企業の海外移転で輸出が5％減った場合，2012年度までの2年間で日本の国際総生産（GDP）は4％押し下げられ，200万人の雇用を失う」という[15]（図1-10）．

　問題は，第1に，日本を取り巻く国際環境が1990年頃を境に大きく転換しているにもかかわらず，「高付加価値の仕事と製品生産は日本で」，「低付加価値の仕事と製品生産はアジアで」という時代錯誤の「方針」を一向に改めようとしないことにある．高付加価値と低付加価値の国際分業が長続きするわけがないことに気が付かない，その鈍感さが大いに気になる．また，技術は根っこや幹が育ってこそ葉が茂り実が成る樹木のようなものである．根っこや幹を育てる土壌を付加価値が低いといって無視すれば樹木は葉っぱや実をつけることはできないことは明白である．技術も然りである．また，高付加価値の仕事，たとえば，基礎研究を含む研究開発は国内に閉じこもっていたのでは発展性は

図 1-10 円高が貿易と雇用に与える悪影響

空洞化が進んだ場合，貿易や雇用に与える悪影響は大きい

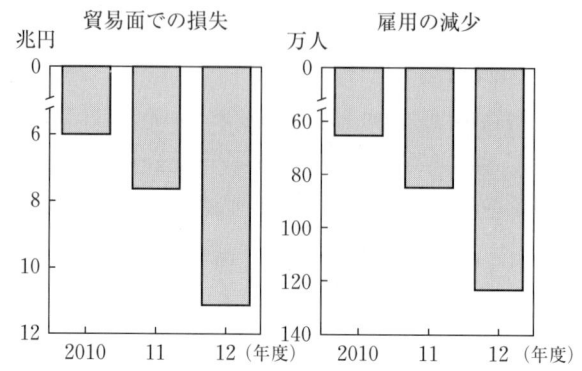

（注）東レ経営研究所試算．企業の海外移転に伴って輸出が減少するケース．2008 年度を基準年として，空洞化が起きない場合との違いを算出した．
（出所）日本経済新聞，2011 年 10 月 6 日

図 1-11 産業の「空洞化」と「高度化」

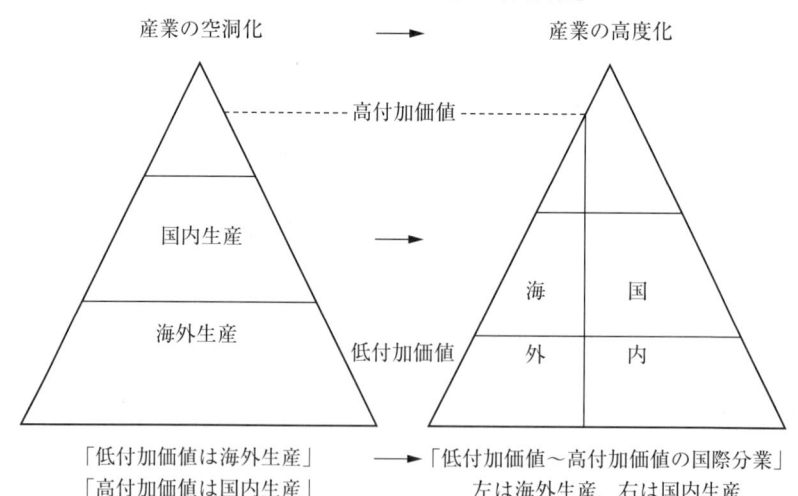

「低付加価値は海外生産」
「高付加価値は国内生産」
⟶ 「低付加価値〜高付加価値の国際分業」
　　　　左は海外生産，右は国内生産

高付加価値(技術・製品・職能)は，低付加価値(技術・製品・職能)を基礎とする．低付加価値(技術・製品・職能)を海外に移転すれば，価値システムは枯れる．

（出所）筆者作成

限られてしまうので，先進的な企業はほとんど海外に研究所を設置したり，研究者を海外に派遣させている．「研究と開発は国内で」というのは何の根拠もない．要するに，国際分業の基準に付加価値の高低を持ち込むのは間違いであり，図1-11のように，付加価値の高低を垂直に線を入れる国際分業いう考え方に転換するべきである．

　第2に，付加価値の高低を垂直に線を入れる国際分業いう考え方に基づいて，グローバルな産業政策を国家戦略会議のもとで作成することが必要である．個々の企業がそれぞれの思惑で海外投資を行っている現状ではお互いに足を引っ張ることはあってもシナジー効果は全く期待できないが，グローバルな産業政策（構想）ができれば，日本企業の技術力に基づいて内外企業との様々な提携関係の構築や個別投資のシナジー効果も期待できる．

おわりに

　本章は，企業は社会のなかに存在するのであり，企業と社会は共生関係にあるところに「企業の社会性」が存在する根拠があるとし，談合，贈賄，利益供与，利益操作，事故隠し，欠陥製品隠し，顧客情報の漏洩，などなどの企業の不祥事は，「企業の社会性」の欠如から発生する，「企業の非社会性」と位置付けている．こういう視点からすれば，最近の日本企業は自らの存続基盤を破壊しているかのように見えるだけではなく，その根底には自社の利益は他社および他者から奪うもの，それによってこそ会社の競争力が強化されると勘違いしていることをかなりはっきりさせることができたのではないかと思う．

1) 水口弘一編（1992）『日本企業の競争力』，東洋経済新報社．IMD（1996-2010），*World Competitiveness Report*.
2) 青島矢一・武石彰・クスマノ（2010）『メイド・イン・ジャパンは終わるのか』，東洋経済新報社．
3) 林正樹編著（2011）『現代日本企業の競争力―日本的経営の行方―』，ミネルヴァ書房．

4) 『労働経済白書』2008年版. および, 労働政策研究・研修機構（2007年3月）「日本の企業と雇用—長期雇用と成果主義のゆくえ—」, プロジェクト研究「企業の経営戦略と人事処遇制度等の総合的分析」（最終報告書）, 独立行政法人 労働政策研究・研修機構.
5) 中村瑞穂（2003）『企業倫理と企業統治』, 文眞堂.
6) 櫻井克彦（2001）「企業経営とステークホルダー・アプローチ」, 『経済科学』, 第48巻第4号.
7) 谷本寛治（1993）『企業社会システム論』, 千倉書房, 137ページ.
8) Anne T. Lawrence, James Weber, James E. Post, *Business and Society: Stakeholders, Ethics, Public Policy*, 11th ed. MacGraw-hill International, 2005.
9) Jeffrey K. Liker, W. Mark Fruin & Paul S. Adler, *Remade in America: Transplanting and Transforming Japanese Management Systems*, New York Oxford, Oxford University Press, 1999. ジェフリー・ライカ, マーク・フルーイン, ポール・アドラー編著, 林正樹監訳（2005）『リメイド・イン・アメリカ—日本的経営システムの再文脈化—』, 中央大学出版部. 特に, 第3章および第4章.
10) M. ポーター（1990）『国の競争優位』上, ダイヤモンド社.
11) 藻利重隆（1973）『経営学の基礎』, 森山書店, 523-545ページ.
12) マイケル E. ポーター, マーク R. クラマー（2011）「共通価値の戦略—経済的価値と社会的価値を同時実現する—」, 『DIAMOND ハーバード・ビジネス・レビュー』, 2011年6月.
13) ポーター・クラマー, 同上.
14) 『通商白書』1995年版.
15) 日本経済新聞, 2011年10月6日号.

第 2 章　低炭素社会と日本企業の行動
――「個」重視から「関係性」重視への転換――

は じ め に

　21世紀の社会を規定する要因の1つは間違いなく「低炭素」である．「低炭素」とは大気中の二酸化炭素の濃度が気温の上昇をもたらさない程度の低い状態に保たれていることを意味する．大気中の二酸化炭素の濃度は19世紀までは260〜280ppmでほぼ一定していたが，産業革命による経済活動の飛躍的な拡大に伴い，20世紀に入ってから増加の一途を辿り，現在の濃度は380〜400ppmまで上昇している．これに伴い，20世紀の100年間で世界の平均気温は約0.74℃上昇したことが報告されている．気温が上昇することで引き起こされる様々な自然災害についてはすでに世界各地で起きており，熱波，干ばつ，大型ハリケーン，集中豪雨，感染症，海面上昇等は地球の生態系を破壊し，人類の生存に重大な脅威を与えることは論を待たないところである．IPCC (Intergovernmental Panel on Climate Change：気候変動に関する政府間パネル) は，今のままで二酸化炭素の濃度の上昇が続けば，2100年には世界の平均気温は最大で6.4℃上昇すると警告しており，気温の上昇を2℃以下に抑えることができれば何とか危機的な状況を回避できると述べている．この「2℃以下」という数字が，現在の世界で温暖化問題に対する1つの指標となっており，たとえば2050年時点における世界全体の二酸化炭素排出量を1990年比で50％削減するという目標もこの指標に基づいて導出されたものである．

　さて，国際社会は「低炭素」社会の実現に向けて時に対立を孕みながらも歩み出しており，そのことは当然のことながら各方面に影響を及ぼしている．本

章の関心事である日本企業の行動にも多大な影響を与えており，企業行動のあり方を根底から見直す必要性に迫られている．多くの識者が現在の動きを19世紀の産業革命に比肩するダイナミックな変革として捉えており，「低炭素革命」「低炭素イノベーション」といった用語でしばしば語られる．社会経済システムの有り様の大規模な変革は，企業にとってはリスクでもあり，チャンスでもある．二酸化炭素の排出に制限のなかった「高炭素」社会のもとで成功を収めてきた企業にとっては，市場における競争ルールの変更は従来の戦略が通用しなくなることを意味し，変化に対応できずに淘汰される危険性も孕む．2009年のGMの経営破綻はまさにそうした事例の典型といえよう．逆に変化に上手く対応した企業は，未開拓の強大な市場を手に入れ莫大な利益を獲得することが可能となる．この大規模な変革期において日本企業は競争優位を獲得することができるのかというのが本章の基本的な問題意識である．結論を先取りしていえば，日本企業の多くは「競争優位」イコール「技術的優位」の問題として捉える従来の発想から抜け出せず，「低炭素」社会という新たな社会経済システムのもとでのホリスティックな経営戦略を構築できていない．このことは「技術で勝っても競争に負ける」という1990年代以降，繰り返されてきた現象が「低炭素」社会においても再現される可能性が高いことを示唆している．本章では，筆者が行った太陽電池，リチウムイオン電池の生産を手掛ける日本を代表する大手電機メーカー4社へのヒアリング調査と文献調査により得られたインプリケーションを基に，日本企業の課題を明らかにするとともに，「低炭素イノベーション」の本質を理解した，新しい発想に基づいた経営戦略の構築について提言を行うことを課題としたい．

1．低炭素イノベーション時代の到来

　前述したように現在の社会は「高炭素」社会から「低炭素」社会への移行期にあり，大規模な変革の只中にある．本格的な工業化社会が始まった18世紀の産業革命以降，人類はこれまでに社会経済システムの有り様を大きく変える

大規模な変革を幾度か経験してきたが，そこに共通するのはダイナミックな技術革新の存在である．すなわち，ダイナミックな技術革新が起こるとその影響により社会経済システムの変革が促され，それにより新しい経済が躍動するという構図である．この関係性に着目し，理論化したのがシュンペーター (J. A. Schumpeter) である．彼は，経済発展の原動力として「新製品の開発」「新生産方法」「新市場の開拓」「新原材料の開発」「新組織の構築」という5つの要素に注目し，これらの組み合わせをイノベーションと呼んだのである．そして彼は産業革命以降起きた景気の循環をイノベーションにより説明している[1]（表2-1）．

シュンペーターは1950年に死去しているが，彼は生前，第4長波が1953年から始まると予言していた．そしてこの第4長波の景気循環を誘導する技術革新が原子力，エレクトロニクス，石油化学であることも予測していたのである．このシュンペーターの理論に従えば，現在の状況は第4長波から第5長波へ移行する「底」に当たる．第5長波の景気循環は電気自動車，太陽光発電，風力発電等の技術革新によってもたらされると見られる．

この第5長波の技術革新の特徴はいうまでもなく「低炭素」であるが，過去の技術革新と比べて大きく異なる点は「環境からの制約」というファクターの占める比重が格段に大きいことである．すなわち，第4長波までの技術革新

表2-1　シュンペーターの景気循環の理論とイノベーション

景気の循環	イノベーション
第1長波（1783～1842年）	綿織物，鉄，蒸気
第2長波（1842～1897年）	鉄道
第3長波（1897～1953年）	電気，自動車，化学
第4長波（1953～2012年）	原子力，エレクトロニクス，石油化学
第5長波（2012～　　　）	電気自動車，自然エネルギー

（出所）Schumpeter, J. A. (1934) *The Theory of Economic Development : An Inquiry into Profits, Capital, Interest, and The Business Cycle,* Harvard University Press（塩野谷祐一，中山伊知郎，東畑精一訳『経済発展の理論：企業者利潤，資本，信用，利子および景気の回転に関する一研究』，岩波書店，1977年）を基に筆者が作成

は，基本的に社会の利便性向上や経済の規模拡大への貢献という目標を実現するために創造されており，「環境からの制約」を起因に技術革新が創造されることはなかった．無論，原子力や石油化学，自動車等の分野で環境汚染への配慮は当然求められており，技術革新を進化させていく上で重要な要素の1つであったことは確かであるが，環境汚染への配慮からこれらの技術革新が生まれたわけではない．それに対して第5長波の技術革新は，二酸化炭素の排出量を減らし，地球温暖化を防止するという明確な「環境からの制約」が技術革新を誘引するという特徴を有する．このことはすなわち，第5長波の技術革新においてはいかに社会の利便性向上や経済の規模拡大に貢献したとしても，その技術が二酸化炭素の排出量削減という「環境からの制約」に合致しない限り，全く価値を有しないことを意味する．この低炭素イノベーションの性質はしばしば「経済と環境のトレード・オフ」に関する議論を勢いづかせ[2]，技術革新を遅らせる原因となってきた．

　これに対して，経済発展と環境保全は決してトレード・オフの関係ではなく，むしろWin-Winの関係になり得るとの主張もされてきた．その代表的な論客がポーター（Poter, M. E）である．経営戦略論の世界的権威であるポーターは早くから環境規制と企業の競争力の関係に着目し，多くの企業が環境規制を企業活動の阻害要因として見ていた中にあって，環境規制の強化は企業活動のマイナス要因とはならず，むしろ規制によってイノベーションが誘発され，企業の競争力が強化されるという主張を展開した．このポーターの主張は「ポーター仮説」と呼ばれる．1970年代，アメリカで成立したマスキー法[3]を最初にクリアしたホンダがその後，世界的な自動車メーカーに成長していった事例など，「ポーター仮説」を裏付ける事例は多い．環境規制の強化は，確かに一時的には企業活動の阻害要因になることが多いため，企業は規制に反対する立場を採りがちであるが，中長期的に見るとむしろプラスに作用している場合が多い．規制が企業の技術革新を誘発する起爆剤となるからである．二酸化炭素の排出削減というこれまでの経済活動の根底を覆すような規制は確かに企業活動にとって一時的な負荷は大きいが，これを起爆剤として「低炭素」イノベー

ションを創造できた企業には新しい社会経済システムのもとでのプレーヤーとしての資格が与えられることになる．シュンペーターが指摘するようにイノベーションとは「創造的破壊」であり，進化論における「種の淘汰」のケース同様に新しい環境に適応できない企業は淘汰されていくことになろう[4]．

2．「3つの共」（共創―共振―共感）の実践

　現在，自動車や電機といった主要な産業においては「低炭素」製品の開発，普及のプロセスが本格化している．ハイブリッドカー，プラグイン・ハイブリッドカー，電気自動車，太陽光発電パネルなどの製品がそれに該当する．「低炭素」製品の場合，「二酸化炭素の排出量が少ない＝地球環境に優しい」という製品イメージは優れているものの，性能や価格などの点で他の競合する製品に劣っている場合が多いため，製品を社会に普及させていくためには「意図された仕掛け」が必要となる．本章では「共創」「共振」「共感」という理論的フレームワークを設定し，このフレームワークに基づいて「低炭素」製品の開発，普及プロセスを理論化してみたい．

(1) 政府と企業の「共創」による市場の創造

　「低炭素」製品の開発，普及を促す最初のステップは政府と企業の「共創」[5]による市場の創造である．自由競争，市場経済のもとでの政府の役割については様々な議論があり，アメリカやイギリスでは2大政党が政権選択を国民に問う選挙の際に，しばしば重要な争点となってきた[6]．「低炭素」製品の開発，普及のプロセスにおいて政府の役割が期待されるのはなぜか．それは「低炭素」製品の市場での競争力が，特に導入時において競合他製品に比べて劣っている場合が多いからである．前述したように，「低炭素」製品の場合，「地球環境に優しい」という製品イメージに関しては競合する他製品よりも優れており，この点に関しては競争力を有している．しかしながら，いうまでもなく製品の競争力は製品イメージだけで決まるものではなく，価格，性能，品質，ブ

ランドなど複合的な要素の組み合わせで決まるため，他の要素が競合製品に対して著しく劣位にある場合，顧客の購買行動には結び付かない．たとえば現在，注目を浴びる電気自動車であるが，二酸化炭素の排出量だけで見ればガソリン・エンジン車やハイブリッドカーに比べて圧倒的に優れているが，価格や走行性能などの点で劣っているため，顧客の顕著な購買行動には至っていない．

　換言すれば，導入時の「低炭素」製品はスタートアップ時のベンチャー企業のようなものである．一部に優れた技術，ノウハウ等を有しているものの，全体的な体力が劣っているため一人前になるまでの間，他からの支援を必要とする．「低炭素」製品に対する政府の支援策として最も一般的な施策が補助金と優遇税制である．「低炭素」製品は一般に競合製品と比して価格の面で競争劣位にあるため，そのハンディを補うためにこうした支援策は必要不可欠である．実際，ハイブリッドカーや太陽光発電パネルの普及に際しては，政府の補助金や優遇税制が大きな役割を果たしている．また電気自動車にしても，政府のこうした支援策がなければ，現状ではとても市場で競争できる水準の価格ではない．さらに，太陽光や風力，地熱等の自然エネルギーを普及させるための支援策として，電力会社に自然エネルギーを一定量買い取らせる制度（RPS）や一定価格で買い取らせる制度（FIT）[7]の効果も実証されている．

　政府と企業の「共創」による市場の創造は，低炭素イノベーションを進行させていく上で最初の鍵となる．市場が創造され利益が見込める状況が生まれれば，参入する企業が増え競争原理が作用して「低炭素」製品の市場競争力の向上が図られるからである．逆に，市場の創造がなされず，またなされたとしても極めて脆弱で需要が喚起されない場合は，折角の「低炭素」製品も不良在庫と化してしまうことになろう．したがって，「低炭素」製品の開発，普及プロセスにおける政府の役割は大きく，「大きな政府」による積極的な関与が求められる．

(2) 技術革新の「共振」

政府と企業の「共創」により「低炭素」製品の市場が創造されると，利益を求めて参入する企業が増加し，市場競争原理が作用するようになる．市場競争原理とは突き詰めていえば，当該製品を価格，性能，品質，ブランドなどにおいて顧客の購買行動に結び付く水準にまで高めるべく，企業間で競争と協調を実践する仕組みである．現在，電気自動車や太陽光発電パネルの市場における市場競争原理として顕著に作用していると見られるのが，技術の「共振」化現象である．「共振」とはもともと，物理学で用いられるエネルギーの伝導に関する概念であるが，ここでは1つの技術革新が別の技術革新を誘発し，連鎖的な技術革新が起こることで技術がさらなる進化を遂げる現象を指す．1つの事例を提示しよう．電気自動車の中核を担う製品として現在，注目を浴びるリチウムイオン電池であるが，こうした蓄電池あるいは2次電池と呼ばれる電池の開発は，長い間，技術革新が起こらず遅々とした歩みを繰り返してきた．1859年にフランスのガストン・プランテによって鉛蓄電池が発明されてから約130年の間に，実用化された新たな蓄電池はわずかに1899年のニッケルカドミウム電池のみであった．ところが1990年に松下電池工業（現パナソニックエナジー）と三洋電機がニッケル水素電池を開発すると翌91年にはソニーがリチウムイオン電池を実用化し，この分野において立て続けに技術革新が起こったのである．よくいわれるように，電気を溜める技術は電気を生み出す技術よりも開発が困難であり，それがこの分野において技術革新が進まなかった要因の1つであることは確かであるが，他面において鉛蓄電池やニッケルカドミウム電池を超える技術の開発の必要性が市場において生じなかった点も大きい．つまり有体にいえば技術革新のニーズがなかったのである．1990年代に入って日本企業による技術革新が起こったのは，ノートパソコンや携帯電話の市場が拡大し，これらの機器に掲載可能な小型化，軽量化された蓄電池の開発の必要性が高まったからである．

そして周知のように現在，蓄電池は電気自動車に掲載する車載用として市場規模は急拡大しており，中でも小型軽量化と蓄電容量の大きいリチウムイオン

電池に対する需要が高まっている．それに伴い，この分野に参入する企業が増え，日本，韓国，中国の企業が入り乱れて開発競争が激化している．リチウムイオン電池の蓄電容量は材料の開発や材料間の組み合わせによって決まるといわれ，電機メーカーのみならず素材メーカーも巻き込んだ技術開発が連鎖的に進行しており，まさに技術革新の「共振」が起きている．

　重要な点は技術革新の「共振」は市場の創造によって引き起こされるということである．前述した蓄電池のケースは，ノートパソコンや携帯電話という市場の創造が停滞していた蓄電池の技術革新を誘発し，ニッケル水素電池やリチウムイオン電池という新たな蓄電池を生み出し，さらに政府と企業の「共創」による電気自動車市場の創造によりリチウムイオン電池の連鎖的な技術革新，すなわち「共振」が進行していることを示している[8]．「共振」の進行は製品の性能，品質を向上させ，またコストの低減が図られることで顧客の購買行動により結び付くことになる．

(3) 低炭素製品への顧客の「共感」

　「共創」「共振」に続く第3のプロセスが低炭素製品への顧客の「共感」である．顧客の「共感」が得られれば製品の購買行動に結び付き，結果として低炭素製品の社会への普及が進むことになる．現状では低炭素製品への顧客の「共感」を阻む最も大きな要因は「価格」である．優れた環境性能を有する製品がその「価格」の高さゆえに顧客の「共感」を得られていないケースは数多く存在する．逆に「価格」の面で顧客の「共感」が得られれば，低炭素製品に対する購買行動は今以上に促進されるだろう．トヨタのハイブリッドカー「プリウス」の売れ行きが好調なのは，同クラスの車種に比べて割高といわれてきた価格が適正水準に近づいたことによるものである．確かに，環境意識が高く，価格の面で多少割高であっても低炭素製品を優先して購入したいという顧客は一定数存在する．しかしながら，多くの顧客は製品購入の判断基準として価格の安さを最も重要な要素の1つと考えており，価格の面で競合製品より競争劣位にある限り，低炭素製品の社会への普及は進まないと見てよい．これまで述べ

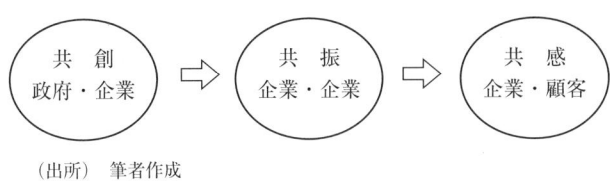

図 2-1　共創　共振　共感の連鎖

```
┌─────────┐      ┌─────────┐      ┌─────────┐
│  共 創  │      │  共 振  │      │  共 感  │
│政府・企業│  ⇒  │企業・企業│  ⇒  │企業・顧客│
└─────────┘      └─────────┘      └─────────┘
```

（出所）　筆者作成

てきた「共創」「共振」のプロセスは，低炭素製品の「価格」面での競争劣位を補完し，顧客の「共感」を得るための「意図された仕掛け」と見ることもできる．すなわち，政府による支援と企業間における技術革新の連鎖が有機的に連動することで価格の低減化が促進されるというものである．「共創」「共振」「共感」の望ましい正のスパイラルができれば，低炭素製品の社会への普及が加速され，社会経済システムは低炭素社会の実現に向けて大きく動き出すことになるだろう．

しかしながら，本章の関心事である低炭素社会における日本企業の競争優位という視点でこうした流れを捉えた場合，価格の低減化は必ずしも好ましい状況ではない．価格の低減は低炭素製品のコモディティー化をもたらし，低価格の価格競争を激化させることにつながるからである．逆説的な言い方になるが，低炭素製品に対する顧客の「共感」を得るためには「価格」の低減化を促進することは必要不可欠である．しかし，「価格」の低減は低価格競争を激化させ，日本企業はライバル関係にある中国，韓国などの企業に対して競争優位を保つことが困難になる．このパラドックスに対して日本企業はどのように立ち向かおうとしているのか，次節においては「技術優位性のわな」という視点から日本企業の課題を検討する．

3．「技術優位性のわな」——日本企業のジレンマ

市場における製品の競争優位を左右する要因には様々なものがあるが，その中の1つとして技術的な先進性が挙げられる．競合製品に対して明確な技術的

優位性を確立している場合，当該製品は他製品と差別化することが可能である．また特許などの知財戦略を採用することで競争優位を得ることもできよう．メイド・イン・ジャパンの製品に対する現在の高い国際的評価が，高い技術力とそれに裏打ちされた高い品質によるものであることは広く知られている．次世代カーや太陽電池，リチウムイオン電池などの低炭素製品においても現状では日本企業は市場において技術的優位を確立している．しかしながら，グローバリゼーションが進む中，特定の企業が技術的優位性を維持できる期間は限られているといわれる．技術的優位性が崩れ，製品がコモディティー化した場合，市場での競争優位を左右するのは主として価格である．つまり低価格競争が激化し，この競争の勝者が長期にわたる競争優位を獲得することになる．

筆者は 2009 年から 2010 年にかけて太陽電池，リチウムイオン電池の生産を手掛ける大手電機メーカー 4 社に対するヒアリング調査を行い，現在，日本企業が技術的優位にあると見られる太陽電池やリチウムイオン電池が近い将来，コモディティー化して価格競争になった場合，逆にコスト競争で優位にあると見られる韓国や中国の企業に対してどのような戦略で臨むつもりであるのかを聞いた．以下，ヒアリング調査での 4 社の回答についてその概要を略述する[9]．

(1) ヒアリング調査から得られた事実
① A 社の回答
・太陽電池やリチウムイオン電池についてはもともと，技術的な差別化は難しく，したがって韓国や中国の企業に対する技術的優位性も小さい．
・太陽電池に関してはすでにコモディティー化しつつあり，価格競争が激しくなってきている．
・リチウムイオン電池のキーワードは「安全性」「小型化」「蓄電容量」「コスト」であり，特に「安全性」については A 社を含めて日

本企業の技術力は高い．
- 韓国や中国の企業との間で価格競争が激化することは予想しており，一層のコスト削減を図るとともに品質の向上を目指す．

② B社の回答
- 太陽光発電パネルに関してはB社を含めた日本企業と外国企業の間の技術的な差は小さい．太陽光の電気への変換効率などの点において日本企業の技術的優位性はあるが，最終的にはコスト競争力が決め手となる．
- B社は品質を最も重視しており，品質を伴わない価格競争は無意味であると考えている．この点で韓国や中国の企業に対する優位性は大きい．
- B社は太陽光発電パネルの生産を川上から川下までの一貫体制で行っており，そこで培われる「現場力」こそがB社の競争優位の源泉である．

③ C社の回答
- 太陽電池の差別化は図りにくいため，最終的には価格が決め手となる．価格力アップのため，変換効率の向上と生産性の向上に取り組んでいる．
- 太陽電池は耐久消費財と異なり，20年，30年と長く使用される（発電し続ける）ものであるため，製品に対する「信頼性」が重要なファクターとなる．
- 価格競争を勝ち抜くため，生産体制の川上から川下に至るバリューチェーンの見直しを行っている．

④ D社の回答
- リチウムイオン電池は日本で開発された蓄電池であり，日本企業の技術的優位性は揺らいでいない．
- かつては発火事件を起こすなど「安全性」がリチウムイオン電池の最大の問題点であったが，この問題はすでにクリアされており，

「安全性」とそれに裏打ちされた品質において日本企業は世界最高水準にある．
・リチウムイオン電池の性能は材料の開発や材料間の組み合わせに大きく関わっており，素材産業の裾野が広い日本企業は有利な環境にある．中国や韓国の企業も追い上げてきているが，そう簡単に追いつけるものではない．

　4社の回答から読み取れる共通のエッセンスは，高い技術力とそれに裏打ちされた品質への揺るぎない自信である．確かに太陽電池やリチウムイオン電池において日本企業の外国企業に対する技術的優位性は大きくはなく，コスト競争が決め手になるという共通認識はあるものの，自社製品に対する技術と品質への強い自負の念が見てとれる．その一方で，価格競争に対する明確な戦略は4社ともに描き切れていない．基本的には，より一層のコスト削減と品質の向上により価格競争を勝ち抜こうという，ありきたりの戦略である．こうした日本企業の状況について警鐘を鳴らす識者がいる．次にそうした識者の見解を見ておこう．

(2)　大久保隆弘氏の見解

　蓄電池開発をめぐる電機メーカーの戦略を研究している立教大学の大久保隆弘氏は，日本企業の現在の戦略では韓国や中国の企業との価格競争に勝つことは難しいと指摘する．大久保氏によれば，かつて日本企業が圧倒的な競争優位を誇ったDRAM半導体，液晶ディスプレー，パソコン，薄型テレビはいずれも同じ構図で韓国，中国，あるいは台湾の企業に敗れ競争優位を奪われたという．その構図とはすなわち，製品の市場投入の初期段階では日本企業が技術的優位にあり競争優位を維持しているが，やがて製品性能がある程度固まってくると市場での競争優位はコスト競争に左右されるようになる．この時期から韓国，中国，台湾等の投資攻勢が激しくなり，一気に競争優位を奪われるという図式である．しかもこのパターンでは，日本企業が競争優位を維持している初

期段階は製品の開発投資や量産化投資による負担で利益があまり見込めないのに対し，韓国，中国，台湾等の企業が投資攻勢を強める時期は市場の成熟期に当たり，多くの利益が見込めることになる．つまり，日本企業から見れば技術開発と量産化に先行投資し，その投資コストを回収して利益を上げようとする時期にアジアの企業に市場を奪われ，果実をもっていかれるという極めて好ましくない構図なわけである．上記した DRAM 半導体，液晶ディスプレー，パソコン，薄型テレビはまさにこうした構図で日本企業は競争優位を失ったと大久保氏は見ている．そして彼はその原因を，日本企業の戦略の欠如に求めている．すなわち，日本企業は技術開発の競争に敗れたのではなく，戦略の欠如がこうした事態を招いたと彼は指摘している．

そしてさらに重要な指摘として彼は，日本企業の現在の戦略ではリチウムイオン電池も上記の製品群と同じ運命を辿る可能性が高いとしている．

確かに現状ではリチウムイオン電池の市場シェアにおいて日本企業は優位を保ってはいるが，サムソン SDI，LG 化学，BYD 等の韓国，中国企業が追い上げてきており，その差は確実に縮まってきている．大久保氏によれば，日本企業は画期的なイノベーションを創出できる能力は有しているものの，収益確保

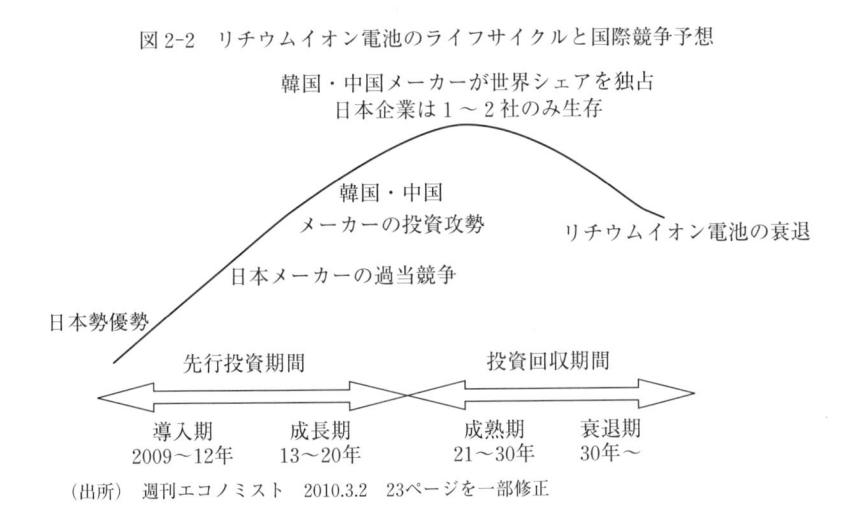

図 2-2　リチウムイオン電池のライフサイクルと国際競争予想

(出所)　週刊エコノミスト　2010.3.2　23ページを一部修正

のための戦略が欠如しており，また知財管理も不十分であるという．ただし，大久保氏の主張では具体的にどのような戦略を構築すべきかまでは示されていない．

(3) 妹尾堅一郎氏の見解

　東京大学の妹尾堅一郎氏もまた日本企業の戦略の欠如に対して警鐘を鳴らしている識者の1人である．妹尾氏はその著書『技術力で勝る日本がなぜ事業で負けるのか：画期的な新製品が惨敗する理由』（ダイヤモンド社）の中で日本企業の問題点を鋭く分析している．妹尾氏によれば，現在の市場における競争はもはや技術力だけで勝てる時代ではなく，技術力とそれを効果的に活用できるビジネスモデルおよび知財マネジメントが一体となって初めて企業は競争優位を獲得することが可能になるという．しかしながら，多くの日本企業は依然として技術力＝競争優位として捉える従来の発想から抜け切れず，技術力を生かす効果的なビジネスモデルと知財マネジメントを構築できていないため，「技術で勝っても事業で負ける」という不可解な現象が起きているのだという．

　妹尾氏の主張で興味深い点は，日本企業の多くが「成長」と「発展」の違いを正確に理解していないため，市場環境の変化への対応に混乱を来たしているということである．氏によれば「成長」とは既存モデルの量的拡大のことであり，たとえていうならば，森に植えた小さな杉の苗木がやがて成長して大きな杉の木になるようなものである．サイズが大きくなっても他の種類の木，たとえば松や竹になるわけではないから中身的には変わらない．つまり，今までのモデルが量的に拡大しただけということになる．これに対して「発展」とは，既存モデルとは全く異なる新規モデルへの不連続的移行を意味している．それは丁度，オタマジャクシがカエルに変わっていくようなものである．オタマジャクシとカエルでは形態も生息地も異なり，一見しただけでは2つの生き物が同一のものであったということを認識することは難しい（無論，われわれは知識としてオタマジャクシがカエルになることを知ってはいるが）．妹尾氏は前者の「成長」を既存モデルの練磨＝インプルーブメント，後者の「発展」を新規モデル

の創出＝イノベーションと分類し，現在の市場は既存モデルの練磨＝インプルーブメントで勝つ時代から新規モデルの創出＝イノベーションで勝つ時代に移行しており，競争優位のモデルが変化していると主張する．そして，日本企業の競争優位の源泉が既存モデルの練磨＝インプルーブメントにあったため[10]その成功体験から抜け出せず，競争優位のモデル自体が大きく変わったことに適切に対応できていないと指摘している．妹尾氏によれば，1970年代から80年代にかけて日本企業は既存モデルの練磨で競争優位を獲得し，世界最強の競争力を誇ったが，90年代に入るとアメリカがIT産業の成長を背景に競争優位のモデル自体を変える戦略に出て成功を収めたため，一転して苦境に立たされることになったのだという[11]．

妹尾氏はIBM会長のサミュエル・パルミサーノ会長が好んで使う言葉といわれる「ゲームのルールを変えた者だけが勝つ」を引用しつつ，90年代以降，日本企業はゲームのルールを変えられたことで市場において負け続けていると分析する．そして，日本企業が過去の成功体験である既存モデルの練磨＝競争優位という発想から脱却しない限り，こうした状況は続くとし，上記したように技術力，ビジネスモデル，知財マネジメントが一体となった戦略（妹尾氏はこれを「三位一体」型戦略と呼んでいる）の構築の必要性を説いている．

(4) 日本企業のジレンマ

さて以上，筆者が行った大手電機メーカー4社に対するヒアリング調査の結果と2人の識者の見解を見てきたわけであるが，ここで改めて整理してみると，日本企業の現状について次のような共通認識が得られるのではないか．

「日本企業は自らの技術力や製品の品質に対して強い自負の念を持っており，技術力とそれに裏打ちされた品質こそが競争優位の源泉であると考えている．その一方で台頭するアジア諸国との競争においてコスト競争が最終的に勝敗を左右するという意識も持っている．しかしながら現状では，技術的優位を生かして市場において競争優位を獲得するための総合的な戦略が構築されておらず，苦戦を強いられている」．

いうなれば，日本企業は高い技術力を有しながら最終的な果実，すなわち収益を上げることができないジレンマに陥っていると見ることができよう．本章ではこれを「技術優位性のわな」と呼ぶことにしたい．ではなぜ，日本企業は「技術優位性のわな」に陥ってしまったのか．この問題について考える際，クリステンセン（C. M. Christensen）の研究『イノベーションのジレンマ：技術革新が巨大企業を滅ぼすとき』が参考になる．クリステンセンはこの中で，業界のトップ企業が技術革新や市場構造の変化のうねりの中でその地位を失っていく過程を分析している．ここで注目すべき点は，クリステンセンが分析の対象とした企業は経営資源やマネジメント，技術力などに問題を抱えた企業ではなく，業界のトップに君臨する優良企業であるという点である．優れた能力をもつトップ企業がなぜ，技術革新や市場構造の変化に対応できなかったのか，クリステンセンの問題意識はまさにこの点に集中している．そして彼は，優良企業だからこそ，あるいは優良企業ゆえにその経営慣行が変化への対応を困難にしたのだという結論を導いている．クリステンセンによれば，優良企業は既存の顧客の需要に応えて製品の性能を高める「持続的技術」の開発を得意にしており，そのために①顧客の声に耳を傾ける，②求められたものを提供する技術に積極的に投資する，③利益率の向上を目指す，④小さな市場よりも大きな市場を目標とする，などの経営慣行を実施しようとする．これらの経営慣行は市場において競争優位を獲得する，あるいは維持する上でいうなれば「王道」ともいえる方策であり，すべてを正しく行うことができれば競争優位を失うことはないはずである．しかしながら，市場構造の創造的破壊を伴うイノベーションが起きた場合，これらの方策で変化に対応することは困難である．なぜなら市場に創造的破壊をもたらす技術，すなわち「破壊的技術」の場合，「持続的技術」の特性とは明らかに異なるからである．「破壊的技術」は，市場の価値基準を変える，最初に出現したときはメインストリームの顧客の評価を得られない，少数派の新しい顧客層を生み出すなどの特性があり，上記した方策で対応した場合には明らかにミスマッチが生じる．しかしながら，業界トップの優良企業はまさに上記の方策の実施に優れていたからこそ，その地位を獲

得できたのであり，それゆえに「破壊的技術」の開発に遅れ，また変化への対応ができないのだというのがクリステンセンの主張である．クリステンセンの指摘する「持続的技術」と「破壊的技術」の概念は前出の妹尾氏の「成長」と「発展」の概念と通じるものがある．すなわち，持続的技術とは既存モデルの量的拡大であり，破壊的技術は新規モデルへの不連続的移行であると解釈できよう．そして両氏とも前者（「成長」あるいは「持続的技術」）で成功した企業はその成功体験ゆえに後者（「発展」あるいは「破壊的技術」）に適応することが困難になると指摘している．したがってこの問題は，日本企業に特有の問題ではなく，ある程度普遍性をもった問題として捉えることができよう．たとえば組織論の研究で「個体群生態学モデル」を提唱しているハナン＆フリーマン（Hannn, M. T. and J. freeman）も組織は本来的に強い「慣性（inertia）」を有しており，変化に対する適応能力に劣る存在であると主張している．

4．「個」重視から「関係性」重視へ──ホリスティックな戦略構築の必要性

　ここで，これまでの議論を今一度整理しておきたい．低炭素製品の社会への普及のためには ① 政府と企業の「共創」による市場の創造と需要の喚起，② 参入企業間での技術革新の「共振」，③ 低炭素製品への顧客の「共感」の広がり　という3つのプロセスを経る必要があり，特に ③ の顧客の「共感」を獲得するためには価格の低減化が図られなければならない．しかしながら，価格の低減化は低価格競争を激化させ，日本企業は韓国，中国など，アジア諸国の企業との競争に敗れ競争優位を失う可能性がある．低炭素イノベーションという「創造的破壊」を伴うイノベーションが進行する中，日本企業はこのパラドックスに対してどのように立ち向かうべきなのか，以上がこれまでの議論の集約である．

　これまでの議論において明らかなように，日本企業には低炭素イノベーションを切り開くだけの高い技術力があり，ハイブリッドカーや電気自動車，リチ

ウムイオン電池など，プロダクト・イノベーションを創造してきた実績もある．問題なのはそうした高い技術力を生かして収益を上げ，持続的な競争優位を確立するためのホリスティックな戦略が欠如している点である．すでに述べたように，グローバルな競争が加速する中，特定の企業が技術的優位性を維持できる期間は限られている．したがって，一旦，確立した技術的優位性を守るために高度の知財戦略が求められており，前出の妹尾氏のように MOT の研究者の関心も主にこの点に集中している．本章では，この知財戦略については MOT の研究に譲ることとし，「個」重視から「関係性」重視への経営戦略の転換という問題について考えてみたい．

　現在，進行している低炭素イノベーションは，現行の社会経済システムに対して「創造的破壊」をもたらすものであり，社会経済システムを動かしている基本原理を変える性質を内包している．すなわちその本質は，人々の日々の生活の営みや企業の経済活動を支えるエネルギーをすべて「低炭素」に変えるというものであり，これはまさしくエネルギー革命である．時計の針を 18 世紀に戻し，人々がランプでの生活や馬車による移動，あるいは職人による家内工業を中心にした経済活動といった社会を甘受すれば低炭素社会は実現し，地球温暖化問題は解決するだろう．しかしながら，それは非現実的な選択肢であり，何よりも現行の社会経済システムの「創造的破壊」ではない．現行の社会経済システムがより高度化することを前提に，社会のあらゆる活動を「低炭素」化することが低炭素イノベーションの最終的なゴールである．こうした低炭素イノベーションの本質を見据えたとき，日本企業はどのような戦略を採るべきなのであろうか．

　上記の問いに対する解として筆者が提案するのが「個」重視から「関係性」重視への戦略の転換である．日本企業はこれまで個別企業による個別の製品をベースにして市場で競争してきた．たとえば，自動車産業や電機産業に属する企業の多くは，過当競争とも思える環境のもと，国内での熾烈な競争を繰り広げ，その過程で技術力や品質を高めてきた．これらの企業がグローバル市場において競争優位を獲得できたのは，国内市場での熾烈な競争の中で鍛えられた

からである．たとえていうならば，高校野球で強豪校揃いのハイレベルな地区予選を勝ち抜いたチームが甲子園大会では楽勝で勝ち進むようなものである．しかしながら，低炭素イノベーションの時代を勝ち抜くことを考えた場合，個別企業が個別の製品でのみ競争する戦略は賢明とはいえない．なぜなら，個別の低炭素製品の競争優位は最終的には価格が決め手になる可能性が高く（そうでなければ低炭素製品は社会に普及せず，低炭素イノベーションは進行しないことにな

図 2-3 「個」を重視した戦略の概念図

```
        A企業
       ↗    ↖
   競争と協調
   「企業秘密」の壁
   B企業 ←→ C企業
          ⇓
```

「個別企業」レベルでの付加価値の創出

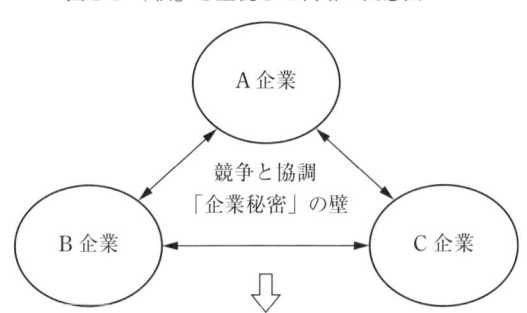

（出所）筆者作成

図 2-4 「関係性」を重視した戦略の概念図

```
   ┌─────────────────┐
   │  A企業 ←→ B企業   │
   │      E企業        │
   │   コンソーシアム    │
   │  C企業 →  D企業   │
   └─────────────────┘
             ⇓
```

「個別企業」のレベルを超えた
高い次元の付加価値を創出

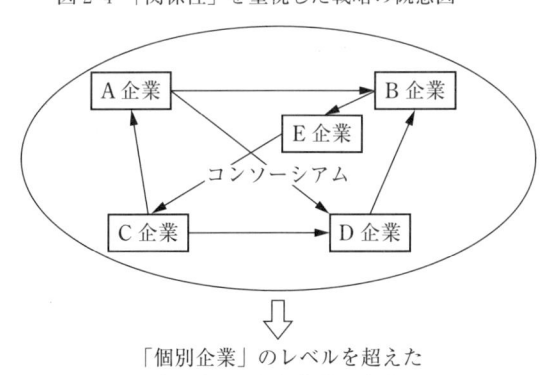

（出所）筆者作成

る），韓国，中国等の企業に対する日本企業の劣勢は否めないからである．こうした状況を打破するため，日本企業は今こそ個々の企業が有する優れた技術を最大限に発揮できるコンソーシアムを結成すべきである．つまり，個々の企業が持つ技術力，ノウハウなどを融合する「場」を設け，そこでの相互作用を通じてより次元の高い，新たな付加価値を創造することが求められる．無論，そこには他社には知られたくない企業秘密の壁が立ちはだかるが，企業間の垣根を低くすることにより，個別企業が有する「知」の融合が図られ，1社単独では創造できないレベルの付加価値が生み出される可能性も大きい．すでに，こうした発想のもとで動き出しているプロジェクトもあり，今後の日本企業の競争優位にどのように影響するか，注目される[12]．

　求められるのは，「知財戦略」と他社との「関係性」を重視した戦略を高度に使い分けたホリスティックな経営戦略の構築である．

おわりに

　以上，本章では低炭素イノベーションが進行する中で日本企業がいかにして競争優位を獲得し維持していくかをテーマに考察を重ねてきた．本章の考察を通じて，日本企業には技術的優位性はあるものの，それを生かした長期的な収益確保のための戦略が欠如しているという問題点をある程度浮き彫りにすることはできたように思う．技術的優位＝競争優位の時代ではなく，総合的な経営戦略を構築しなければならない時代に入っており，低炭素社会において日本企業が勝ち残り，持続的な競争優位を確立するための1つの問題提起ができたことは本章の意義といえる．

　しかしながら，筆者の主張する新しい戦略，すなわち「個」重視から「関係性」重視への戦略の転換に関しては，未だ試論の域を出ていない．本戦略は，筆者が「低炭素イノベーションが進行する中で日本企業はいかにして競争優位を確立すべきなのか」という問題意識を追求する中で，中小企業のコンソーシアムの事例などを参考に着想したものである．優れた「個」が集まり，「個」

が有する能力が融合することでプラスアルファの効果が生まれ,「個」単独では成し得ない高い次元の付加価値が創造されるというのが本戦略の仮説である.しかしながら,こうした戦略の実践例が少ないため,本章では推論の段階に留まり実証的なデータ(empirical evidence)を示すことができなかった.したがって今後,仮説の検証作業を行う必要がある.具体的にはコンソーシアム(場)の形成と「知」の融合のメカニズム,そこから創造されるアウトプット(付加価値)との関係性等,実証データを積み重ねることでより精緻化された理論の構築を目指したい[13].

付記　本研究は,中央大学企業研究所の研究プロジェクト「企業の社会性に関する研究」および平成21～23年度科学研究費補助金基盤研究C「電池開発をめぐる電機メーカーの環境戦略についての研究」の研究成果の一部である.

1) シュンペーターの景気循環論はニコライ・コンドラチェフの研究に依拠している.コンドラチェフは1926年に資本主義経済の下では50年周期で好況と不況が繰り返し起こることを発見した.この循環は「コンドラチェフの波」と呼ばれる.
2) CO_2の排出量は経済活動の大きさと基本的に比例するため,その削減は経済活動の規模縮小につながるという議論.中国やインドなどの発展途上国ではこうした考え方が根強く,国連気候変動枠組み条約締約国会議(COP)では自国にCO_2の排出量削減の数値目標が課せられることに対して強硬に反対している.
3) 1970年にアメリカで成立した大気浄化法修正法.自動車の排気ガスに含まれる一酸化炭素(CO),炭化水素(HC),窒素酸化物(NOx)を1975～76年の間に従来の1/10に減らすという厳しい内容であったため,多くの自動車メーカーは技術的に不可能であるとして法案に反対した.
4) 進化論や生態学の「自然淘汰」の考え方を組織論研究に援用し,組織の盛衰を理論化した研究としてハナン&フリーマンの「個体群生態学モデル」がある.
5) 「共創」という概念を最初に提唱したのはミシガン大学のプラハラードである.彼は21世紀の市場では企業が顧客に一方的に製品,サービスおよびそれに付随した価値を提供するのではなく,企業と顧客が共に価値を生み出していく必要があると主張し,この考え方を「共創」と呼んだのである.
6) 一般的にはアメリカの共和党,イギリスの保守党は1980年代のレーガン,サッチャー政権以降「小さな政府」を志向し,市場における政府の関与を極力減らし,公共部門の民営化や規制緩和を推進して市場における競争原理を重視した政策をと

る傾向が強い．こうした政策は新自由主義と呼ばれる．
7) この制度を世界で最初に導入したのはドイツである．ドイツでは 2004 年に FIT を導入し，自然エネルギーで発電した電気を市場価格の 2 倍（1kw 当たり約 60 円）の価格で 20 年間，電力会社が買い取る制度をスタートさせ，その結果，太陽光発電の普及が一気に進んだ．
8) 同じことは太陽電池についてもいえる．太陽電池は 1954 年にアメリカのベル研究所によってその原型が開発されたが，その後，技術革新は進まず長らく「シリコン結晶」型が主流のままであった．しかしながら 2000 年前後から「共創」により市場が創造されると，技術革新の「共振」が進行し，「薄膜シリコン」「化合物系」「色素増感系」「有機薄膜系」など様々な太陽電池が開発されている．
9) 4 社ともにこの分野において日本を代表する企業である．ヒアリングの際に，企業名を公表することについて担当者から了解をとっていなかったため，ここではA社，B社，C社，D社と表記することにしたい．
10) 日本の製造業のお家芸ともいえる「改善活動」などはまさに既存モデルの練磨＝インプルーブメントそのものであるといえる．
11) ただし，インプルーブメントとイノベーションは全く無関係な別個のものであるというわけではなく，相互にスパイラルな関係にあるという．
12) 政府は平成 22 年 6 月 18 日に「新成長戦略」を閣議決定した．この中でアジアを中心とする旺盛な海外のインフラ需要に応え，受注を獲得するための方策として「パッケージ型インフラ海外展開」という戦略を打ち出した．この「パッケージ型インフラ海外展開」は政府が企業間のコンソーシアム形成づくりを支援し，個々の企業が持つ技術，ノウハウを結集して「総合力」でアジア諸国のインフラ事業の受注獲得を目指すというもので，本章の主張する「関係性」重視の戦略と考え方が一致する．
13) 東京大学人工物工学センターは 2004 年度に共創工学研究部門を新設し，共創のメカニズムについて研究を行っている．工学部門の研究ではあるが，社会科学の知見も組み入れており，「シンセサス」「行動主体」「相互作用」「創発」をキーワードにしたアプローチは，本章の研究テーマにとっても非常に参考になる内容を包含している．

参考文献

足立辰雄・所伸之編著『サステナビリティと経営学：共生社会を実現する環境経営』，ミネルヴァ書房，2009 年

植田和弘・國部克彦・岩田裕樹・大西靖『環境経営イノベーションの理論と実践』，中央経済社，2010 年

上田完次編著『共創とは何か』，培風館，2004 年

大久保隆弘『電池覇権：次世代産業を制する戦略』，東洋経済新報社，2010年

クレイトン・クリステンセン著　玉田俊平太監修　伊豆原弓訳『イノベーションのジレンマ：技術革新が巨大企業を滅ぼすとき』，翔泳社，2001年

週刊エコノミスト　2010年3月2日号

妹尾堅一郎『技術力で勝る日本がなぜ事業で負けるのか：画期的な新製品が惨敗する理由』，ダイヤモンド社，2009年

竹田青嗣・橋爪大三郎『低炭素革命と地球の未来』，ポット出版，2009年

ダニエル C. エスティ&アンドリュー S. ウィンストン『Green To Gold：企業に高収益をもたらす環境マネジメント戦略』，アスペクト，2008年

所伸之「プロダクト・イノベーションからソーシャル・イノベーションへの移行プロセス研究：次世代カー及び太陽光発電パネルの開発，普及プロセスの分析をもとに」，『経済学論纂』，中央大学出版部，第50巻第1，2合併号　2010年

藤原洋『第4の産業革命』，朝日新聞出版，2010年

馬奈木俊介『環境経営の経済分析』，中央経済社，2010年

Adam Werbach, *Strategy for Sustainability,* Harvard Business Press, 2009

Hannan, M. T., *The Population Ecology of Organization,* American Sociological Review, Vol. 82, 1977

Javier Callio-Hermosilla, Pablo del Rio Cozalez and Totti Könnölä, *Eco-Innovation: when sustainability and Competitiveness shake hands,* Palgrave macmillan, 2009

Peter E. Hodgson, *Energy, the Environment and Climate change,* Imperial College Press, 2010

Poter, M. E., C. Van der Linde, "Green and Competitive: Ending the Stalemate," *Harvard Business Review,* September-October, 1995

Prahalad, C. K., V. Ramaswamy, *The Future of Competition: Co-Creating Unique value with Customers,* Harvard Business School Press, 2004

Schumpeter, J. A., *The Theory of Economic Development: An Inquiry into Profits, Capital, Interest, and The Business Cycle,* Harvard University Press, 1934（塩野谷祐一，中山伊知郎，東畑精一訳『経済発展の理論：企業者利潤，資本，信用，利子および景気の回転に関する一研究』，岩波書店，19977年）

Timothy J. Foxon, Jonathan köhler and Christine Oughton, Innovation for a Low Carbon Economy: Economic, Institutional and Management Approachs, Edward Elgar, 2008

第3章　企業の環境対策の戦略的意義と制約条件

はじめに

　20世紀半ば以降，企業は様々環境問題への対応に努力してきた．たとえば日本自動車産業では，1960年代の自動車メーカー各社による乗用車生産の拡大と乗用車の普及とともに大気汚染が深刻化し，政府・行政機関が厳しい規制を制定したため，自動車メーカー各社はそれへの対応を余儀なくされた．また，その後，1980〜90年代に顕在化した地球温暖化問題に対して自動車メーカー各社は，ハイブリッドや天然ガス，エタノール，電池，燃料電池など様々な代替エネルギーを用いた自動車の開発および実用化を進めている．

　このような企業行動を背景として，企業の環境業績（environmental performance）と財務業績（financial performance）の関係について，理論的・実証的な研究が数多く行われた．その嚆矢となったのが，適切な環境規制が企業による技術の再構築を促進し，コスト削減や品質の向上（すなわち競争優位性の向上）を促すとする仮説であり，提唱者であるマイケル・E.ポーター（Porter, 1991）に因んで，「ポーター仮説（Porter hypothesis）」と通称されている．以来，このポーター仮説の実現可能性をめぐって多くの理論的・実証的な研究が行われ，次のことが明らかにされている．すなわち，ポーター仮設は，ある条件（市場の不完全性や研究開発投資の不確実性の存在など）のもとでは成立する場合もある（e.g. Klein and Rothfels, 1999, Popp, 2005）が，しかし，これらの条件は必ずしも一般的に存在しているとはいえず，また，実証研究がポーター仮説を支持するという一般的な結論を導くこともできない，ということである（Palmer, Oates and Portney, 1995, Brannlund and Lundgren, 2009）．これらの研究は，政策決定者が環

境政策を策定するにあたって，ポーター仮説を主要な根拠とすることには慎重になるべきだということを示唆している．

しかしながら，政策決定者にとってポーター仮説は慎重になるべきものだとしても，企業の競争戦略という側面から見た場合，環境問題への取り組みが企業の競争優位性を向上させる可能性も十分にあり得ると思われる．上述のように，日本の自動車メーカー各社は，1970年代に世界で最も厳しい排出ガス規制に先駆けて対応したが，そのプロセスの中で技術力を向上させている．また，より近年の燃料電池車やハイブリッド車の実用化についても，日本自動車メーカー各社が世界に先駆けて成功している．

それでは，こうした環境対策は，企業の競争戦略においてどのように位置付けられるのだろうか．また，企業が環境問題を戦略的な課題として積極的に取り組むには，いかなる条件が必要なのだろうか．本章の課題は，これらの疑問に答えることにある．この検討を通して，ポーター仮説と環境問題への対応を競争戦略論の中に明確に位置付けるとともに，企業が環境問題に対して積極的に取り組むか否かは，外部環境に対する認識と資源の制約，および環境問題と企業行動をめぐる利害関係者間の相互作用関係のプロセスに影響されることを示したい．

以上の課題と目的に対して，まず次節では，ポーター仮説をめぐる議論の到達点を明らかにしよう．その上で，第2節において，競争戦略論の視点からポーター仮説を検討し，競争戦略論の論理体系の中にポーター仮説および企業の環境問題への対応を位置付けることを試みたい．以上の議論をもとに，第3節では，ポーター仮説の根拠として示唆されている日本自動車メーカーによる排出ガス抑制技術開発のプロセスを検討し，第4節においてその含意を示す．最後に，本章のまとめと今後の課題について述べる．

1．先行研究——ポーター仮説をめぐる先行研究の到達点

従来，環境保護と企業の国際競争力の間には，トレードオフの関係があると

考えられてきた．環境の悪化を食いとめるために，あるいは環境を改善するために環境規制が導入されると，企業はその規制に対応するために研究開発を行ったり，生産設備を更新したりしなければならない．これらは，企業の規制遵守コストを引き上げるため，企業の国際競争力が弱まるという論理である．ポーター (Porter, 1991) は，こうした一般的な社会通念に対して，厳しい環境基準は企業のイノベーションと改良の引き金となり，しばしば企業の国際競争力を強めると主張した[1]．すなわち，厳しい規制が技術の再構築を促し，汚染の抑制とコストの削減，ないし品質の向上を両立させる生産プロセスを構築したり，あるいは，汚染の少ない製品や資源効率的な製品の開発を促したりする側面があることを指摘したのである．これが，いわゆる「ポーター仮説 (Porter hypothesis)」である．

その後，このポーター仮設は，ポーター＝ファン・デル・リンデ (Porter and van der Linde, 1995) によってより詳細に展開された．その主張の骨子は次の通りである．すなわち，一般的には，環境規制を設定することによる「社会的な (social)」便益と各企業が負担する「私的な (private)」費用はトレード・オフの関係にあると見られている．しかし，適切に設計された環境規制であれば，「資源生産性 (resource productivity)」を高めるような企業のイノベーションを促進することも可能である．通常，廃棄物や有害物質などが排出されるのは，生産段階・消費者の廃棄段階を含む製品のライフサイクル全般にわたって，資源が効率的・効果的に利用されていないためである．このような場合，原材料やエネルギー，労働力などのインプットをより生産的に活用する（資源生産性を高める）ようなイノベーションが行われれば，環境の悪化を抑えつつ，そのために必要なコストを相殺したり，さらにそれを上回るコスト削減効果や品質の向上を期待することができる[2]．しかし，経営者のもつ情報は不完全であり，時間や興味も限られている場合が多い．このため，資源生産性を高めるイノベーションの機会を企業が自主的に見つけられるとは限らない．また，たとえそれを自主的に見つけることができたとしても，そのイノベーションが環境対策コストを上回るコスト削減効果や品質向上効果をもたらすまでには時間がかか

る場合がある．したがって，そうした企業行動を促進するためには，創造的な思考を促す外圧や，イノベーションが効果を発揮し始めるまでの時間的猶予が必要であり，環境規制はこれらの条件を担保する[3]．このような論理から，ポーター゠ファン・デル・リンデ (1995) は，適切に設計された環境規制は，資源生産性を高めるようなイノベーションを促進し，企業の競争力を高めるとしたのである．

このポーター仮説に対しては，経済学を中心として理論的・実証的な研究が積み重ねられてきており，その中では，ポーター仮説に批判的な研究も行われている．たとえば，パルマー゠オーツ゠ポートニー (Palmer, Oates, and Portney, 1995) は，新古典派経済学の理論的根拠から，次のようにポーター仮説を批判している．すなわち，企業は，利潤を最大化する最適な生産技術を用いて生産活動を行っている．このため，現在用いている技術と比べて環境負荷を低下させるような技術があったとしても，そのコストが現在用いている技術よりも大きく，利潤を減らすようなものであれば，環境規制がない限り採用することはない．逆にいえば，そうした技術が環境負荷だけでなくコストも削減することができるのであれば，環境規制が行われる前にその技術的な機会を見つけだして導入しているはずである．したがって，環境規制の強化によってそれまで導入されていなかった技術を導入せざるを得なくなるとすれば，その技術は高コストな技術であるため，企業のコストを増大させ，利潤を減少させるだろうとしているのである[4]．

この批判の背景には，新古典派経済学が設けている仮定，つまり，企業は合理的な存在であり，利潤を最大化する最適な方法を合理的に選択しているという仮定がある．しかし，ポーター゠ファン・デル・リンデ (1995) がいうように，また，サイモン゠マーチが「限定された合理性」の概念によって主張したように，企業がもつ情報は不完全であり，必ずしも最適な方法を選択できないのだとすれば[5]，新古典派経済学の仮定が全て現実的だとは必ずしもいえない．こうした観点から，ポーター仮説が成立する条件についての研究も行われている．たとえば，クライン゠ロートフェルズ (Klein and Rothfels, 1999) は，ある

種の非効率性をもたらす市場の不完全性がある場合，ポーター仮説が成立する可能性があることを示している．すなわち，環境規制がなければ導入されないような技術を環境規制によって導入しなければならないとすれば，企業のコストが上昇し，利潤が低下する．しかし，独占企業が技術の更新を怠っていたり，あるいは組織運営がうまく行われずに最適な技術が見過ごされているといった非効率性（X-非効率：X-inefficiency）がある場合，環境業績と財務業績を両立し得る技術が未だ利用されずに残されている可能性がある．このようなとき，環境規制が導入されて企業の技術探索が促されれば，環境への悪影響を緩和しながら（あるいは環境を改善しながら）コストも削減できる技術が採用され，企業の利潤が増加する（「二重配当（double dividend）」）可能性があるとされる[6]．また，デイビッド・ポップ（Popp, 2005）は，環境対策技術の研究開発投資に不確実性がある場合，ポーター仮説が成立する可能性があることを示している．環境規制がなければ実施しない方が有利だと事前には思われている研究開発投資であっても，環境規制をきっかけとして実際にその研究開発投資を行ってみると，たとえ環境規制がなくてもその研究開発投資を行った方が有利だと「事後的に（*ex post*）」分かることがあり得る．したがって，このような不確実性が研究開発投資にある場合には，環境規制によって環境負荷の削減と利潤の増加が両立する可能性があるとされる[7]．

　このように，ポーター仮説については数多くの理論的・実証的な研究が行われており，その結果は賛否両論であるが，ポーター仮説に関するこうした様々な研究を広範にサーベイしたブレンルンド=ルングレン（Brännlund and Lundgren, 2009）の研究では，次の3つの結論が導かれている．すなわち，① ポーター仮説の妥当性を支持するには，企業と市場の機能の仕方とそれらが組織される方法を含めた極めて特殊な仮定が必要となる．② ポーター仮説が成立するには，環境問題が存在しているだけではなく，環境規制によって中和ないし緩和することのできる市場の不完全性がなければならない．そして，③ ポーター仮説がいう効果が環境政策からもたらされるものだと事前に見積もることができると考えるべきではない，ということである．これらのことか

らブレンルンド=ルングレン（2009）は，コストのかからない環境政策は「おそらくない（probably not）」し，規制の初期費用を相殺してさらにそれを上回るような利益が得られる可能性を期待すべきではないと結論付けている[8]．

　以上の研究は，ポーター仮説が一般的に成立するとは必ずしもいえないことを示している．したがって，政策決定者が環境政策を策定するにあたって，ポーター仮説を主要な論拠とすることには慎重になるべきかもしれない．しかし，先行研究はポーター仮説を完全に否定しているわけでもない．コストを削減し得る技術が未だ完全に利用されていないという市場の不完全性や，技術の将来性に関する不確実性があるような場合には，ポーター仮説が成立する場合もあり得ることが示唆されているのである．これらの条件は，企業活動の現場では比較的受け入れられやすいものであるように思われる．また，実際に，環境業績の向上と財務業績（ないしその基盤となる技術的能力）の向上を両立させている場合も見られる．たとえば日本では，1970年代に世界で最も厳しい排出ガス規制に先駆けて対応し，そのプロセスの中で技術力を向上させているし，燃料電池車やハイブリッド車の実用化にも世界に先駆けて成功している．また，製品だけでなく生産プロセスにおいても，たとえば日産自動車（以下，日産と表記）の新しい塗装工程に見られるように，コストを削減しつつ有害物質の排出を抑える技術を開発してもいる．これらのことは，たとえ政策決定者にとっては慎重になるべきものであったとしても，企業の競争戦略という側面においては，ポーター仮説および企業の環境対策が重要な意義を持っていることを示唆しているように思われる．

　そこで以下では，ポーター仮説および企業の環境対策が企業の競争戦略においていかなる意義を持つのかについて検討したい．そのためにはまず，競争戦略論の中で，それらがどのように位置付けられるのかを明らかにする必要があるように思われる．そこで次節では，まず，競争戦略論の基本的な論理を整理した上で，その論理の中にポーター仮説と企業の環境対策を位置づけることを試みたい．

2. 理論的枠組み——競争戦略論におけるポーター仮説と企業の環境対策の位置付け

競争戦略論では，企業の競争優位性は外的要因と内的要因によって規定されるとしている[9]．ここでいう外的要因は，主に「業界の競争構造」を指し，内的要因は「ポジショニング」とそれを実現する「価値連鎖」，および各活動を遂行する「組織能力」を指している．まずこれらの概略を示した上で，これらとポーター仮説および企業の環境対策との関連について考察しよう．

(1) 競争戦略論の基本的な論理

ポーター (1980) によれば，ある業界の潜在的な利益獲得の可能性（利益ポテンシャル：profit potential）は，その業界に存在する5つの競争要因によって規定される．その5つの要因とは，① 既存企業間の対抗度，② 新規参入の脅威，③ 代替品の脅威，④ 買い手の交渉力，⑤ 売り手の交渉力である．これらの競争要因にはそれぞれサブ・ファクターが影響を及ぼしており，これらの要因が強ければ強いほど，その業界における利益獲得競争が激しくなるため，利益ポテンシャルは低くなる[10]．たとえば，競争相手の数が多かったり，規模が対等であったりする場合には，既存企業間の対抗度が高くなり，価格競争が激化して売り上げが減少する可能性が高い．したがって，競争相手の数が多かったり，規模が対等であったりすると，その業界の利益ポテンシャルは低くなると考えられる．

このように業界の競争構造は，当該業界の平均利益ポテンシャルを規定するが，しかし，同じ業界にいる企業でも相対的に高い利益を上げている企業もあれば，そうではない企業もある．この企業間の競争力の違いを説明する上でポーター (1980, 1985) が注目するのが，「ポジショニング」である．企業が利益を獲得するためには，売上高を増やすかコストを削減しなければならない．たとえ業界の競争が激しく価格競争に陥りやすいとしても，それに耐えられるコスト優位があれば，企業は平均を上回る業績を上げることができる．また，顧

客が他社よりも高い価格を支払っても良いと思うような財・サービスを提供することができれば（WTP優位），熾烈な価格競争に陥らなくてすむ．したがって，企業はこれらの戦略のいずれかを取るか，これらを両立させる戦略を取ることで，業界の平均を上回る業績を上げることができる（ポジショニング）[11]．

ただし，コスト優位とWTP優位を実現するためには，それぞれに適した「価値連鎖（value chaine）」の活動を行う必要がある[12]．たとえば，コスト優位に影響を与える活動の1つに，規模の経済がある．規模の経済を発揮するためには，20世紀初頭のフォードや現代のマブチ・モーターのように，製品品種を絞って，標準化された製品を専用機械を用いて大量に，つまり稼働率を上げて生産することが有効である（オペレーティング・レバレッジ）．他方，WTP優位に影響を与える活動には，製品の機能や品質，品揃えといった製品の特性に関わるものや，迅速な配送・割賦販売などの製品の提供に関わるもの，アフター・サービスの充実などの補助的なサービス，そして，ブランドなどのように顧客の心理に訴えかけるものなどがある．これらを向上させるためには，たとえば多種多様な製品を取りそろえたり，手作りによる品質の高さをアピールしたり，研究開発に力をいれて次々と新しい機能を備えた製品を発売したり，さらには，膨大な広告宣伝費をかけることで，企業イメージを向上させたりすることが必要である．

したがって，コスト優位とWTP優位を実現するための活動の間には，トレードオフの関係がある場合が多い．たとえば，規模の経済を発揮するために製品を標準品に絞り込めば，品揃えの多さで差別化することは難しい．また，手作業で品質の良いものを作ったり，品質検査のための人員を増やしたりすれば，それだけコストはかさむ．こうしたトレードオフがあるため，コスト優位と差別化優位を両立することは通常難しい．ポーター（1980）は，コスト優位と差別化優位を両方追求すると，「身動きの取れない状態（stuck in the middle）」に陥り，多くの場合，平均以下の利益しか望めなくなるという[13]．

しかしながら，同じようなポジションを取りながらも企業間に業績の差が生じたり，たとえ「身動きの取れない状態」にあったとしても，明確なポジショ

ンを取る企業を上回る業績を上げたりする場合もある．こうした企業間の差が生じるのはなぜだろうか．それは，各企業の「組織能力（organizational capability）」に差があるためである．企業内部の要素は，大きく分けて経営資源と組織能力に分けられる．このうち，経営資源には，財務的資源（現預金や金融的資産），物的資源（土地・建物や機械設備），人的資源（従業員数，従業員の能力），情報的資源（特許，企業秘密的技術，企業ブランド・商品ブランド）が含まれる．これらの経営資源の量や質は，企業の競争力を規定する企業内的要因の1つである．しかしながら，これらの経営資源は，それだけでは価値を生みだすことはない．市場に受け入れられる（顧客にとって価値のある）製品やサービスを生みだすためには，これらの経営資源を効果的に結合させる仕事のやり方を取ることが必要である．この仕事のやり方を「ルーティン（日常業務のやり方）」と呼ぶ．研究開発活動や生産活動，販売活動，サービス活動といったそれぞれの活動のやり方，進め方がルーティンであり，そのルーティンの束が組織能力である[14]．

　この組織能力が，似たようなポジションを取りながらも企業間の利益率に差が生じたり，「身動きの取れない状態」にある企業が，他の明確なポジションを取る企業よりも高い利益率を上げることができたりする要因である．たとえば，トヨタ自動車（以下，トヨタと表記）や日産，本田技研工業（以下，ホンダと表記）などの日本企業は，全社的品質管理体制（Total Quality Control：TQC）を構築している．TQCには，たとえば，QCサークル活動などを通じた現場での「継続的改善」によって，現場での生産活動に起因する不良品を少なくさせるというルーティン（QCストーリー，QC7つ道具など）がある．この活動は，不良品を減らすことで品質を向上させると同時に，不良品の発生に伴うコストの増加を抑えることを可能にする．また，生産現場だけではなく，製品設計段階，生産ライン設計段階から各部署が連携することによって，「生産しやすい製品設計」を実現することで，不良品を減らしつつコストを下げることも可能である[15]．こうした取り組みによって，「品質の向上」と「コストの削減」という，通常であれば相反する2つの側面を両立することが可能となっているの

である．

　しかし，他社とは異なるポジションを取るにしても，また，似たようなポジションを取って組織能力で勝負するにしても，それぞれに適した活動を行わなければ，絵に描いた餅に終わる．いかなる戦略を策定し，それに合わせていかなる活動を行うかは，基本的に企業内部における意志決定のプロセスによって決定される．しかし，戦略と活動の選択においては，外部環境が1つの判断基準を提供する．たとえば，競争相手の製品や顧客ニーズは，自社がどのような製品を提供するかについて1つの判断基準となるだろうし，ある製品を提供すると決めたとしても，その製品を作ることができる能力を備えた人材を確保できるかどうか，また製品を作るための原材料や部品，資金を調達できるかどうかという問題がある．これらは，その国の教育制度や，労働市場，原材料の賦存状態，産業構造，資本市場といった国や地域に備わっている条件である．

　ポーター（1990）は，こうした国や地域に備わっている条件を4つの要素にまとめている（「国のダイヤモンド（national diamond）」）．それは，① 要素条件，② 関連産業・支援産業，③ 需要条件，そして ④ 企業戦略・競合関係である[16]．要素条件とは，企業が競争するために必要となるインプットのことで，天然資源・物的資源の賦存状態や，人材・資金の量・質・価格，そして情報・科学技術などのインフラストラクチャーのことを指す．また，企業が生産活動を行うためには，人材や資金だけではなく，素材や部品，製造機械，輸送サービスが必要になる．これらを提供する産業（関連産業・支援産業）が充実していれば，高品質な製品を提供したり，あるいはコストを削減したりすることが容易になるだろう．需要条件には，需要の規模だけではなく，需要の質も含まれる．需要が旺盛であれば，企業は大規模投資によって規模の経済を享受することができるだろう．また，顧客からの要求が厳しい場合には，その要求に応えるべく，より高度な機能をもった製品や，より洗練されたデザインの製品を開発する必要に迫られるかもしれない．最後に，企業戦略・競合関係である．ポーター（1990）によれば，国内での熾烈な競争関係が，その国の企業の国際競争力を左右する最も重要な要因だとされる．企業間に強い競争意識があれば，

製品の機能や品質について激しい競争が行われるので，イノベーションが誘発され，国際競争力を持った製品が開発されるからである[17]．

(2) 環境規制と環境戦略

競争戦略論の基本的な論理は以上の通りであるが，環境政策や企業の環境対策はこの論理の中にどのように位置付けられるのであろうか．まず，環境政策から見ていこう．

ポーター (1990) によれば，国の政策は，国のダイヤモンドに影響を与える．たとえば，資本市場や教育制度に対する補助金や政策によって，資金調達や優れた人材の確保の容易さは左右される．また，環境基準や安全基準などの規制や補助金，優遇税制は，顧客のニーズに影響を与えるだろうし，政府自体が大口の顧客になる場合もある．マスメディア・広告媒体や流通への政府の介入や，部品や素材産業への支援は，関連産業・支援産業の充実に影響する．さらに，特定業界への保護政策は，その企業間の競争関係に影響を与える[18]．国のダイヤモンドに対するこうした政策の影響は，環境政策についても同様であると考えられる．たとえば，環境基準の設定は企業が競争を行うルールを提供し（企業間の競争関係），また補助金や優遇税制は消費者のニーズに影響を与える（需要条件）．化学物質の使用基準やエネルギー政策，学校での環境教育は，天然資源の利用や人材の育成を左右するだろうし（要素条件），環境関連産業の育成政策は，それに関連する基礎的な産業の育成を促すだろう（関連産業・支援産業）．このように，環境政策は国のダイヤモンドの変化を媒介として企業行動に影響を及ぼすと考えられる．

次に，企業の環境戦略についてである．ポーター＝クラマー (Porter and Kramer, 2006) によれば，企業が社会と関わる領域には，① 一般的な社会的影響 (general social impacts) と，② 価値連鎖の社会的な影響 (value chaine social impacts)，そして，③ 競争コンテクストの社会的領域がある（図3-1）．一般的な社会的影響は，企業活動から大きな影響を受けず，また企業活動の長期的な競争優位性に影響を及ぼさないような領域であるのに対して，価値連鎖の社会

図 3-1　社会への企業の関わり

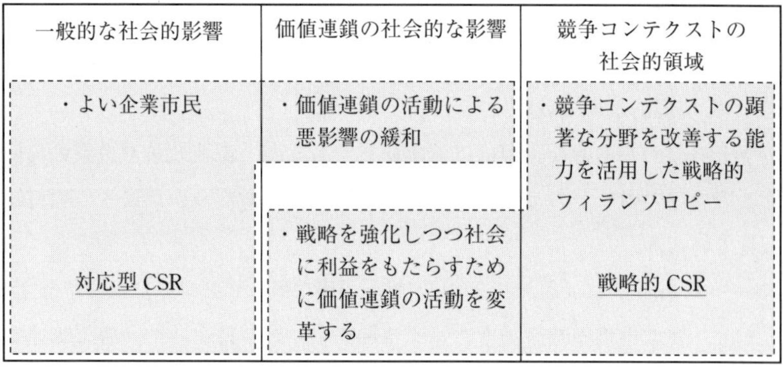

一般的な社会的影響	価値連鎖の社会的な影響	競争コンテクストの社会的領域
・よい企業市民	・価値連鎖の活動による悪影響の緩和	・競争コンテクストの顕著な分野を改善する能力を活用した戦略的フィランソロピー
対応型 CSR	・戦略を強化しつつ社会に利益をもたらすために価値連鎖の活動を変革する	戦略的 CSR

（出所）　Porter, Michael E. and Mark R. Kramer, "Strategy & Society: The Link between Competitive Advantage and Corporate Social Responsibility," *Harvard Business Review*, December, 2006, reprinted version, p. 9

的な影響は，通常の事業の流れの中で企業活動が大きく影響を及ぼす領域である．そして競争コンテクストの社会的領域は，企業が事業を行っている場所に存在する競争優位性の原動力に大きな影響を及ぼす外部環境の要素である[19]．この3つの領域はさらに，「対応型 CSR（responsive corporate social responsibility）」と「戦略的 CSR（strategic CSR）」に区分される．対応型 CSR には，一般的な社会的影響として，良い企業市民として活動し，ステイクホルダーの社会的な関心の変化に対応することと，日常的な事業活動（価値連鎖の活動）がもたらす環境・社会への悪影響を緩和することが含まれる．ポーター＝クラマー（2006）によれば，これらの活動は戦略的ではない．なぜなら，良い企業市民として活動することにどれほどのメリットがあっても，それは偶然によるものであり，その直接的な効果も限られているし，日常業務の中で環境・社会への悪影響を緩和する場合においても，それは標準的なチェックリストに従って行うようなものであり，大幅な改善が必要とされるものではないからである[20]．

これに対して戦略的 CSR は，「競争相手とは異なるやり方で，コストを削減したり，特定の顧客ニーズにより良く応えたりする」[21]ことができるようなものである．この戦略的 CSR には，①価値連鎖の変革による競争優位性と社

会的な利益の両立と，②戦略的フィランソロピー（strategic philanthropy）による競争コンテクスト（competitive context）の改善が含まれる．前者の価値連鎖の変革は，企業の内部活動の変革によって外部環境に影響を及ぼすものである（inside-out linkages）．ポーター゠クラマー（2006）は，この価値連鎖の変革について，トヨタの「プリウス」を例に挙げて，顧客の支払意欲（WTP）を向上させるようなハイブリッド・エンジン技術の開発によってトヨタは独自のポジションを築き，競争優位性と環境業績の双方を向上させたと評価している．

戦略的CSRの第2の要素である戦略的フィランソロピーによる競争コンテクストの改善は，外部環境の社会的な問題に取り組むことで企業の競争優位性を強めようとするものである（outside-in linkages）．競争コンテクストとは，自社が事業を展開する立地における事業環境の質のことであり，先述の国のダイヤモンドの諸要素を指している．ポーター゠クラマー（Porter and Kramer, 2002）によれば，企業は，戦略的にフィランソロピーを行うことで競争コンテクストを改善することが可能である．たとえば，インフラの整備（要素条件）や地域市場の規模・質の向上（需要条件），情報公開の促進などによる腐敗等の社会的規範の改善（企業間の競争関係），関連産業・支援産業に関連する専門学校の支援を通じて，事業環境を改善することが可能である[22]．

以上に述べた内容を図示すると，図3-2のように表すことができる．ある業界の競争構造は，その業界の平均利益率を規定する．しかし，個別企業の競争力は，その業界の中でいかなるポジションを取るか，またそれを実現し得る価値連鎖を構築できるかどうかに依存する．このとき，競争相手と同じようなポジションを取っていたとしても，利益率に差が生じる場合がある．それは，個別企業の組織能力に差があるためである．こうしたポジションの選択とそれを実現する価値連鎖の活動，そして組織能力は，基本的に企業内部の意志決定事項である．しかし，いかなる活動を行うことができるか，あるいはいかなる組織能力を構築できるかは，国のダイヤモンドにある程度依存している．国の環境政策や企業の環境戦略は，この戦略論の基本的な論理の中で捉えることができる．国は環境規制によって，企業は戦略的フィランソロピーによって，国の

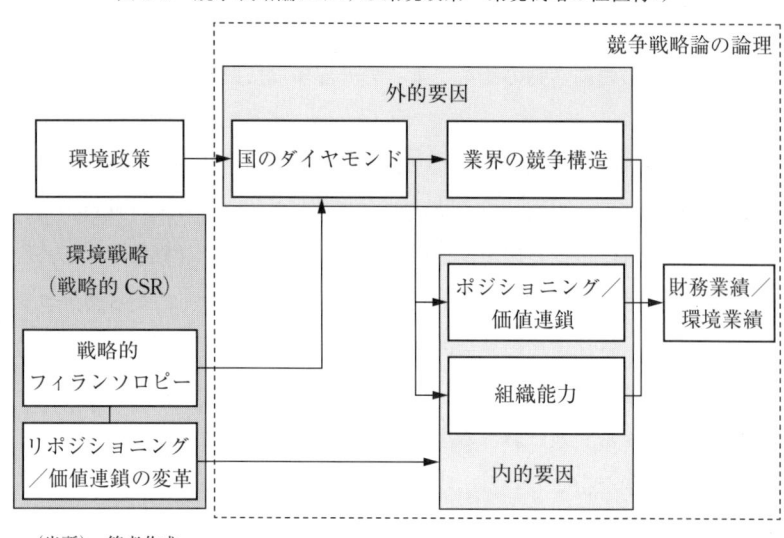

図 3-2　競争戦略論における環境政策・環境戦略の位置付け

```
                                          競争戦略論の論理
                        ┌─────────────────────────────────┐
                        │          外的要因                 │
                        │  ┌──────────┐   ┌──────────┐    │
    ┌──────────┐        │  │国のダイヤ │→  │業界の競争 │    │
    │ 環境政策 │───────→│  │モンド    │   │構造      │    │
    └──────────┘        │  └──────────┘   └──────────┘    │
                        │       ↑                          │
    ┌──────────┐        │       │         ┌──────────┐    │   ┌──────────┐
    │ 環境戦略 │        │       │         │ポジショニ│    │   │財務業績／│
    │(戦略的   │        │       │         │ング／価値│───→│   │環境業績  │
    │ CSR)     │        │       │         │連鎖      │    │   └──────────┘
    │┌────────┐│        │       │         └──────────┘    │
    ││戦略的  ││────────│───────┘         ┌──────────┐    │
    ││フィラン││        │                 │組織能力  │    │
    ││ソロピー││        │                 └──────────┘    │
    │└────────┘│        │                                  │
    │┌────────┐│        │          内的要因                │
    ││リポジシ││        │                                  │
    ││ョニング││────────│────────────────→                 │
    ││／価値連││        │                                  │
    ││鎖の変革││        │                                  │
    │└────────┘│        └─────────────────────────────────┘
    └──────────┘
```

（出所）筆者作成

ダイヤモンドに影響を及ぼすことが可能であり，また企業は，価値連鎖を変革することによって独自性のあるポジションを築くことができる．次節以降では，この基本的な枠組みに基づいて事例を検討し，この枠組みの妥当性と，企業が積極的に環境対策を行うための条件について考察する．

3．事例研究——排出ガス規制に対する日本自動車メーカーの対応過程

本章で分析対象とする事例は，1970年代の日本自動車産業における排出ガス規制の策定・実施をめぐる一連の出来事である．ポーター＝ファン・デル・リンデ（1995）は，企業の環境規制への抵抗が競争力の弱体化を招いた例として，1970年の大気浄化法（the 1970 Air Clean Act）に対する米国自動車メーカーの抵抗を引いており，日本における排出ガス規制への対応プロセスを環境規制

の成功例として位置付けていることが示唆されている[23]。そこで本章においても、この事例を分析することにしたい。

なお、この事例についてはすでに数多くの研究が行われており、以下の3点が明らかにされている。第1は、厳しい政府規制が成功したとするものである。経済協力開発機構（Organization for Economic Cooperation and Development：OECD）の報告書では、① 非経済的な公害対策、② 特定物質に集中した規制、③ 行政指導による直接的規制、および ④ 地方公共団体の厳しい対応によって、大気汚染が大きく低減されたと評価されている[24]。

第2は、企業間競争によって、高度な排出ガス抑制技術が開発されたとするものである。技術史家の門脇重道（1992）は、ホンダや東洋工業（1984年、マツダに社名変更。以下、マツダと表記）が排出ガス規制を事業機会として捉えて積極的な技術開発を行い、それが規制の策定・実施に影響を及ぼし、トヨタ等の技術開発を促進したとしている[25]。

そして第3は、地方自治体・市民団体が規制の策定・実施および企業の技術開発に影響を及ぼしたとするものである。中村静治（1983）は、「日本車が世界一の低公害、低燃費の評価を獲得した」要因として、企業間競争に加えて、「環境庁や御用学者を懐柔しながら（規制）緩和を策したトヨタ、日産自動車の頑強な抵抗を打ちくだいた『七大都市自動車排ガス規制問題調査団』の活動に負う」としている[26]。また、朱穎（2002）は、これらの行為者間の相互作用関係を分析し、ホンダの「複合渦流調速燃焼（Compound, Vortex, Controlled Combustion：CVCC）」エンジンに対して異なる解釈をもった社会集団間の社会政治的なやりとりを通じて、トヨタの「三元触媒」の実現が早まったとしている[27]。

以上の先行研究から、1970年代の日本における排出ガス規制をめぐっては、政府・行政、トヨタ、日産の大規模メーカー、ホンダ、マツダなどの新規参入・中小メーカー、地方自治体・市民運動等の多様な行為者が関与していたと考えられる。以下では、これらの行為者を中心として、統計データと公表資料に基づいて事例の記述を行う。

(1) 予備的考察——競争構造とポジションの変化

まず，1970年代における日本自動車産業の競争構造を確認しよう．図3-3は，1969年～79年の日本における乗用車販売台数の推移である．この図に示されているように，70年代前半に小型車の比率が上昇し，75年には90％を超えている．したがって，この間の競争は，主に小型車市場をめぐるものであったと考えられる．

この小型車市場における競争関係を見るために，期間平均で上位5社の市場シェアの推移と，HHI（Herfindahl-Hirschman index）の推移を示したものが，図3-4である．HHIは，市場における集中度（寡占度）を測定する指標であり，市場における企業数が多ければ多いほど，また各社の市場シェアが均質であるほど，HHIは低くなる．したがって，HHIが低いほど，当該の市場における競争が激しいことを示唆する[28]．図3-4からは，1972年から77年にかけて，小型車市場のHHIが低下しており，競争が激化していることが示唆されている．この集中度の変化は各社のシェアの変化によるものであるが，中でも，ト

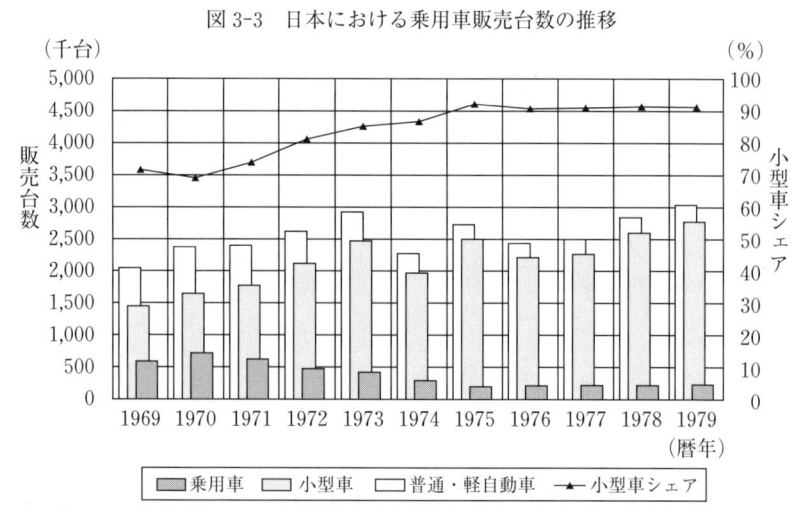

図3-3　日本における乗用車販売台数の推移

（出所）　財団法人日本自動車工業会『自動車統計年表』1970年，同『自動車統計年報』1973年，1978年，1989年，1999年，同『世界自動車統計年報』2006年より作成

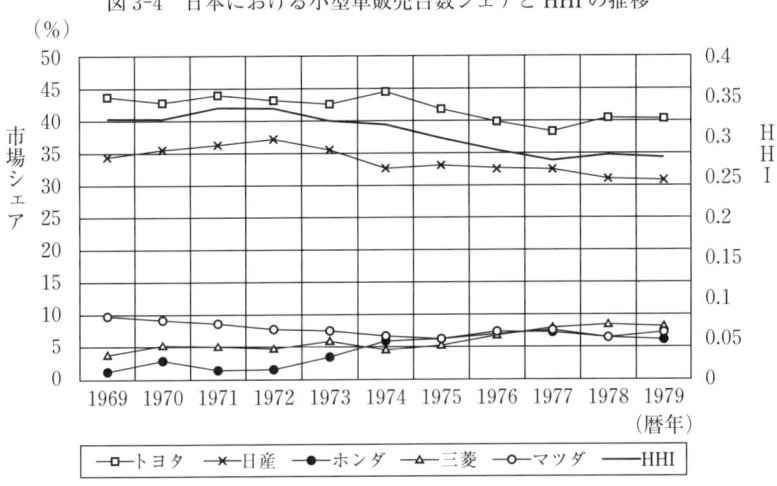

図 3-4　日本における小型車販売台数シェアと HHI の推移

（出所）財団法人日本自動車工業会『自動車統計年表』1970年，同『自動車統計年報』1973年，1978年，1989年，1999年，同『世界自動車統計年報』2006年より作成

ヨタ，日産，ホンダのシェアの変化が大きく，それぞれ5％ポイント以上の変化が見られる．その内，トヨタのシェアは，71年の44％から77年には38％に減少し，日産のシェアも，72年の38％から74年の32％まで減少し，その後漸減傾向にある．これに対してホンダのシェアは，72年の2％未満から，77年には7％を超えている．

HHI の低下は，小型車市場における競争の激化を示唆している．したがって，ポーターの5つの競争要因に基づけば，HHI が低くなればなるほど業界の利益率も低下すると考えられる．その関係を見るために，トヨタ，日産，ホンダの1台当たり利益率と HHI の推移を示したものが，図3-5である．この図からは，HHI の低下に伴って各社の利益率も低下していることが分かる．これを統計的に検討するために，1台当たり利益額を被説明変数に，また HHI を説明変数において回帰分析を行った結果が，表3-1である．モデルのあてはまりの良さを示す決定係数 R^2 はそれほど大きくないものの，1台当たり利益額と HHI の関係の強さを示す係数 β の推定値はいずれも正であるため，

図 3-5　日本の小型乗用車市場におけるHHIと各社の1台当たり利益率の推移

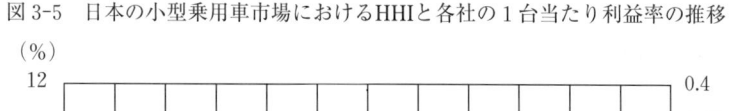

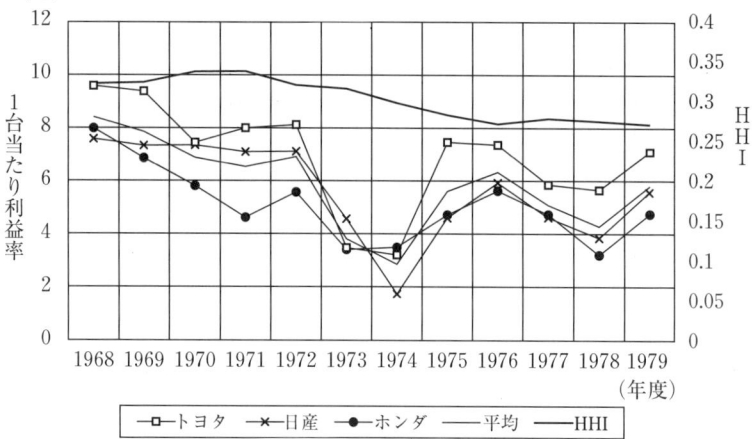

（注）　63 SNAベースのデフレーターで調整済み（1990年＝100）．1台当たりコストについては，各社の事業構成の差を調整するために，売上高に占める乗用車の割合を算出し，それを原価および販売管理費に乗じた上で，乗用車の販売台数で除した．小型車のみのデータは得られなかったため，データには，普通車，小型車，軽乗用車が含まれている．

（出所）　各社の『有価証券報告書』1967年〜81年版，および，財団法人日本自動車工業会『自動車統計年表』1970年，同『自動車統計年報』1973年，1978年，1989年より作成

競争の激しさが利益に多少なりとも影響を与えていることが示唆されている．しかし，推定値の大きさと決定係数，および有意水準に差が見られることから，その影響の強さは企業によって異なると考えられる．トヨタと日産では，競争の激化に伴って利益額も大きく減少しているのと比較して，ホンダの利益額の減少幅は小さい．この傾向は，前掲図 3-5 からも理解することができる．各社利益率の期間内平均増加率（幾何平均）を見ると，トヨタが−3.34％，日産が−3.83％であるのに対して，ホンダは−2.12％と減少幅が小さいのである．

このように，1970年代，日本自動車メーカー各社の業績には変化が見られる．それでは，こうした変化が生じた背景には，いかなる出来事があったのであろうか．次項では，この時期に大きな問題となった排出ガス規制をめぐる一連の出来事を，トヨタとホンダを中心として記述することにしよう．

第 3 章　企業の環境対策の戦略的意義と制約条件　75

表 3-1　HHI と各社の 1 台当たり利益率の関係

	トヨタ	日　産	ホンダ	平　均
β の推定値	0.221	0.394	0.132	0.249
R^2	0.450	0.659	0.181	0.528
修正済み R^2	0.359	0.602	0.044	0.449
t 値	2.217	3.402	1.151	2.590
有意水準	*	**		**

(注)　***$p<0.01$, **$p<0.05$, *$p<0.1$.
　　　Y＝1台当たり利益率，X＝HHI とおいて，モデルを $Y=\alpha+\beta X+\varepsilon$ として推定した．なお，対象期間（1968～79年度）の内，第1次石油危機によって大幅に利益率が低下した1973・74年度は異常値として除外している．また，1台当たり利益を算出する際，1台当たりコストについては，各社の事業構成の差を調整するために，売上高に占める乗用車の割合を算出し，それを原価および販売管理費に乗じた上で，乗用車の販売台数で除した．小型車のみのデータは得られなかったため，データには，普通車，小型車，軽乗用車が含まれている．

(出所)　各社の『有価証券報告書』1967年～81年版，および，財団法人日本自動車工業会『自動車統計年表』1970年，同『自動車統計年報』1973年，1978年，1989年より作成

(2)　排出ガス規制をめぐる相互作用プロセスの記述

1)　日本における排出ガス規制策定の背景

日本の自動車産業は，1948年における米国の対日政策の転換を契機に自動車生産が上昇に転じた．53年には，戦前の最高水準（1941年，43,878台）を上回る49,778台の生産高を上げ，67年，米国に次ぐ世界第2位（3,146,486台）の生産台数を記録した．乗用車を見ても，68年に日本の四輪車生産台数に占める乗用車比率が50％を超え，70年には，乗用車保有台数および乗用車需要に占める個人比率も約50％に達している[29]．

このモータリゼーションの急激な進行は，同時に大気汚染の深刻化をもたらし，人々の健康被害として現れた．この事態を重く見た政府は，1970年，「自動車排出ガス対策基本計画」をまとめ，72年12月，一酸化炭素（CO）19.4g/km，炭化水素（HC）2.94g/km，窒素酸化物（NOx）2.18g/km を基準とする73年度排出ガス規制を告示した[30]．また，72年10月に中央公害対策審議会が発

表した答申では，75年度よりCO2.1g/km，HC0.25g/km，NOx1.2g/kmの基準を，さらに76年度にはNOx0.25g/kmの基準を適用するという，73年度規制と比較して約10分の1となる厳しい規制方針が示されたのである[31]．

この厳しい規制の策定は，国内外の状況を反映している．頻発・深刻化する公害問題を背景に，1970年7月，佐藤榮作内閣総理大臣（当時，以下同）を本部長とする公害対策本部が設けられ，公害対策の基本問題についての検討が行われた．この体制下で，11月，公害関係法令の抜本的な整備を目的とする第64回臨時国会（「公害国会」）が開催され，「公害対策基本法」（1967年施行）の改正を含む公害関係14法案が提出・可決された．この改正によって，公害対策基本法の目的に含まれる「経済との調和」条項が削除され，「福祉なくして成長なし」の理念が明確化された．また，71年には，公害行政の一元化を図るために環境庁（2001年，環境省に改組）が設置されている[32]．

他方，第2次世界大戦における本土の破壊を免れた米国では，欧州の戦後復興やベトナム戦争下における好況と徴兵による賃金の上昇傾向という国内要因を背景に，経済活動を拡大し，自動車生産・販売も急速に増加したが，大気汚染も深刻化していた[33]．この状況のもと，民主党のエドモンド・S.マスキー（Edmund S. Muskie）上院議員が，「大気浄化法（Clean Air Act）」の改正案を議会に提出した．この改正案は，上院で賛成73反対0で可決され，1970年12月のリチャード・M.ニクソン（Richard M. Nixon）大統領の署名によって成立した．この「1970年改正大気浄化法（1970 Clean Air Act Amendments，通称，マスキー法）」には，①75年以降，CO，HCの排出量を70年型車の10分の1に削減する，②76年以降，NOx排出量を71年型車の10分の1以下に削減することが盛り込まれ，日本で規制値を策定する際に参考とされた[34]．以上の国内外の状況を反映し，日本においても厳しい排出ガス規制が策定されたのである．

2）事業機会としての規制

この厳しい排出ガス規制は，ホンダにとって市場地位を拡大する好機であった．1961年6月，通商産業省（2001年，経済産業省に改組．以下，通産省と表記）の産業合理化審議会資金部会で「自動車工業に対する施策方針」（「グループ化

構想」）が表明された．これは，輸入・資本自由化への対策として，自動車メーカーを生産車種ごとにグループ化するというもので，この構想が成立すれば，乗用車部門への新規参入が制限される可能性があった．そこでホンダでは，生産実績を作るために四輪車製作の方針が出され，63年8月に軽トラックの「T360」を，10月に軽スポーツ車「S500」の販売を開始した．また，67年3月に発売された軽乗用車の「N360」は，5月度届出実績で軽乗用車市場の3割のシェア（5,570台）を獲得するなど，好調な販売実績を上げていた[35]．

しかしながら，1969年5月，『ニューヨーク・タイムズ』紙が日本を含めた外国メーカーにリコール車の公表を促す論評を掲載し，これを『朝日新聞』が取り上げたことから，日本においても欠陥車問題が生じた[36]．この問題はホンダのN360にも及び，国会でも取り上げられた．また70年8月には，消費者団体「日本自動車ユーザーユニオン」がホンダの本田宗一郎社長を欠陥車の放置による殺人罪で告発し，東京地検特捜部による捜査が行われた[37]．71年にユーザーユニオンはホンダに対する恐喝容疑で逮捕され，87年には有罪判決が最高裁で下されることになるが，いずれにせよ，マスコミで大きく取り上げられたN360の売れ行きは急激に落ち込んだ．また，69年には小型乗用車「H1300」が発売されていたものの，その販売も芳しくなかった．その結果，第41期（1970年3月〜8月）に734億円であった四輪車売上高は，翌期（1970年9月〜71年2月）には539億円（前期比27％減）に減少し，稼働率も，第39期（1969年3月〜8月）の96.8％から，第43期（1971年3月〜8月）には65.9％へと低下した[38]．

こうした状況に対する善後策をトップマネジメントが検討する中，1970年12月に米国でマスキー法が成立し，これを受けてホンダは低公害エンジンの開発に注力することを決定する．それに先立つ70年8月の段階においても，本田宗一郎社長が『朝日新聞』紙上において，「公害対策の技術に関しては世界の自動車メーカーが同じスタートラインにたったばかりであり，技術格差を埋める好機だ」[39]とする見解を述べているが，マスキー法が成立した翌71年2月にも経団連会館において記者会見を開き，新しい低公害エンジンによってマ

スキー法をクリアする目途がついたと発表している．欠陥車問題とH1300の不振という状況にあったホンダにとって，排出ガス規制をクリアすることが市場地位を向上させるための好機として捉えられていたのである[40]．

　その新しい低公害エンジンが，希薄燃焼方式の副燃焼室付エンジンである[41]．ホンダでは，排出ガス対策技術を開発するチーム（Air Pollution研究室：AP研）を1966年に立ち上げて新エンジンの開発に取り組んでいた．発足当初は新車開発や量産と比較してやや傍流に位置付けられていたが，ロシアでかつて実用化されていた技術を用いることで，排出ガスを大幅に削減することができるという実験結果を得ることができた．これを受けて本田宗一郎は，経団連会館で記者会見を行ったのである．したがって，記者会見の段階では未だ実験室レベルでのものであり，基本設計すらできていなかったのだが，その後，1972年9月を目標として開発が急ピッチに進められることになった．そして，72年5月に低公害エンジンの開発に400人の技術者を投入し，不眠不休の体制で開発が進められた．ホンダでは，二輪車とF1での経験を通じてエンジン改良を頻繁に行ってきており，エンジン技術が蓄積されていた．また，汎用副燃焼室付ディーゼル・エンジンも生産していた．こうした開発体制と技術蓄積に基づいて開発が進められ，72年10月，ホンダは，マスキー法をクリアすることのできるCVCCエンジンの開発に成功したと発表した．その内容は，①レシプロエンジンの本体を使用できるため，既存の生産設備を活かすことができ，また他社のエンジンに応用できること，②触媒等の装置が不要であり，粉塵等の2次公害を防止できるというものであった[42]．

　ホンダの発表を受けて，米国の環境保護局（Environmental Protection Agency：EPA）がCVCCの提出を要請し，1972年12月，立ち会いテストを行い，その結果が73年2月に報告された．その内容は，CVCCが75年規制に適合したこと，燃費・ドライバビリティや微粒子・煙・アルデヒドの排出等の問題もないことなどであった[43]．このCVCCエンジンは，73年12月，前年の7月に発売された「シビック」に搭載され，発売された[44]．

3） トヨタのフルライン戦略・グループ化と規制への対応

　これに対して，トヨタは規制に対応することが困難であった．トヨタはそれまでの発展の過程で，最高級車から大衆車，スポーティカーに至るフルライン体制を構築していた．また，トラック・メーカーの日野自動車工業（1999年，日野自動車販売と合併し，日野自動車に社名変更．以下，日野と表記）と軽乗用車メーカーのダイハツ工業（以下，ダイハツと表記）を加えたグループ・レベルでは，トヨタのラインの幅は一層拡大する．このように普通・小型乗用車から大型トラック，軽自動車に至る全車種を扱う総合的な企業グループになっていたトヨタにとって，エンジンや車両重量の異なる多様な車種の全区分で規制に適合することは困難だったのである[45]．

　もとより，トヨタにおいても排出ガス抑制技術の開発は進められており，1970年には，公害問題を「70年代の自動車産業にとって最大の社会的課題」と位置付け，技術開発体制の強化が行われている．まず，70年7月，排出ガス対策を全社的に集中展開するためにプロジェクト方式が採用され，またトヨタ，日野，ダイハツ，トヨタ中央研究所，日本電装（1996年，デンソーに社名変更．以下，デンソーと表記），愛三工業などによるグループ・レベルでの研究体制も整備された[46]．設備投資の面でも，71年2月に東富士研究所が新設され，3月には排ガス試験棟が増設されている．また11月には，排出ガス対策の基本的な研究設備として3号館を建設し，翌72年1月には台上試験棟も完成して，開発に携わる人員も増員した[47]．

　以上の開発体制の下でトヨタが初めに手がけたのは，触媒システムの開発であった．これはCVCCエンジンのようなエンジン改良とは異なり，従来のエンジンのままで性能を維持しつつ，触媒で排出ガスを浄化するというものである．これには，エアインジェクションや排出ガス再循環（Exhaust Gas Recirculation：EGR）装置を触媒コンバーターに組みあわせる方法が取られた[48]．当時，「三元触媒」技術も模索されていたが，三元触媒による排出ガス処理の効率化には，混合気を理論空燃比に保つために排出ガス中の酸素濃度を絶えず測定し，この情報を基に燃料噴射量等を制御する必要があった．この処理には，

「電子燃料噴射装置（Electronic Fuel Injection：EFI）」と「O2センサー」（排気ガス中の酸素濃度を測定する装置）が不可欠であったが，当時はまだこれらの技術・装置は安定性と価格面で不安があった．また，継続使用による触媒能力のわずかな劣化でも相当な能力低下を生じること，アンモニアなどの物質を生成する可能性，触媒が自動車走行時の振動によって粉砕され，微粒子として大気中に放出されることによる2次公害，触媒に用いる貴金属の高騰という問題もあった[49]．このため，トヨタでは触媒方式の他にも様々な技術的可能性が模索され，1972年12月に行われたホンダのCVCCエンジンの発表の折には，本田宗一郎社長が記者会見を行っている会場に豊田英二社長が直接電話をかけ，技術供与を申し入れている[50]．

翌1973年5月，環境庁は自動車メーカー9社を集めて聴聞会を開催した．この聴聞会で，ホンダは75年度規制への適合が可能としたのに対し，トヨタは触媒方式での対応を進めているが，準備期間が短いとして規制の緩和・延期を求めた．しかし，環境庁側は，「国民的な要請を考えれば，規制の実施時期を先に延ばすことはできない」とし，75年度規制に対応する乗用車は，期限までに確実に開発できるとする公式見解を表明した[51]．その後，第1次石油危機の影響を受けて業績が悪化した自動車メーカー各社は，燃費性能の高い車を開発しなければならない時期に排出ガス規制に対応することは困難であるとして，再度規制緩和を訴えた．これに対して環境庁も若干の譲歩を示したが，74年1月，ほぼ予定通りの内容で自動車排出ガス75年度規制が告示された[52]．ホンダはこれに発売済のシビックCVCCで対応し，トヨタが75年度規制適合認定を受けた第1号車も，CVCC方式を採用した「コロナ」，「カリーナ」であった（75年2月発売）[53]．

4） 自動車メーカーの反対と調査団の追求

1976年度規制は，さらにNOxを0.25g/kmに規制する厳しいものであった．これに対して自工会は，74年1月の理事会において，現在の技術から見て達成困難との見解で一致し，規制緩和と実施の延期を訴えていくことを確認した[54]．その後，74年6月6日から18日にかけて環境庁が開催した聴聞会で，

トヨタの代表は，還元触媒や成層燃焼エンジンなどの技術開発を進めているが，現段階では規制値を達成しておらず，また生産準備期間も必要なため，75年度規制を数年間継続し，その後の状況を見て妥当な規制値を再検討して欲しいと要望した[55]．これに対してホンダは，現時点で規制に対応できる見通しはないが，0.6g/km程度なら実現することができるため，これを暫定値として数年後に76年度規制の必要性を再検討して欲しいとの見解を示している[56]．そしてこの聴聞会の3日後，田中角栄内閣総理大臣が，技術的に困難であるならばやむを得ないとする発言をしたことから，76年度規制の実施は困難な状況に陥りつつあった[57]．

この状況に対して，地方自治体・市民団体が反発した．1974年7月16日，美濃部亮吉東京都知事の諮問機関である「東京都公害監視委員会」が自動車メーカーに対する聴聞会を開催し，翌17日には，都民，婦人団体，公害反対運動団体等の43団体からなる「76年度規制完全実施のための都民集会」が開かれ，規制の完全実施を要求する決議が採択された．そして，8月22日，東京，横浜，川崎，名古屋，京都，大阪，神戸の7都市の知事・市長からなる「七大都市首長懇談会」は，市民の安全な生活のために政府は自動車メーカーを厳重に指導監督し，メーカーは最大の努力を払うべきとの声明を出し，26日，自動車メーカーの技術評価・技術開発状況の監視のために，「七大都市自動車排出ガス規制問題調査団（以下，七大都市調査団と表記）」を発足させた[58]．

七大都市調査団は，1974年9月13・14日の2日間，自動車メーカー9社に対する聴聞会を開催した．この聴聞会でホンダは，NOx排出量を0.6g/kmに低減するところまではきており，将来の技術的見通しについても，現在は困難だが規制実施までには実現し得る可能性を示唆した．これに対してトヨタは，規制値の達成は困難であり，中型車以上は1.0g/kmが限度であると答えている[59]．この聴聞会と各社から提示されたデータを基に，74年10月，七大都市調査団は報告書を作成した．この報告書では，① 排出ガス研究開発費として，マツダは経常利益の29.7%，ホンダは65.4%を投入しているのに対して，トヨタは17.3%，日産は15.0%であること，② 各社とも年間数10億から100億円

を超える広告宣伝費を費やしており，トヨタ，日産，マツダ，鈴木自動車では排出ガス研究開発費を上回っていることが明らかにされており，CVCC エンジンで排気対策は完全に実施可能であるとの見解が表明されていた[60]．

5） 関係者（個人・団体・政党）の動向と 1976 年度規制の延期

1974 年 10 月，七大都市首長懇談会は環境庁の毛利松平長官に報告書を提出し，規制の完全実施を要望した[61]．しかし，この調査団報告書は，10 月 23 日に開催された衆議院公害対策・環境保全特別委員会において，環境庁側から科学的な裏付けがないとされた．自民党の林義郎議員が報告書の記述に関して環境庁側の意見を質問し，環境庁大気保全局長が，科学的な推論ではないと答え，さらに，羊頭狗肉の感がある，場合によっては独断に近いとの見解を表明したのである[62]．11 月，中公審大気部会自動車公害専門委員会は，76 年度規制を延期せざるを得ないという点で意見が一致し，暫定値をめぐる議論が行われた．そして，12 月 5 日の委員会において，次の内容で中間答申がまとめられた．すなわち，排出ガス抑制技術の研究・開発は進められているが，近い将来に耐久性・信頼性・安全性等の問題が解決される見通しは得られておらず，生産準備の時間も必要となる．これらを考慮すると，等価慣性重量（車体重量＋乗員 2 名分の重量 110kg）1,000kg 以下の車種で NOx0.6g/km，等価慣性重量 1,000kg を超える車種で 0.85g/km の基準が限度であり，78 年度を目途に技術開発を進め，その後の技術開発の状況を見て基準達成を図るというものである[63]．要するに，76 年度規制を緩和し，当初規制値は技術開発の状況をみて 78 年度以降に実施するという方針が示されたのである．この方針に対して調査団の西村肇東京大学助教授は，74 年 12 月 6 日の参議院公害対策・環境保全特別委員会において，考えられないほどの後退であると発言している[64]．

こうした一連の出来事はメディアの関心を引きつけた．参考までに『朝日新聞』の朝夕刊で排出ガス規制が取り上げられた記事の件数を見ると，1973 年半ばに月間 20 件の記事が掲載された後しばらくは 10 件未満で推移したが，「田中発言」のあった 74 年 6 月に 35 件に増加し，その後，12 月には 74 件に増加している．こうして排出ガス規制への関心が高まる中，12 月 9 日に就任

した三木武夫内閣総理大臣は，78年度規制を三木内閣の姿勢を示す指標であるとして，中公審に慎重審議を要望した．クリーンな政治を標榜する三木内閣にとって，この関心の高まりを無視することができなかったものと思われる[65]．そして，1974年12月27日，中公審総合部会がまとめた最終答申には，中間答申の内容でやむを得ないとしながらも，78年度における当初規制値（NOx0.25g/km）の必達が掲げられ，企業努力と開発状況の評価が不十分であったとする「付記」がつけられていた[66]．

しかし，その後，1976年度規制を決めた際の状況が問題となった．75年1月31日に開催された衆議院予算委員会において，共産党の不破哲二書記局長が，自動車公害専門委における非公開の会議内容が自工会に流出していると発言した．その根拠として，76年度規制を決めた際の議論の状況が記されたメモが示され，自工会を通じて自動車メーカー各社に配られているものであることが明らかにされた．後に，自工会代表として自動車公害専門委に参加していた家本潔委員（日野副社長）がメモを書いたことを認め，委員を辞任している．不破書記局長は，このメモと政治献金を根拠として自民党の大企業よりの政治を批判し，緩和された76年度規制の再度見直しを三木首相に求めたのである[67]．しかし，この見直しは行われず，75年2月24日の告示によって，76年度規制が正式に決定された．76年度規制に対しては，75年6月にマツダの3車種（「サバンナ」，「カペラ」，「ルーチェ」）が第1号の規制適合認定を受け，8月にホンダのシビックCVCCが認定された．トヨタが適合認定を受けたのは，76年1月の「カローラ」であった[68]．

6） 技術評価機関の設置と開発競争の激化

1976年度規制の見直しは行われなかったが，技術評価機関が設置された．74年末の最終答申に技術開発状況の評価体制を整備することが明記されていたが，これを自動車公害専門委に任せることはできず，新たに「自動車に係わる窒素酸化物低減技術検討会」（環境庁長官私的諮問機関，75年4月22日発足．以下，技術検討会と表記）が設置されたのである．検討会メンバーの4人はいずれも自動車エンジンを専門とする大学教授であり，純粋に学問的な見地からエン

ジン技術の開発状況を評価・検討することが確認された[69]．

1975年8月から9月にかけて，技術検討会は自動車メーカー9社を呼んで技術開発状況を聴取し，公表しないことを条件に，自動車メーカー各社に機密に関わる技術情報の提出を求めた．その席で，トヨタは実験室では0.2～0.25g/kmを達成したものの，78年度の量産は難しいとしたのに対し，ホンダは実現の可能性を示唆した．聴取の結果，技術検討会は各社の努力を評価するとともに，マツダのロータリーエンジンとホンダのCVCCが78年度規制の達成に最も近いとの見解を表明している[70]．

この聴聞会の直後から，各社の1978年度規制適合技術の発表が相次いだ．まず1975年10月，三菱自動車工業（以下，三菱と表記）が，東京大学の熊谷誠一名誉教授の理論に基づく希薄過濃複合混合気エンジンを用いてNOxの排出を抑えることに成功したと発表すると，翌76年1月には，ホンダが規制値の達成に成功したと発表し，4月には量産可能段階にあることを明らかにした．さらに，5月に日産が，7月にはトヨタが規制への対応が可能であることを表明している．そして8月，技術検討会は再度自動車メーカー各社の技術開発状況を聴取し，全自動車メーカーで78年度規制対応技術が開発されたことを確認し，環境庁長官に最終報告書として提出した．そして，76年11月，78年度規制の実施が決定されたのである[71]．

1978年度規制に対しては，77年3月に富士重工業の「スバル」，三菱自動車の「ランサー」が規制適合車認定を受けた後，5月にトヨタのクラウン，「マークⅡ」が認定を受け，ホンダが認定を受けたのは7月（シビック）であった[72]．トヨタが早期に適合認定を受けることができたのは，グループ・レベルでの開発体制を通じて三元触媒の開発を実現したからである．三元触媒方式の実用化にはEFIとO2センサーが鍵となる．このうち，燃料噴射装置の分野で，技術的蓄積を有していたのはロバート・ボッシュ社（以下，ボッシュと表記）であった．ボッシュでは，1950年代からEFIの開発に着手しており，米国の大気汚染問題を背景としてEFIの空燃比調整精度（混合気における燃料と空気の割合を調整する精度）の高さに注目していた[73]．デンソーは，このボッシュと特許

使用権,すべての技術供与と技術者交流を含む技術提携を53年に結んでおり,この技術提携を通じた技術蓄積に基づいてEFIの開発を進め,75年にL-EFIを開発している[74]。デンソーはまた,ボッシュの技術を導入してスパークプラグの開発を進め,その後独自のセラミックス技術を蓄積していた。この技術蓄積がO2センサーの開発においても基盤となった。O2センサーの開発は71年から開始され,75年にはプロトタイプが完成した[75]。この段階ではまだ耐久性に問題があったが,この年,豊田英二社長から78年度規制の対策車を他社より先行して1年早く出すようにとの方針が出され,急ピッチでの開発が進められた。このグループ・レベルの開発体制を通じて開発された三元触媒がクラウン,マークⅡに搭載され,規制適合認定を受けたのである[76]。

4.インプリケーション

 以上の事例は,次のことを示唆している。第1は,第2節で提示した競争戦略論とポーター仮説および環境戦略の関係に関する枠組みの妥当性についてである。排出ガス規制という環境政策によって企業間競争のルールが示され,それに基づいて日本自動車メーカー各社は排出ガス抑制技術の開発を行った。そしてこの技術開発のプロセスにおける各社の競争行動の結果,業界の競争は激化し,利益ポテンシャルも低下していった。しかしながら,競争が激化する中にあっても,ホンダの利益率の減少率はトヨタや日産と比較してそれほど大きなものではなかった。それを可能にしたのは,シビックの販売が好調であったためであると考えられるが,同時に,世界で初めてマスキー法をクリアできたことによる企業イメージの向上もその一因であったように思われる。この評価が正しいとすれば,ポーター=ファン・デル・リンデ(1995),ポーター=クラマー(2006)がいうように,環境対策は企業の競争優位性の源泉として一定の意義をもっていると考えられる。

 しかしながら,第2に,この事例においては,環境政策に対する企業行動の相違も見られた。N360の欠陥車騒動とH1300の不振にあえいでいたホンダは,

排出ガス規制を機会とみなし，低公害エンジンの開発体制を整備した．CVCCエンジンの開発に成功したのは，この開発体制の整備とホンダのエンジン技術の蓄積，および車種構成の少なさによるものが大きいと思われる．これに対してトヨタでは，規制対策技術の開発においてホンダの後塵を拝することになった．トヨタも大気汚染対策を重要な課題として位置付けていたものの，フルライン戦略を取っていたトヨタは多様な車種に対応する必要があり，それが技術開発を難しくさせていた．このことは，環境問題・政策に対する認識の相違と，企業の保有する資源・能力ないし既存戦略の相違が，企業行動の差をもたらしたことを示唆している（図3-6）．このように企業行動に差が見られるため，たとえ個別企業にとって環境対策が競争優位性の源泉となる場合があったとしても，厳しい環境政策を取ることによってイノベーションが誘発され，企業の

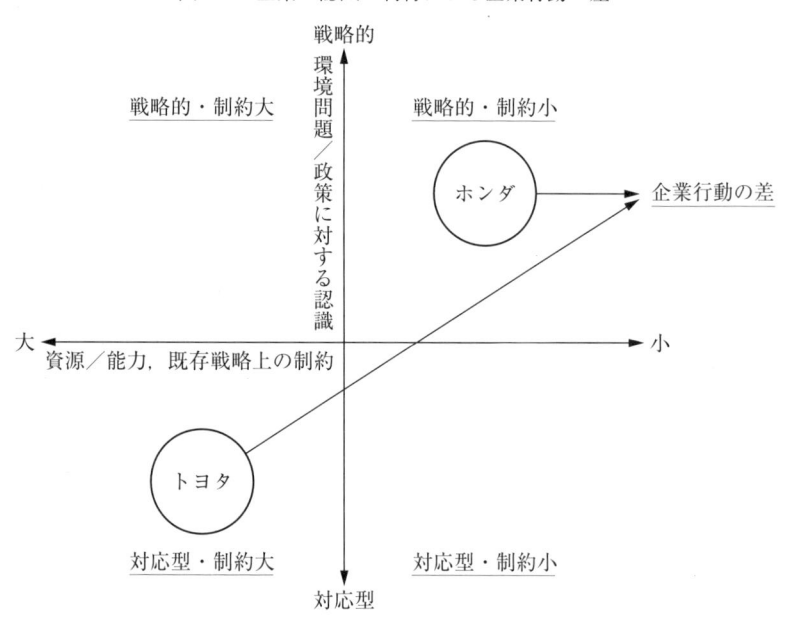

図 3-6　企業の認識・制約による企業行動の差

```
                戦略的
                 環境
  戦略的・制約大    問題  戦略的・制約小
                 ／
                 政策
                 に対         ホンダ ─→ 企業行動の差
                 する
                 認識
  大 ←─────────────────────────→ 小
     資源／能力，既存戦略上の制約

         トヨタ

  対応型・制約大    対応型・制約小
                 対応型
```

出所：筆者作成

国際競争力が向上すると無条件に仮定することはできないように思われる．ポーター仮説に対する先行研究は，市場の不完全性や技術的不確実性がある場合にはポーター仮説が成立する場合があるとしているが，それに加えて，環境問題や環境政策に対する個別企業の認識と，各企業の資源や能力および戦略上の制約の多寡が，ポーター仮説の成立条件となっていると考えられるのである．

さらに第3として，この事例では，様々な利害関係者が環境規制の策定・実施に影響を及ぼしていた．1975年度規制においては，ホンダのCVCCエンジンが環境庁の判断基準となって規制が実施されたが，76年度規制においては各社とも規制値をクリアすることは困難であることを表明し，規制の予定通りの実施は困難な状況に陥っていた．これに対して地方自治体・市民団体が反発し，七大都市調査団を結成して調査を行った結果，CVCCエンジンによって規制値をクリアすることは可能であると訴えた．この訴えは，自動車メーカー各社の主張を受け入れた環境庁の判断によって退けられ，規制が緩和・延期されることになったが，しかし，調査団の活動は世論の高まりを導き，三木総理の意思決定に影響を与えることで78年度に当初規制が実施されている．このことから，いかなる環境規制が策定・実施されるのか，また，企業が環境対策にどれほどの努力を投じるのかは，利害関係者間の相互作用関係のプロセスに依存していると考えることができる．

以上のように，環境対策は，企業の競争戦略の1つとして競争優位性を高める可能性がある．しかしながら，企業が環境対策に積極的に取り組むか否かは，環境問題や環境政策に対する個別企業の認識と，各企業の資源や能力および戦略上の制約によって左右されると考えられる．また，環境政策の策定・実施のプロセスに，政策決定者だけではなく企業や市民団体などの利害関係者が参加する場合，策定・実施される環境政策の内容と，企業が環境対策に投じる努力は，この利害関係者間の相互作用関係のプロセスに依存している．したがって，環境対策は企業の競争戦略の一環として捉えられるものの，ポーター仮説がいうように環境政策が企業の国際競争力を高めるか否かは，外部環境に対する認識と資源の制約，および環境問題と企業行動をめぐる利害関係者間の相

互作用関係のプロセスに影響されると考えられるのである．

おわりに

　本章の課題は，企業の競争戦略において環境対策はどのように位置付けられるのか，また，企業が環境問題を戦略的な課題として積極的に取り組むには，いかなる条件が必要なのかを明らかにすることであった．この課題に対して，まず第1節では，厳しい環境基準が企業のイノベーションを誘発することで企業の国際競争力の源泉となるとするポーター仮説を取り上げ，この仮説に対する先行研究の到達点について検討した．そこでは，ポーター仮説が成立することはあるものの，それには市場の不完全性や技術の不確実性といった特殊な条件が必要であり，政策決定の際にそれを前提すべきではないことが明らかにされていた．しかし，個別企業について見れば，環境対策が競争優位性の源泉となり得る可能性がある．そこで第2節では，競争戦略論において企業の環境対策はいかに位置付けられるのかについて考察し，企業の環境対策は，国のダイヤモンドと企業のポジショニングおよび価値連鎖との関係において理解することが可能であることを明らかにした．

　企業の環境対策に対するこうした理解を前提として，第3節では，1970年代の日本における排出ガス規制をめぐる一連のプロセスについて記述し，第4節において，そのインプリケーションを示した．すなわち，環境対策は，企業の競争戦略の1つとして競争優位性を高める可能性があるが，しかし，企業が環境対策に積極的に取り組むか否かは，環境問題や環境政策に対する個別企業の認識と，各企業の資源や能力および戦略上の制約によって左右される．また，環境政策の策定・実施のプロセスに政策決定者だけではなく企業や市民団体などの利害関係者が参加する場合，策定・実施される環境政策の内容と，企業が環境対策に投じる努力は，この利害関係者間の相互作用関係のプロセスに依存している．これらのことから，環境対策は企業の競争戦略の一環として捉えられるものの，ポーター仮説がいうように環境政策が企業の国際競争力を高

めるか否かは，外部環境に対する認識と資源の制約，および環境問題と企業行動をめぐる利害関係者間の相互作用関係のプロセスに影響されるという見解を示したのである．

　以上の考察によって，本章の課題は明らかにされたように思われる．しかしながら，いくつかの課題も残されている．第1は，結論の一般性に関する課題である．本章で対象とした事例は限られたものであるため，より一般的な結論を得るには，異なる時代の事例，たとえば1990年代の地球温暖化対策技術の開発や，他の国・地域における事例，たとえば米国における企業行動といった他の事例を検討しなければならないだろう．第2は，理論的な精緻化に関する課題である．本章では，利害関係者間の相互作用関係のプロセスが環境政策の策定・実施と企業行動に影響を及ぼすことを明らかにしたが，こうしたプロセスを競争戦略論の既存の枠組みの中に適切に位置付けることが必要である．そのための糸口としては，ゲーム理論やそれを応用した比較制度分析といった経済学的手法や，新制度派組織理論等の社会学的手法が有用であるように思われる．

　このような限界があるものの，本章の議論にいくらかの実践的意義があるとすれば，環境対策が企業の競争優位性を向上させる可能性はあるが，しかし，それは企業の認識や制約によって異なり，また，利害関係者間の相互作用関係のプロセスがそれに影響を与えることを明らかにしたことにある．これは，企業にとっては環境対策を進めるための指針を提供している．しかし，社会的厚生という観点から見れば，あらゆる企業が環境対策に積極的になるとは必ずしもいえないことを意味している．したがって，社会的厚生を向上させるためには，環境問題や環境政策に対する企業の認識と，個別企業の資源や能力および戦略上の制約を考慮した環境政策が必要となるように思われる．また同時に，政策の策定・実施プロセスに参加する利害関係者の数や質に注意を払う必要がある．資源が特定の利害関係者に偏っており，また参加する利害関係者が少数で性質も均質であるとき，そこで策定・実施される政策は特定の利害に結び付く可能性が高い．逆に，有力な資源をもつ利害関係者の数が多く，また多様で

あれば，特定の利害に結び付いた政策が策定・実現される可能性は少なくなるだろう．これが妥当だとすれば，多様な利害関係者が参加して議論を重ねることが，公平な政策の策定・実施には必要だと考えられる．

1) Porter, Michael E., "America's Green Strategy," *Scientific American*, No. 264, 1991, p. 168.
2) Porter, Michael E. and Claas van der Linde, "Green and Competitive : Ending the Stalement," *Harvard Business Review*, September-October, 1995, pp. 120-122. なお，これと類似の趣旨の論文が，*Journal of Economic Perspectives* 誌に掲載されている．Porter, Michel E. and Claas van der Linde, "Toward a New Conception of the Environment-Competitiveness Relationship," *The Journal of Economic Perspectives*, Vol. 9, No. 4, 1995.
3) Porter and van der Linde, "Green and Competitive," pp. 127-129.
4) Palmer, K., W. E. Oates, and P. R. Portney, "Tightening Environment Standards : The Benefit-Cost or the No-Cost Paradigm?" *Journal of Economic Perspectives*, Vol. 9, No. 4, 1995, pp. 119-132.
5) Porter and van der Linde, "Green and Competitive," p. 127, Porter and van der Linde, "Toward a New Conception," pp. 105-107, 109-110.
6) Klein M. and J. Rothfels, "Can Environmental Regulation of X-inefficient Firms Create a 'Double Dividend'?" Halle Institute for Economic Research Discussion Paper, No. 103, 1999, pp. 1-24.
7) Popp, D., "Uncertain R & D and the Porter Hypothesis," *Contributions to Economic Analysis & Policy*, Vol. 4, Issue 1, Article 6, pp. 1-14, 2005. http://www.bepress.com/bejeap/contributions/vol4/iss1/art6. ただしポップ（2005）は，「イノベーションが環境規制を遵守するコストを削減させることができるとしても，政策決定者は，そうしたコストを完全になくすことができると期待してはならない」（*Ibid.*, p. 10）と注意を喚起している．
8) Brännlund, Runar and Tommy Lundgren, "Environmental Policy without Costs? : A Review of the Porter Hypothesis," *International Review of Environmental and Resource Economics*, Vol. 3, Issue 2, 2009, pp. 75-117.
9) 青島矢一・加藤俊彦著『競争戦略論』，東洋経済新報社，2003 年．
10) Porter, Michael. E., *Competitive Strategy*, NY : the Free Press, 1980, pp. 3-29.
11) Porter, *Competitive Strategy*, 1980, pp. 35-41. なお，WTP は顧客の支払意欲（willingness to pay）を指す．
12) Porter, Michael. E., *Competitive Advantage*, NY : the Free Press, 1985, pp. 16-17.

13) Porter, *Competitive Strategy*, pp. 41-44.
14) Grant, R. M., "The Resource-Based Theory of Competitive Advantage," *California Management Review*, Spring, 1991, pp. 114-135.
15) 藤本隆宏著『生産マネジメント入門Ⅰ』，日本経済新聞社，2001年，260-263，283-284ページ．Hitt, Michael A., R. Duane Ireland, Robert E. Hoskisson, *Strategic Management : Competitiveness and Globalization, Concepts and Cases*, South-Western Pub., 2008（久原正治・横山寛美訳『戦略経営論―競争力とグローバリゼーション―』，センゲージラーニング，2010年），邦訳，187-192ページ．また，ジェイ・B. バーニー（Barney, Jay B., 2002）は，経営資源や組織能力が競争力の源泉となる条件をVRIOフレームワークで整理している．これによれば，ある経営資源や組織能力が競争力の源泉となるためには，①経済的価値（value）があり，②稀少（rarity）で，③模倣が困難であるとともに（inimitability），④経営資源や組織能力を活かす組織的な体制（organization）が整っているという条件を満たす必要があるとされる．Barney, Jay B., *Gaining and Sustaining Competitive Advantage*, Second-Edition, New Jersey : Pearson Education Inc., 2002（岡田正大訳『企業戦略論―競争優位の構築と持続―』（上・中・下巻）ダイヤモンド社，2003年），邦訳上巻．
16) Porter, Michael. E., *Competitive Advantage of Nations*, NY : the Free Press, 1990, pp. 71-124.
17) *Ibid.*, pp. 132-144.
18) *Ibid.*, pp. 126-128.
19) Porter, Michael E. and Mark R. Kramer, ""Strategy & Society : The Link between Competitive Advantage and Corporate Social Responsibility," *Harvard Business Review*, December, 2006, reprinted virsion, p. 9.
20) *Ibid.*, pp. 10-11.
21) *Ibid.*, p. 11.
22) Porter, Michel E. and Mark R. Kramer, "The Competitive Advantage of Corporate Philanthropy", *Harvard Business Review*, December, 2002, reprinted virsion, pp. 7-10.
23) Porter and van der Linde, *op. cit.*, pp. 128, 133.
24) OECD, *Environmental Policies in Japan*, 1977（環境庁国際課監修・国際環境問題研究会訳『OECDレポート日本の経験―環境政策は成功したか―』，日本環境協会，1978年），邦訳，18-24ページ．
25) 門脇重道著『技術発展のメカニズムと地球環境の及ぼす影響』，山海堂，1992年，124-141ページ．
26) 中村静治著『現代自動車工業論』，有斐閣，1983年，286-287ページ．
27) 朱穎稿「CVCCと三元触媒―排気浄化技術促進の歴史的対称分析―」，一橋大学商学研究科博士学位論文，2002年．

28) HHI の算出にあたっては，財団法人自動車工業会の『自動車統計年表』および同会発行の『自動車統計年報』に収められている，日本自動車メーカー 10 社および輸出その他の国内販売台数をデータとして用い，各社の市場シェアの二乗を合計して算出した．
29) 財団法人日本自動車工業会『自動車統計年表』，1970 年．
30) 厚生省『昭和 46 年版公害白書』，「公害の現況」，第 1 章第 4 節，同「昭和 46 年度において講じようとする公害の防止に関する施策」第 3 章第 1 節を参照．なお，2001 年，厚生省は厚生労働省に改組された．
31) 環境庁『昭和 48 年度版環境白書』，「公害の現況および公害の防止に関して高じた施策」，第 2 章第 2 節，第 2-2-4 表を参照．
32) 厚生省『昭和 46 年版公害白書』，「公害の防止に関して講じた施策」，第 1 章第 2 節を参照．
33) 米国自動車産業の歴史については，中村『現代自動車工業論』，77-93，177-188 ページ，笠原伸一郎著『グローバル企業の史的展開』，中央経済社，1995 年，99-103 ページを参照．米国の大気汚染の状況については，財団法人日本自動車工業会『日本自動車産業史』，1988 年，208 ページ，諏訪雄三著『アメリカは環境に優しいのか—環境意思決定とアメリカ型民主主義の功罪』，新評論，1996 年，20-22，158 ページに詳しい．
34) 日本自動車工業会『日本自動車産業史』，209 ページ．環境庁『昭和 48 年度版環境白書』，「公害の現況および公害の防止に関して高じた施策」第 2 章第 2 節を参照．
35) 本田技研工業株式会社『「語り継ぎたいこと」チャレンジの 50 年（総集編「大いなる夢の実現」）』，76-81，88-91 ページ．
36) 日本自動車工業会『日本自動車産業史』，216-217 ページ．
37) 伊藤正孝著『欠陥車と企業犯罪—ユーザーユニオン事件の背景—』，現代教養文庫，1993 年，126-136 ページ．中村，前掲書，285 ページ．
38) ホンダ『50 年』，年表・資料版，36-37 ページ．稼働率については，ホンダの『有価証券報告書総覧』，第 39 期から第 43 期を参照した．
39) 『朝日新聞』1970 年 8 月 28 日．
40) 排出ガス規制への対応を絶好の機会だと捉えていた本田宗一郎は，社内の式典でも同じような趣旨の発言をしている．しかしながら，ホンダの技術者達は，排出ガス規制を機会として捉えていたわけではなく，社会のため，子供達の将来のためと捉えて技術開発を行っていた．そこで技術者達は上司に，絶好の機会発言をやめてもらうように頼んでいる．この出来事が，後に本田宗一郎が社長を退陣する 1 つの契機になったとされる．伊丹敬之著『本田宗一郎』（ミネルヴァ日本評伝選）ミネルヴァ書房，2010 年，234-237 ページ．

41) ホンダ,ファクト・ブック,http://www.honda.co.jp/factbook/auto/CIVIC/1973 1212/index.html（2006年10月28日確認）にCVCCエンジンの詳細な機構が記されている．
42) ホンダ『50年』，102-103ページ．
43) ホンダ，前掲ファクト・ブック．
44) ホンダ『50年』，102-104ページ．
45) トヨタ自動車株式会社編『創造限りなく―トヨタ自動車50年史―』，1987年．454-457ページ．豊田英二『決断―私の履歴書―』，日本経済新聞社，1986年，205ページ．
46) トヨタ，前掲書，538-539ページ．参議院交通安全対策特別委員会議事録（1970年9月11日）．
47) トヨタ，前掲書，539ページ．
48) 同上書，593-595ページ．
49) 朱，前掲論文，86-87ページ．
50) 『朝日新聞』，1972年11月30日．
51) 川名英之『ドキュメント日本の公害第2巻環境庁』，緑風出版，1988年，280ページ，トヨタ，前掲書，596-597ページ．
52) 1973年11月，環境庁と運輸省（2001年，国土交通省に改組）は75年度規制の具体的規制値を自工会に示した．自工会は，小型車のHC基準を0.38g/kmから0.4g/kmに緩めること，2サイクル軽乗用車のHC規制適用を延期することを求め，最終的に省庁案と自工会案の中間である0.39g/kmと定められ，2サイクル軽乗用車については，1977年まで4.5g/kmの暫定値が実施された．同上書，283-286ページ．
53) 同上書，601ページ，朱，前掲論文，130ページ．
54) 川名，前掲書，288ページ．
55) トヨタ，前掲書，602-603ページ．
56) 川名，前掲書，288-291ページ．
57) 『朝日新聞』，1974年6月21日．1974年9月11日の衆議院公害対策・環境保全特別委員会でも同様の主張が示されている．衆議院公害対策ならびに環境保全特別委員会議事録（1974年9月11日）．
58) 川名，前掲書，298ページ．
59) 西村肇『裁かれる自動車』，中公新書，1976年，68-95ページ．
60) 川名，前掲書，300-302ページ，
61) 同上書，302ページ．
62) 衆議院公害対策ならびに環境保全特別委員会議事録（1974年10月23日）．
63) 環境庁『昭和50年版環境白書』，「公害の状況および公害の防止に関して講じた

施策」，第3章第3節．
64) 参議員公害対策および環境保全特別委員会議事録（1974年12月06日）．
65) 川名，前掲書，307ページ．
66) 環境庁『昭和50年版環境白書』，「公害の状況および公害の防止に関して講じた施策」，第3章第3節，川名，前掲書，314-315ページ．
67) 衆議院予算委員会議事録（1975年1月31日）．また，西村，前掲書，98-102ページには，メモの内容が記されている．他にも，本郷滋著『ドキュメント0.25 ― 日本版マスキー法は成功したか ―』，日本環境協会，1978年，142-154ページ．中村静治稿「排ガス規制に現れた政府・独占の腐朽」（『経済』新日本出版社，第132号，1975年4月），164-166ページを参照した．
68) 規制適合車の発売状況については，『日本経済新聞』各日版より抜き出した．
69) 川名，前掲書，315-316ページ，本郷，162-164ページ．
70) 川名，前上書，168ページ．
71) 同上書，169-174ページ．
72) 『日本経済新聞』各日版より．
73) 株式会社デンソー『デンソー50年史』，2000年，318ページ．
74) 日本電装株式会社社史編集委員会編『日本電装25年史』，1974年，34-35ページ，323ページ．
75) デンソー『50年史』，289-291ページ．
76) トヨタ，前掲書，604，607-608ページ，朱，前掲論文，212ページ．

第4章　環境経営の段階的イノベーション
——持続可能な環境経営への発展プロセス——

はじめに

　京都議定書が2005年に発効して以来，地球温暖化防止対策が世界中の国や地域で進展している．日本，ドイツ，アメリカを含む一部の国は，低炭素社会の構築を目的としてスマート・シティ，スマート・コミュニティ，およびエコ・タウンと呼ばれる環境政策を試みている[1]．特にドイツの地球温暖化対策は国際的に注目を集めている．ドイツは2008年の段階で温暖化ガスの排出量を1990年比で22.2％削減することに成功し，京都議定書の第1約束期間（2008年から2012年）における同国の削減目標値21％をすでに達成している[2]．現在，同国は自主的に設定した2050年目標（＝温暖化ガスの排出量を1990年比で80％削減）と2020年目標（＝同40％削減）に向けて「地球温暖化防止戦略」を推進している[3]．この「戦略」は都市や地域社会のスマート化（＝効率化）を目的として，再生可能エネルギーの安定供給や都市交通インフラの再設計を試みる地球温暖化対策である．

　ドイツの地球温暖化対策は，環境配慮型の自動車の普及およびモーダルシフトを温暖化ガス削減の重要な方法としている[4]．この背景には自動車の排出ガスに対するEUの規制強化がある（第2節で後述）．現在自動車の二酸化炭素（CO_2）の排出とエネルギー消費の80％から85％は，ユーザーによる製品の使用段階で生じている．自動車製造企業（以下，自動車企業と表記）は，規制強化に対応し存続していくために電気自動車（以下，EVと表記）や燃料電池自動車（以下，燃料電池車と表記）といった次世代自動車の開発を試みている．しかし

現状では，次世代自動車には技術上の課題，コストと価格の高さ，およびインフラストラクチャーの未整備など解決すべき問題が多い．そのため自動車企業は次世代自動車の開発と本格的な普及には長期を要するとしている[5]．一方でドイツ国内のいくつかの自治体はマイカーの所有と利用の抑制，および公共交通網の整備と利用の増大を図っている[6]．都市交通ないしモビリティのあり方，より直截的にいえば，自動車のあり方が低炭素社会への変革という文脈において問われており，環境経営（＝環境に配慮した経営）を一層強化することは自動車企業にとって存続条件になっている．

このような認識に基づいて，本章では，ドイツの代表的な自動車企業の環境経営に焦点を当て，環境経営の発展プロセスを考察する．従来の研究は，環境問題の解決に貢献し得る環境経営の特徴を検討するものが多く，そのような環境経営への発展の方法を研究するものは少ない．

たとえば，持続可能性（サステナビリティ）は経済，社会および環境の発展を鼎立することを重要視するコンセプトであるから，環境問題の解決に貢献し得る環境経営に不可欠な経営目標であるといわれている[7]．「20世紀の企業の目的は成長であったが，新しいビジョンにおける目的は持続可能性である」[8]，「〈環境の21世紀〉の企業は，その構造と機能を環境的に正当に再設計，革新し，経営戦略の中核に環境戦略を据える必要がある」[9]というのは簡単だが，実際に企業が持続可能性をどのように達成しようとしているのかは具体的かつ体系的な考察がなされていない．利潤獲得と社会貢献（＝環境保全）を両立し得る環境経営を企業が確立しようとするプロセスに注目することで，環境経営の特徴だけでなく発展の方法も理解することが可能になる．プロセス志向の環境経営研究が必要である．

環境経営の発展プロセスを考察するために，まずは環境経営とは何か，および環境経営の発展とは何かを考える必要がある．本章では，既存の環境経営研究とイノベーション研究を手掛かりに，環境経営とその発展がどのように論じられているかを考察することから始める．この考察を通じて，「段階的イノベーション（gradual innovation）」という新しいイノベーション概念を提起する（第

1節).次いで,ドイツ自動車企業の環境経営を考察し,環境経営の発展は企業が意図的に起こす段階的イノベーションのプロセスであることを論じる(第2節).最後に本章における考察や議論を簡潔にまとめながら,経営学に対する本章の含意を述べる(おわりに).

1. 環境経営の類型と発展の方法

(1) イノベーションとしての環境経営

既存の環境経営研究は,一貫して持続可能な社会における環境経営のあり方を中心的な関心の1つとしてきた.環境経営に対する経営学的アプローチは多様であり,環境経営戦略,環境管理システム,グリーン・マーケティング,環境会計,企業の社会的責任(CSR),およびイノベーションなど様々な視点がある.既存の研究は,これらの多様な視点から環境経営の事例考察や実証分析および環境経営の類型化を試み,持続可能な社会における環境経営のあり方と環境経営の実際を考察している.その結果,一口に環境経営といってもその特徴は企業によって異なっており多様であることが明らかになっている.

たとえば,既存研究における環境経営の類型[10]には,論者によって使用する用語は異なるものの,① 環境問題への対応が見られない無関心な(環境)経営,② コンプライアンス(法令遵守)の観点から環境問題に対応する環境経営,③ 競争力の観点から法規制やステークホルダーの期待を先取りする形で環境対策を推進する戦略的環境経営,および ④ 利潤目標と社会貢献目標(=環境保全目標)を経営目標として並置する持続可能な環境経営などがある.大きく時系列で見る場合,環境経営は①から④へと次第に変化しているといわれている.またこの変化は環境問題に対して反応的・受動的に対応する環境経営からより積極的・主体的に対応する環境経営への発展を意味するという(図4-1を参照).既存研究によれば,①から④のうち持続可能な社会における環境経営のあり方は④の持続可能な環境経営であるという.現在では,環境問題の解決と競争力の観点から,持続可能な環境経営を主体的に確立することが企業にと

って課題になっているという．持続可能な環境経営へ発展する方法を考えることは，経営学が果たすべき現代的役割の１つである．

既存研究が議論する ④ 持続可能な環境経営の最大の特徴は，社会貢献目標を利潤目標の手段ではなく，利潤目標と並ぶ経営目標とする点にある（図 4-2 を参照）．持続可能な環境経営は利潤を軽視するわけではないが，環境対策が

図 4-1　環境経営の類型

	類　型	環境問題への対応
反応的・受動的	無関心な（環境）経営	不注意もしくは短期的収益を重視するため無視
	コンプライアンス型環境経営	法令遵守，規制追随
	戦略的環境経営	環境対策を競争優位の源泉として認識し，積極的に対応
積極的・主体的	持続可能な環境経営	企業の成長だけでなく，社会や自然の発展への貢献も追求

（出所）　Dunphy, D., A. Griffiths, and S. Benn, *Organizational Change for Corporate Sustainability: A Guide for Leaders and Change Agents of The Future*, Second edition, Routledge, 2007，堀内行蔵「戦略的環境経営」，堀内行蔵・向井常雄『環境経営論』，東洋経済新報社，2006 年，77-79 ページ，鈴木幸毅「環境経営の史的考察」，高橋由明・鈴木幸毅『環境問題の経営学』，ミネルヴァ書房，2005 年，1-13 ページ，を参照して筆者作成

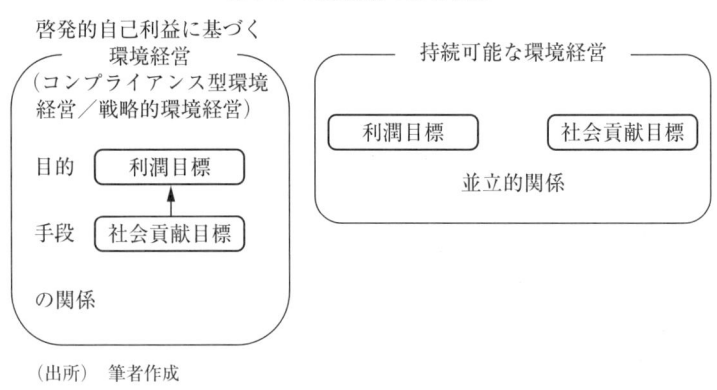

図 4-2　環境経営の経営目標

啓発的自己利益に基づく環境経営
（コンプライアンス型環境経営／戦略的環境経営）

目的　利潤目標
　　　　↑
手段　社会貢献目標

の関係

持続可能な環境経営

利潤目標　　社会貢献目標

並立的関係

（出所）　筆者作成

結果的に利潤を生み出すかどうかを前提としない経営であると考えられている[11]．これに対して，②コンプライアンス型環境経営と③戦略的環境経営は利潤追求の手段として社会貢献（＝環境対策）に取り組む経営であるとされている．この点で②③の間には共通性がある．近年の「企業と社会」論には，企業が社会貢献活動に取り組む理由を利潤動機に求める概念に啓発的自己利益というコンセプトがある[12]．②コンプライアンス型環境経営と③戦略的環境経営は啓発的自己利益に基づく環境経営といえよう．

　環境経営の発展プロセスを考察するという本章の課題に照らして，ここで注目すべきことは，既存研究において環境経営の発展はある類型から別の類型への変化として理解されていることである．近年では，このような環境経営の発展はイノベーションとして認識されるようになっている．「企業にとって環境に関わる新しい経営面でのアイデア」が「製品や生産方法あるいはマネジメントのしくみの中に体化されること」（＝「環境経営イノベーション」）[13]や，「環境負荷の削減のために，製品機能，生産工程，組織・事業システムにおいて行われる変革」（＝「環境イノベーション」）[14]が注目されている．啓発的自己利益から持続可能性へという環境経営の基本原理の転換，それによって生じる製品，生産システム，経営管理組織・制度の変化，すなわち経営革新（＝イノベーション）としての環境経営の研究が見られるようになっている[15]．このような研究は事例考察や統計的実証を通じて，企業の利潤目標と社会貢献目標（＝環境保全目標）が両立可能であることを明らかにしている．しかし，企業が利潤目標と社会貢献目標を次第に両立していくプロセスについては体系的な理解を得るに至っていない．これは既存の研究が環境経営のイノベーションという動態的視点を提起しているとしても，事例考察や統計的実証は持続可能性の観点から環境経営が成功しているか否かを検討するという静態的視点に基づく分析に留まっているからである．企業が利潤目標と社会貢献目標を両立可能にするプロセスを体系的に理解するために，改めてイノベーションとは何かを考え，その上で動態的視点に基づいて考察を行う必要がある．

(2) 段階的イノベーション

イノベーションの概念は多様であり，論者によって異なる．たとえば，革新性の程度によってイノベーションは抜本的イノベーション（radical innovation）と漸進的イノベーション（incremental innovation）に分けて考えることができる．実際にこれまでの研究では，抜本的イノベーションと漸進的イノベーションは別個のものとして理解され，別個に議論されてきた．抜本的イノベーションは漸進的イノベーションからは生まれないという見方が通説になっている[16]．しかし近年では，抜本的イノベーションに分類されるものであっても，過去の技術や制度と何らかのつながりをもっており，「連続性と非連続性が混在している」[17]という議論も見受けられる．この議論に基づく場合，連続性（・漸進性）と非連続性（・抜本性）はイノベーションの2つの側面として理解できよう．本章の課題に照らして，ここでは漸進的イノベーションと抜本的イノベーションのつながり，あるいは両イノベーションの混在が重要な視点となる．

既存の研究では，抜本的イノベーションとは経済の「循環軌道の自発的および非連続的変化ならびに均衡中心点の推移」[18]であるとされている．抜本的イノベーションは①新しい財貨の生産，②新しい生産方法の導入，③新しい販路の開拓，④原材料あるいは半製品の新しい供給源の獲得，⑤新しい組織の実現といった5つの産業活動によって起こる経済構造の変革を意味する[19]．

これら5つの産業活動は需要側への浸透，企業の模倣行動や学習活動（品質管理や継続的改善），および他の産業への伝播などによって市場や社会に普及していく[20]．この普及の過程で産業活動が次第に高度化していく現象が漸進的イノベーションである．しばしば技術の進歩や普及のパターンは結果的にS字曲線を描くといわれる．このS字曲線は漸進的イノベーションによって支えられている．技術の進歩や普及に貢献するという漸進的イノベーションの役割を捉えて，個々の漸進的イノベーションの革新性は小さいとしてもその累積的効果はしばしば抜本的イノベーションを上回るほど大きいとする研究もある[21]．新しい産業活動がその普及の過程で企業の学習活動などを通じて高度化し（＝漸進的イノベーション），その結果として経済構造の変革（＝抜本的イノベ

ーション）に匹敵するほどの革新が起こるのであれば，イノベーションの連続性（・漸進性）と非連続性（・抜本性）の両側面を統合的に把握し得る方法が必要である．この方法を考える上で参考になるのが，政治経済学において議論されている「段階主義的発展」(gradualism) である．

段階主義的発展とは抜本的な革新に向けて必要となる政策に順序をつけて，漸進的に改革を進めていく方法である．政治経済学では，国家の経済体制を計画経済から市場経済へと移行する1つの方法として，段階主義的発展の有効性が注目されている[22]．たとえば，1979年以来の中国共産党による市場移行政策は段階主義的発展の典型である．中国の市場移行政策の特徴は5年ごとに計画を練り直す段階的・進化的な方法を通じて経済構造の改革を試みることにある．この段階主義的発展は，IMFや世界銀行が推奨する「急進主義的発展」の代替戦略，すなわち大規模な経済改革に要する政策パッケージを全面的 (comprehensive) かつ同時に行う「ビッグバン・アプローチ」の代替戦略として議論されている．段階主義的発展は直接的には漸進的な改革を志向するとしても，漸進的改革を積み重ねることによる経済構造の変革（＝抜本的イノベーション）を起こすことを最終的な目的としている．抜本的イノベーションを目的とする点で段階主義的発展は急進主義的発展と共通しているものの，その手段は急進主義的発展とは違って，プロセス志向であるといえよう．本章では，段階主義的発展を漸進的イノベーション (incremental innovation) および抜本的イノベーション (radical innovation) と区別して，段階的イノベーション (gradual innovation) と呼ぶことにする．

段階的イノベーションは長期目標を設定し，それに向けて中期的・短期的な目標を策定し実践していくことを特徴とする．段階的イノベーションは抜本的イノベーションを起こすことを目標として漸進的イノベーションを積み重ねていくプロセス志向のイノベーションである（図4-3を参照）．段階的イノベーションは，ある段階から次の段階への移行や抜本的イノベーションが予定調和的に起こることを想定するわけではない．一般的にいわれているように，イノベーションは不確実性が高く，その成否を事前に予測することは困難である．そ

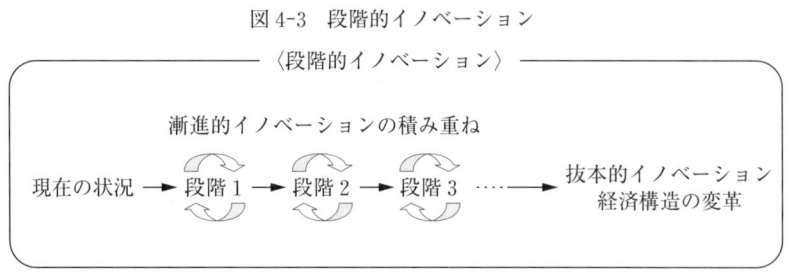

図4-3 段階的イノベーション

───〈段階的イノベーション〉───

漸進的イノベーションの積み重ね

現在の状況 → 段階1 → 段階2 → 段階3 ……→ 抜本的イノベーション
経済構造の変革

(注) 各段階にある ⌒⌒ は，その段階における漸新的イノベーションの積み重ねを示している．
(出所) 筆者作成

のため，段階的イノベーションは各段階において漸進的イノベーションを積み重ね，その結果として次の段階への移行および最終的には経済構造の変革を意図するプロセス志向のイノベーション・マネジメントを必要とする．抜本的イノベーションに至る過程でいくつの段階（＝中期目標・短期目標）を経ることになるかは結果論であり，場合によって異なる．

段階的イノベーションは移行経済政策だけでなく，たとえばバックキャスティング手法に基づく環境政策や，企業による環境管理システムの構築にも見られる．バックキャスティング手法とは，スウェーデンの環境NPOであるナチュラル・ステップが提起した環境政策の策定方法である[23]．バックキャスティング手法による環境政策は，たとえば2050年における人間社会のあるべき姿として持続可能な社会を構想し，この構想に向けて2020年頃までに達成すべき目標を立案し，これらの長期的・中期的目標に向けて今現在行うべきことを実践するというものである．スウェーデンやドイツなどのEU諸国における環境政策，日本の環境省による低炭素社会ビジョン，および日米欧において次第に強化される自動車排出ガス規制などはバックキャスティング手法に基づく政策の事例である．

企業による環境管理システムの構築方法の1つにISO14001が提唱する方法がある．それは環境理念・方針として長期的ビジョンを提示し，そのビジョン

に向けて中期計画（3年から5年の単位）および年次計画を策定・実施するという方法である．中期計画や年次計画の策定と実施はPDCA（＝Plan-Do-Check-Action）サイクルに基づく継続的改善（＝漸進的イノベーション）を手段とする．ISO14001の普及状況から，この方法は一定の普遍性をもっているといえよう[24]．

先述したように，既存の環境経営研究において，環境経営の発展はある類型から別の類型への変化として理解されている．大きく時系列で見る場合，環境経営は「無関心な（環境）経営→コンプライアンス型環境経営→戦略的環境経営→持続可能な環境経営」（図4-1を参照）というように次第に変化してきたといわれている．この環境経営の発展は，持続可能な環境経営の構築（＝抜本的イノベーション）を最終的な目標として漸進的イノベーションを積み重ねることで，ある段階の環境経営から次の段階の環境経営へ進化していくという段階的イノベーションとして理解できよう．図4-4はこのような環境経営の発展のプロセスを図示している．

コンプライアンス型環境経営と戦略的環境経営は啓発的自己利益に基づくという点で共通の特徴をもっている．とはいえ，この2つのタイプの環境経営は環境問題への対応という点で質が異なっている．環境経営の質的変化を漸進

図4-4　環境経営の発展プロセス～段階的イノベーションの事例

漸進的イノベーションの積み重ね

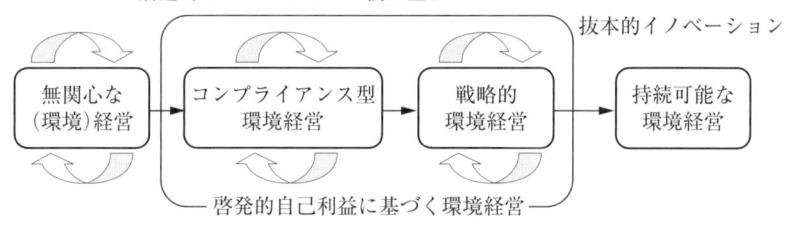

抜本的イノベーション

無関心な（環境）経営 → コンプライアンス型環境経営 → 戦略的環境経営 → 持続可能な環境経営

啓発的自己利益に基づく環境経営

（注）※各タイプの環境経営の上下にある⤴⤵は，そのタイプの環境経営における漸進的イノベーションの積み重ねを示している．

（出所）筆者作成

的・段階的に起こすことで，企業は持続可能な環境経営を主体的に確立することが可能になる．持続可能な環境経営への発展プロセスにおける漸進的イノベーションの累積的効果は大きいと思われる．このような環境経営の段階的イノベーションを念頭において，次節では，ドイツ自動車企業の環境経営の事例を考察する．

2．ドイツ自動車企業の環境経営

(1) 環境経営の戦略的課題

　ドイツ連邦政府と同国内の自治体による環境政策の展開は，ドイツ自動車企業にとって無視できない重要な企業環境の変化である．低炭素社会に向けて都市や地域社会をスマート化（＝効率化）することを目的に，再生可能エネルギーの安定供給（脱原発・脱化石燃料），都市交通インフラの再設計，および公共交通網の整備とその利用者数の増大やモーダルシフト（脱自動車）が試みられている．このような企業環境の変化に対して，ドイツの自動車企業はどのような環境経営を試みているのだろうか．以下では，企業が独自に発行しているサステナビリティレポートなどの報告書やフォーインの調査資料を手掛かりに，ドイツの代表的な自動車企業フォルクス・ワーゲン社（以下，VW社と表記），BMW社，およびダイムラー社の環境経営を考察する．

　VW社は「サステナビリティ」（持続可能性）を環境経営の基本理念としている[25]．同社はこの理念に基づき「経済面，環境面，そして社会面における目標を調和させる必要があ」[26]るとしている．これらの理念と目標を達成するために，同社は製品の環境適合性と収益性を追求する成長戦略として「Strategy2018」を実践している．同社によれば，2018年までに達成すべき最も重要な課題は，内燃機関，ハイブリッド自動車（以下，HVと表記），EVなどの開発を通じて「自動車製造における新しい環境基準を打ち立てること」[27]であるという．VW社は持続可能な環境経営を確立するための経営戦略を展開しており，環境配慮型製品の開発が最大の課題であると認識している．

BMW社は2007年以来，サステナビリティ（＝持続可能性）を基本原理とする「Strategy Number One」を展開している[28]．同戦略は「成長」「未来を作ること」「収益性」「技術と顧客へのアクセス」という「4つの柱」によって競争優位を追求する経営戦略である．同社が持続可能性を競争優位追求の基本原理としているのは，「最も効率的で資源に優しい製品および環境に優しい個人モビリティのための最も先見的な解決策を提供する製造業者が，将来，競争の最先端にいることになる」[29]という認識からである．またBMW社は2009年2月にステークホルダー会合（Stakeholder Roundtable）を開催している[30]．この会合におけるステークホルダーとの対話を通じてBMW社は，「燃料消費とCO_2排出」および「代替自動車技術」の開発が同社の最優先すべき課題であることを確認している[31]．

　ダイムラー社は「利益ある成長（profitable growth）」のための戦略的課題として，「優れた製品と顧客価値」「ブランド力」「イノベーションと技術におけるリーダーシップ」「地球規模の事業活動とネットワーク」「洗練された生産活動と持続可能性」「優秀でやる気のある社員」を挙げている．同社はこれらの課題のうち特に持続可能性を重要視しており，企業行動の調整原理として持続可能性を取り入れなければ長期的な成功は困難であるとしている[32]．ダイムラー社が持続可能性を戦略的課題として重要視する理由は，近年の企業環境において利潤拡大と環境保全義務および社会貢献義務を同時に追求するという持続可能性へのコミットメントが問われていると認識しているからである[33]．またダイムラー社によれば，「環境保全，イノベーション，および製品の安全性は，同社が持続可能性にコミットメントする上での最大の課題である」[34]．この課題に対応するためには資源の効率的活用と環境配慮型製品の開発に集中しなければならないという[35]．

　上に見てきたドイツ自動車企業3社の環境経営には2つの共通性が見られる．1つ目の共通性は，各企業とも持続可能性を経営戦略の課題として捉えていることである．このことは経営戦略概念を再検討する必要性を示唆している．たとえば，従来の研究において企業が追求すべきとされる競争優位とは，

業界において企業が平均以上の収益を獲得し得る地位を意味する[36]．この競争優位の概念からもわかるように，従来の経営戦略は競争力の最終的な評価指標として収益（率）のみを強調する経営の論理であると認識されてきた．この認識に基づくならば，環境対策は不確実性が高く利潤に貢献するか否かを事前に予測することが難しいため軽視されることになる．既存研究が戦略的環境経営と持続可能な環境経営を別個の類型としているのはこのような認識によっている[37]．ところが，ここに取り上げたドイツ自動車企業は経営戦略の視点から持続可能な環境経営の確立を試みており，そうすることによって競争優位を追求しているのである．現在ドイツ自動車企業は，図4-4で提起した環境経営の発展プロセスの視点から見るならば，戦略的環境経営から持続可能な環境経営への転換期にあるといえよう．問われるべきは，経営戦略の視点から持続可能性の追求が成立するか否かではなく，どのような経営戦略であれば企業が持続可能な環境経営を確立できるかであろう．

実際に近年の経営戦略研究では，利潤と社会貢献を両立する経営戦略のコンセプトについて議論している．たとえば，① 短期的には経済的価値を生み出さないとしても，新事業の創造などイノベーションを通じて新しい価値や市場の創造へとつなげることで，利潤と社会貢献を両立させる「戦略的社会性」[38]，および ②「地域社会の経済条件や社会状況を改善しながら」企業「みずからが競争力を高める方針とその実行」を意味する「共通価値（Shared Value）」[39]は，経営戦略や企業競争力の社会性に関する注目すべき議論である．利潤を前提としない経営戦略，社会貢献の結果として競争力を向上する経営戦略が環境経営を発展させる上でも論理的にも重要である．

ドイツ自動車企業の環境経営に見られるもう1つの共通性は，各社とも環境配慮型製品の開発を持続可能性のための最も重要な課題と位置付けていることである．この背景には，先述したドイツ国内の環境政策だけでなく，EUにおける乗用車のCO_2排出量規制の強化がある．EUでは2012年から2015年の間に域内で販売する自動車の平均CO_2排出量（＝フリート・アベレージ）を段階的に130g/kmまで引き下げるという法的規制が2008年12月に成立している[40]．

このCO_2排出量規制の成立は，1998年に欧州自動車工業会が設定した自主規制目標を各自動車企業が達成できなかったことによっている[41]．2008年の法律の成立によって2012年以降は，規制値を達成できない企業に対してCO_2排出量のフリート・アベレージの超過分に応じて制裁金を課すことになった[42]．実際には，個別企業に課する規制値は，各企業が販売する自動車の平均重量に応じて異なる．表4-1に示すように，大型高級車やスポーツカーを主力製品としてきたドイツ自動車企業に対して，小型車中心の日本，イタリア，フランスの自動車企業よりも大幅な削減を求める規制になっている[43]．このような法規制を1つの要因として，環境配慮型製品の開発がドイツ自動車企業の競争上の

表4-1　CO_2排出量の規制値（2012年から2015年）に対する個別企業の状況

メーカー	2006年実績(g/km)	2015年目標(g/km)	必要削減率(%)
PSA	142	126	11
Fiat	144	122	15
Renault	147	128	13
GM	157	129	18
Ford	162	131	19
トヨタ	152	127	16
ホンダ	153	129	16
日産	164	126	23
三菱自	169	128	24
スズキ	164	124	24
現代自	165	133	19
マツダ	173	130	25
VW / Audi	165	133	19
Porsche	282	138	51
BMW	182	137	25
Daimler	184	138	25

（出所）　フォーイン第2調査部編『欧州自動車産業2009』，フォーイン，2009年，12ページを一部修正

焦点になっている．そこで次に，ドイツ自動車企業の環境配慮型製品の開発を考察する．

(2) 環境配慮型製品の開発

　VW社，BMW社，およびダイムラー社のサステナビリティ報告書を見ると[44]，ドイツ自動車企業の環境配慮型製品の開発は次の3つの特徴がある．すなわち，全方位的な開発，エコブランドの構築，およびモジュール部品の転用である．以下，これらの特徴を見ていく．

　一般的に自動車企業による環境配慮型製品の開発には，①既存の内燃機関（ガソリン・エンジン〔以下，GEと表記〕やディーゼル・エンジン〔以下，DEと表記〕）の改良とその補完技術の積極的活用，および②HV，EV，燃料電池車といった次世代自動車の開発，という2つの方向がある．ドイツ自動車企業各社はこの2つに取り組む全方位的な開発活動を展開している[45]．各社が全方位的な開発活動を展開している理由は，長期的に見て将来どの動力装置やエネルギーが支配的になるかは現在のところ不確実性が高く予測が困難であること，また短期的には2008年に成立したCO_2排出量規制がフリート・アベレージを規制対象としていることにある．この規制に対応するために，既存の内燃機関の効率化や次世代自動車の開発を通じて，EU域内で販売する自動車の平均CO_2排出量を削減する必要があるのである．化石燃料を使用しないEVや燃料電池車の開発・普及には電池の開発や燃料供給基地の設置といった長期を要する技術的および制度的な課題がある．こうした状況から，各社は次世代自動車の開発は長期的戦略として重要であり，短期的・中期的には既存の内燃機関が支配的であり続けるという認識をもって，環境配慮型製品の開発に取り組んでいる．

　たとえば，ダイムラー社のグループ企業であるメルセデス-ベンツ社によれば，同社の場合，CO_2排出量のフリート・アベレージ160g/kmまでは従来の製品とパワートレインの改良によって対応可能であるけれども，140g未満/kmを目指すのであれば，HV，プラグイン・ハイブリッド（以下，PHVと表記），EVなどが必要になるという[46]．ダイムラー社は2015年にはEVや燃料電池車

は一定程度の普及を見ており，自動車企業にとって無視できなくなっているだろうと予測している[47]．現在同社は，将来の競争に向けて，EV，PHV，燃料電池車の開発を行っている．また VW 社によれば，HV は EV が普及するまでの過渡的な対応策であるという[48]．環境配慮型製品においても，段階的イノベーションが計画されているようである．

　ドイツ自動車企業は，既存の内燃機関の CO_2 排出や燃料消費について最も優れた機能をもつ部品および同部品を搭載した自動車に対して独自にエコラベルを与えている[49]．各社のエコラベルは「BlueMotion Technologies」(VW 社)，「EfficientDynamics」(BMW 社)，および「BlueEFFICIENCY」(ダイムラー社) である．各社はこれをブランド名にしてシリーズ化している．各社がエコラベルを与えている技術・部品は概ね共通しており，本章執筆の時点では，効率的な GE と DE，およびこの補完技術，すなわちツインチャージャ，ターボチャージャ，第 4 世代コモンレールシステム，最適化された空力特性，軽量構造，低転がりタイヤ，Stop & Start 機能，回生ブレーキシステムなどである．これらの部品と内燃機関を組み合わせて，各社は様々な車種やモデルの GE 車，DE 車，および HV を生産している[50]．このような内燃機関およびこれを補完する部品を車種間・モデル間で転用することは，ドイツ自動車企業が車種間・モデル間のアーキテクチャの共有と部品のモジュール化を環境配慮型製品の開発において重要視していることを意味する．

　たとえば，VW 社は GE と DE をターボ化および直噴化することで効率的な内燃機関を開発している．この直噴ターボ GE (TSI；Turbocharged Stratified Injection) や直噴ターボ DE (TDI；Turbocharged Direct Injection) を，天然ガスやバイオ燃料をエネルギー源とする自動車に転用している[51]．GE や DE をより効率化するために，VW 社は混合気の均質な生成という GE の利点と，自己発火作用と低燃費という DE の利点を組み合わせた燃焼技術システム (CCS；Combined Combustion System) を開発している．VW 社が独自に開発している天然ガス (SynFuel) や第 2 世代バイオ燃料 (SunFuel) はバイオマス，天然ガス，石炭といった多様な原材料を合成することによって生成される．CCS は GE

やDEといった既存の内燃機関の効率化だけでなく，次世代の燃料の有効活用も視野に入れた技術システムである[52]．内燃機関の効率化とその技術的成果の転用，および天然ガスやバイオ燃料など次世代の燃料の開発はVW社に限らず，BMW社やダイムラー社などドイツ自動車企業に共通して見られる開発動向である[53]．VW社に代表されるドイツ自動車企業の環境配慮型製品の開発方法は，改良したモジュール部品による多様な新結合を重要な特徴としているといえよう．

この特徴はHVやEVの開発においても見られる．たとえばVW社，BMW社，およびダイムラー社は効率化した内燃機関をモーターやバッテリーに組み合わせることで，ガソリンHVやディーゼルHVを開発している．各社はHVの開発において戦略的提携を行っている．たとえば，VW社は同社の大株主であるポルシェ社と2005年9月から，BMW社とダイムラー社はゼネラル‐モータース社と2005年から共同開発を開始している．またBMW社はメルセデス‐ベンツ社とも共同開発をしている[54]．

HV，EV，および燃料電池車に搭載するリチウムイオン電池については，VW社はドイツ企業5社（BAFS社，ボッシュ社，エボニック社，リーテック社，STEAG社）や三洋電機と共同開発をしている[55]．ダイムラー社は2008年にエボニック社との合弁会社の設立およびエボニック社の子会社の買収を行い，リチウムイオン電池の開発・生産体制を整備している[56]．ドイツ自動車企業はこのように戦略的提携や買収を活用して開発を進めているリチウムイオン電池をHVだけでなくEVにも搭載している．現在，ドイツ自動車企業は2012年以降のCO_2排出量規制への対応と次世代自動車の普及に向けたインフラ整備を目的として，政府，科学者，産業界と共同でEVの走行実験を行っている[57]．

以上に見てきたように，ドイツ自動車企業の環境配慮型製品の開発はEVや燃料電池車の普及を長期目標とし，既存の内燃機関の効率化を中期的・短期的目標としている．これらの目標を追求する手段は，モジュール部品の改良と転用，アーキテクチャの共有，および戦略的提携である．ドイツ自動車企業は次世代自動車の普及に向けて，既存の内燃機関や補完技術の改良を積み重ねなが

ら，その成果をHVやEVの要素技術に応用していくというプロセス志向の開発活動を展開している．内燃機関の効率化は天然ガスや第2世代バイオ燃料といった新しい燃料の開発とも関連している．またVW社が明言しているように，HVはEVなどの次世代自動車が普及するまでの過渡的な対応策として位置付けられている．ドイツ自動車企業の環境配慮型製品の開発は，図4-5に示すような段階的イノベーションとして理解できよう．

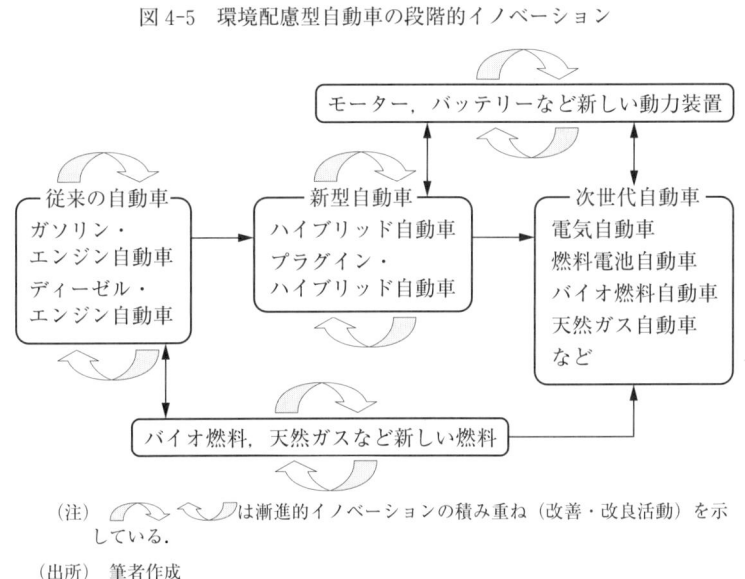

図4-5 環境配慮型自動車の段階的イノベーション

```
                        モーター，バッテリーなど新しい動力装置
                                    ↕

    従来の自動車          新型自動車              次世代自動車
    ガソリン・          ハイブリッド自動車         電気自動車
    エンジン自動車   →   プラグイン・        →    燃料電池自動車
    ディーゼル・          ハイブリッド自動車         バイオ燃料自動車
    エンジン自動車                                天然ガス自動車
                                                など
                ↕
                    バイオ燃料，天然ガスなど新しい燃料
```

（注）⤴⤵は漸進的イノベーションの積み重ね（改善・改良活動）を示している．
（出所）筆者作成

おわりに

本章では，ドイツ自動車企業の環境経営を事例として，環境経営の発展プロセスを考察してきた．この考察を通じて強調してきた論点は，環境経営の発展プロセスは企業が意図的に起こす段階的イノベーションのプロセスであるということである．ドイツ自動車企業は持続可能な環境経営の確立を経営戦略の課

題としている．持続可能性を経営戦略の視点から追求しているのである（第2節）．既存の環境経営研究は，経営戦略の視点から環境対策を行う戦略的環境経営と持続可能性をコンセプトとする環境経営を別個の類型として議論している．この議論に従えば，経営戦略の視点から持続可能な環境経営を追求することは困難であるということになる（第1節）．本章では，このような環境経営の類型を参考にして，環境経営の発展プロセスの枠組み（図4-4）を提示した．この枠組みは漸進的イノベーションを積み重ねることによって抜本的イノベーションを追求するという段階的イノベーション（図4-3）の1つの事例である．この枠組みないし考え方（図4-4）に基づいて，ドイツ自動車企業は戦略的環境経営から持続可能な環境経営への転換期にあるといえよう．

　ここで特に強調したいことは，持続可能な環境経営を確立するために，戦略的に漸進的イノベーションを積み重ねること（＝戦略的に漸進的イノベーションの累積的効果を追求すること）の重要性である．抜本的イノベーションと個別の漸進的イノベーションは，革新性の程度が異なっていることから，従来は別個に議論されてきた（第1節）．しかし，ドイツ自動車企業の環境配慮型製品の開発を見ると，次世代自動車の普及に向けて，既存の内燃機関や補完技術の改良を積み重ねながら，その成果をHVやEVの要素技術に応用していくというプロセス志向の開発活動が見られる．ドイツ自動車企業はこのような開発活動を成功させることが持続可能な環境経営の確立にとって最も重要な戦略的課題であるとしている（第2節）．持続可能な環境経営の確立を可能にする経営戦略とイノベーションのあり方を考えることは経営学の現代的な課題の1つである．本章で提起した新しいイノベーション概念＝段階的イノベーションは，企業が戦略的・主体的に環境経営を発展させる1つの方法であり，抜本的イノベーションを成功させるための漸進的イノベーションの役割を重要視するものである．段階的イノベーションは，ある段階から次の段階への移行や抜本的イノベーションが予定調和的に起こることを想定するわけではない．それゆえに，持続可能な環境経営を確立するために，戦略的に漸進的イノベーションを積み重ねることが重要なのである．

持続可能な環境経営の確立を可能にする経営戦略の考察は始まったばかりである（第2節）．持続可能性は利潤目標と社会貢献目標を経営目標として並置するコンセプトであることから，利潤を前提としない企業の社会貢献活動および企業競争力の社会性に関する研究を積み重ねることが今後の経営戦略研究の課題である．

1) 社団法人気候同盟著，近江まどか編集，近江まどか・アイクマイヤー有美子翻訳『変革のチャンス』，Druckerei Chmielorz Gmgh Weisbaden-Nordenstadt，2008年（http://www.klimabuendnis.org/fileadmin/inhalte/dokumente/LGCP-Solutions-for-Change_jp_02.pdf　2011年8月12日アクセス）．
2) 遠州尋美「ドイツの環境エネルギー政策」，遠州尋美・柏原誠編著『低炭素社会への道程』，法律文化社，2011年，25ページを参照．
3) ドイツ国内の23自治体における「地球温暖化防止戦略」の事例については，社団法人気候同盟　前掲を参照．
4) 同上を参照．
5) たとえば BMW Group, *Sustainable Value Report 2008*, 2008, pp. 23-38，および Daimler, *360 Facts on Sustainability 2011*, 2011, pp. 40-55 を参照．
6) たとえばドイツのフライブルク市は市内全体において自動車交通の抑制と公共交通網の整備を進めている．特に同市内のヴァーボン地区では「自動車がいらないまちづくり」を実践している．柏原誠「フライブルクの都市交通政策」，遠州・柏原，前掲書，48-66ページ，および柏原誠「市民参加型エコ住宅地づくり」，同上書，67-84ページを参照．
7) たとえば，Senge P., B. Smith, N. Kruschwitz, J. Laur, S. Schley, *The Necessary Revolution : How Individuals And Organizations Are Working Together to Create a Sustainable World*, Crown Business, 2008（有賀裕子訳，『持続可能な未来へ』，日本経済新聞社，2010年）を参照．
8) 堀内行蔵「企業の社会的責任」，堀内行蔵・向井常雄『実践環境経営論』，東洋経済新報社，2006年，218ページより引用．
9) 鈴木幸毅「環境経営の史的考察」，高橋由明・鈴木幸毅編著『環境問題の経営学』，叢書現代経営学19，ミネルヴァ書房，2005年，8ページより引用．
10) 環境経営の類型についてここで参考にした先行研究は以下のものである．すなわち，Azzone, G., & U. Bertele, "Exploiting Green Strategies for Competitive Advantage", *Long Range Planning*, 27 (6) (1994), pp. 62-72., Dunphy D., A. Griffiths, and S. Benn, *Organizational Change for Sustainability : A Guide for Leaders and Change*

Agents of The Future, Second Edition, Routledge, 2007，堀内行蔵「戦略的環境経営」，堀内・向井 前掲書，77-79 ページ，および鈴木 前掲論文，1-13 ページである．論者によっては「持続可能性」という用語を用いていない場合もあるが，その場合であっても，議論の趣旨は企業の利潤目標と社会貢献目標（＝環境保全目標）を両立する企業経営のあり方にある．

11) 環境対策が必ずしも利潤を前提としない環境経営の枠組みを提示し，これを分析枠組みとして実証分析を行う研究もある．たとえば，金原達夫・金子慎治・藤井秀道・河原博満『環境経営の日米比較』，中央経済社，2011 年を参照．

12) 近年の「企業と社会」論によれば，啓発的自己利益は自己利益が保証されるもののみを強力に動機づける概念であり，経済的見地から社会的責任よりも私的利益を優先して考える経営コンセプトであるという．合力知工『現代経営戦略の論理と展開』，同友館，2004 年，第 9 章および第 11 章を参照．

13) 國部克彦・岩田裕樹「環境経営イノベーションの分析視角」，植田和弘・國部克彦・岩田裕樹・大西靖『環境経営イノベーションの理論と実践』，環境経営イノベーション 1，中央経済社，2010 年，19 ページより引用．

14) 金原・金子・藤井・河原 前掲書，153 ページより引用．

15) 従来の経営学では，企業の経営システムの競争力が検討されてきた．企業の経営システムには，経営理念・方針・目標，経営戦略（事業戦略，成長戦略，競争戦略），経営管理組織・制度，生産・技術・労働システム，および人事・処遇・報酬システムを構成要素とする「広義の経営システム」（＝企業経営システム）と，経営管理組織や制度および人事・処遇・報酬システムのみを構成要素とする「狭義の経営システム」がある．企業の経営システムは経営環境との相互作用を通じて構築されるため，その特徴は国や時代によって異なる．林正樹「日本的経営の行方」，林正樹編著『現代日本企業の競争力』，ミネルヴァ書房，2011 年，273-274 ページ，および伊丹敬之・加護野忠男『経営学入門』，第 3 版，日本経済新聞社，2003 年，248 ページを参照．イノベーションの視点から環境経営を考察する研究は，「広義の経営システム」を念頭に置いているようである．

16) たとえば，Schumpeter J. A., *Theorie der Wirtschaftilichen Entwicklung*, Dunker & Humbolt, 1926（塩野谷祐一・中山伊知郎・東畑精一訳『経済発展の理論』，上巻，岩波書店，1977 年，180 ページ）を参照．

17) 武石彰・青島矢一「イノベーションのパターン：発生，普及，進化」，一橋大学イノベーション研究センター編『イノベーション・マネジメント入門』，日本経済新聞社，2001 年，95 ページより引用．加藤俊彦（2011）は，どのような技術であっても，その技術と現在および過去の他の技術や社会制度との間に相互依存関係がなければ機能し得ないことを「技術のシステム性」と呼んでいる．加藤俊彦『技術システムの構造と革新』，白桃書房，2011 年（特に第 4 章および第 5 章）を参照．

18) Schumpeter 前掲邦訳書，180 ページより引用．
19) 同上書，183 ページを参照．
20) イノベーションの成功条件として需要への浸透を重視する研究は，たとえば一橋大学イノベーション研究センター 前掲書を参照．企業の学習活動が類似の技術や制度を普及させるメカニズムについては，たとえば沼上幹・浅羽茂・新宅純二郎・網倉久永「対話としての競争」，伊丹敬之・加護野忠男・伊東元重編『日本の企業システム』，第 2 巻組織と戦略，有斐閣，1993 年，24-60 ページを参照．ある産業内の技術や制度が他の産業に伝播するプロセスについては，たとえば Rosenberg N., *Studies on Science and The Innovation Process*, World Scientific, 2010 を参照．
21) 武石・青島 前掲論文，86-88 ページ，および 93 ページおよび明石芳彦『漸進的改良型イノベーションの背景』，有斐閣，2002 年を参照．
22) 本章で参考にした政治経済学における段階主義的発展の研究には以下のものがある．すなわち，Mehran H., M. Quintyn, T. Nordman, and B. Laurens, *Monetary and Exchange System Reforms in China An Experiment in Gradualism*, Occasional paper 141, International Monetary Fund, Washington DC, September, 1996., H. Michael, *Incrementalism and Public Policy*, University Press of America, Inc, 2006., 大野健一『市場移行戦略』，有斐閣，1996 年., Lindblom C. E., and E. J. Woodhouse, *The Policy-Making Process*, 3rd ed., Prentice-Hall, Inc, 1993（藪野祐三・案浦明子訳『政策形成の過程』，東京大学出版会，2004 年），および林毅夫・蔡昉・李周『中國的奇蹟：發展戰略與經濟改革』，中文大學出版社，1995 年（渡辺利夫監訳，杜進訳『中国の経済発展』，日本評論社，1997 年）である．
23) ナチュラル・ステップのホームページ（http://www.tnsij.org/about/flame/f_02.html 2011 年 8 月 23 日アクセス）を参照．
24) 2009 年末現在における ISO14001 の認証登録件数は世界全体で 22 万 3,149 件である．地域別シェアで見ると，日本を含む極東地域は 50.3％で 1 位であり，2 位はヨーロッパ地域 40.0％である．国別の登録件数で見ると，1 位は中国の 5 万 5,316 件，次いで第 2 位は日本の 3 万 9,556 件である．本章の考察対象であるドイツは 5,865 件で第 8 位である．ヨーロッパ地域内のみで見ると，ドイツはスペイン（1 万 6,527 件），イタリア（1 万 4,542 件），イギリス（1 万 912 件）の次に認証登録件数が多い．ただし，これらの登録件数は企業だけでなく，NGO/NPO など他の組織や市区町村などの行政単位も含んでいる．The ISO Survey 2009（http://www.iSO.org/iso/survey2009.pdf 2011 年 8 月 23 日アクセス）を参照．
25) Volks Wargen Akiten Gesellshaft『サステナビリティレポート 2010』，2011 年を参照．
26) 同上，10 ページより引用．
27) Volks Wargen Akiten Gesellshaft『サステナビリティレポート 2009/2010』，2009

年，10 ページより引用．
28) BMW, *op. cit.*, pp. 8-11 を参照．
29) *Ibid*, pp. 8-9 を邦訳して引用．
30) この会合の参加者には，世界自然保護基金（WWF），ドイツ環境自然保護連盟（BUND），ドイツ環境保護グループ（NABU），グリーンピース，およびドイツ環境保護協会といった機関に所属する交通専門家，フランクフルト，チューリッヒ，およびロンドンの主要な投資ファンドの代表者，欧州議会，ドイツ政府，およびバイエルン議会の環境に関心のある政治家，ドイツ環境学会や気候変動ポツダム研究所の科学者や専門家である．*Ibid*, p. 12 を参照．
31) *Ibid*, p. 24 を参照．
32) Daimler, *op. cit.,* pp. 18-19, および p. 21 を参照．
33) Daimler, *360 Facts on Sustainability 2010*, 2010, p.3 を参照．
34) *Ibid*, p. 8 を邦訳して引用．
35) *Ibid*, p. 24 を参照．
36) たとえば，Porter M. E., *Competitive Strategy*, The Free Press, 1980（土岐坤・中辻萬治・服部照夫訳『競争の戦略』，新訂，ダイヤモンド社，1985 年），およびBarney B. J., *Gaining and Sustaining Competitive Advantage*, Person Education Inc, 2002（岡田正大訳『企業戦略論』，上巻，ダイヤモンド社，2003 年）を参照．
37) たとえば，堀内 前掲論文「戦略的環境経営」，および鈴木 前掲論文を参照．
38) 岩田智「経営戦略と社会」，大滝精一・金井一頼・山田英夫・岩田智『経営戦略』，新版，有斐閣アルマ，2006 年，318 ページを参照．
39) Porter M. E., and M. R. Kramer, "Creating Shared Value" *Harvard Business Review*, January-February, 2011 (2010)（DAIMOND ハーバード・ビジネス・レビュー編集部訳「共通価値の戦略」，『DAIMOND ハーバード・ビジネス・レビュー』，6 月号，2011 年，11 ページより引用）．
40) フォーイン第 2 調査部編『欧州自動車産業』，フォーイン，2009 年，16-18 ページを参照．
41) 欧州自動車工業会による自主規制値が 2008 年までに平均 CO_2 排出量 140g/km であったのに対して，2006 年の業界平均は 159.2g/km であったという．同上，13 ページ，および 16 ページを参照．
42) 制裁金は，欧州で販売する自動車の平均 CO_2 排出量 1g 未満の超過で販売台数 1 台当たり 5 ユーロ，1g 以上 2g 未満で 15 ユーロ，2g 以上 3g 未満で 25 ユーロ，3g 以上で 95 ユーロである．同上，17 ページを参照．
43) 同上，18 ページを参照．
44) Volks Wargen 前掲資料，2011 年., Volks Wargen 前掲資料，2009 年，BMW Group, *op cit.*, Daimler, *op cit.*, 2011 および Daimler, *op cit.*, 2010 を参照．

45) Volks Wargen 前掲資料，2011 年，47 ページ., BMW Group, *op cit.*, p. 29, および Daimler, *op cit.*, 2010, p. 43 を参照．
46) フォーイン第 2 調査部 前掲書，122 ページを参照．
47) 同上書，123 ページを参照．
48) 同上書，99 ページを参照．
49) Volks Wargen 前掲資料，2011 年，47 ページ，BMW Group, *op cit.*, pp. 26-30, Daimler, *op cit.*, 2011, p. 43, およびフォーイン第 2 調査部 前掲書，102 ページ，122 ページ，および 142 ページを参照．
50) Volks Wargen 前掲資料，2009 年，18-27 ページ，BMW Group, *op cit.*, pp. 26-30, Daimler, *op cit.*, 2010, pp. 26-29, p. 43, およびフォーイン第 2 調査部 前掲書，99 ページ，122-123 ページ，および 142-144 ページを参照．
51) Volks Wargen 前掲資料，2011 年，48 ページ，およびフォーイン第 2 調査部 前掲書，99 ページを参照．
52) フォルクスワーゲン・グループ・ジャパン「フォルクスワーゲンの燃料およびパワートレイン戦略」，2007 年，6-8 ページ（http://www.volkswargen.co.jp/sustainable_mobility/strategy/pdf/RZ_sunfuel_JP.PDF　2011 年 8 月 28 日アクセス）．
53) BMW, *op cit.*, pp. 26-31, Daimler, *op cit.*, 2011, pp. 43-49 を参照．
54) フォーイン第 2 調査部　前掲書，113 ページおよび 153 ページを参照．
55) 同上書，113 ページを参照．
56) 同上書，124 ページを参照．
57) Volks Wargen, 前掲資料，2009 年，27 ページ，BMW Group, *op cit.*, pp. 30-31, および Daimler, *op cit.*, 2010, p. 29 および p. 32, およびフォーイン第 2 調査部　前掲書，113 ページおよび 124 ページを参照．

参 考 文 献

明石芳彦『漸進的改良型イノベーションの背景』，有斐閣，2002 年
伊丹敬之・加護野忠男『経営学入門』，第 3 版，日本経済新聞社，2003 年
岩田智「経営戦略と社会」，大田精一・金井一頼・山田英夫・岩田智，『経営戦略』，新版，有斐閣アルマ，2006 年
遠州尋美「ドイツの環境エネルギー政策」，遠州尋美・柏原誠編著『低炭素社会への道程』，法律文化社，2011 年
大野健一『市場移行戦略』，有斐閣，1996 年
柏原誠「フライブルクの都市交通政策」，遠州尋美・柏原誠編著『低炭素社会への道程』，法律文化社，2011 年
─── 「市民参加型エコ住宅地づくり」，遠州尋美・柏原誠編著『低炭素社会への道程』，法律文化社，2011 年

加藤俊彦『技術システムの構造と革新』，白桃書房，2011 年

金原達夫・金子慎治・藤井秀道・河原博満『環境経営の日米比較』，中央経済社，2011 年

國部克彦・岩田裕樹「環境経営イノベーションの分析視角」，植田和弘・國部克彦・岩田裕樹・大西靖『環境経営イノベーションの理論と実践』，環境経営イノベーション 1，中央経済社，2010 年

合力知工『現代経営戦略の論理と展開』，同友館，2004 年

社団法人気候同盟著，近江まどか編集，近江まどか・アイクマイヤー有美子翻訳「変革のチャンス—ドイツの自治体が取組む地球温暖化防止戦略」，2008 年 Druckerei Chmielorz Gmgh, Weisbaden-Nordenstadt（http://www.klimabuendnis.org/fileadmin/inhalte/dokumente/LGCP-Solutions-for-Change_jp_02.pdf 2011 年 8 月 12 日アクセス）

鈴木幸毅「環境経営の史的考察」，高橋由明・鈴木幸毅編著『環境問題の経営学』，叢書現代経営学 19，ミネルヴァ書房，2005 年

武石彰・青島矢一「イノベーションのパターン：発生，普及，進化」，一橋大学イノベーション研究センター編，『イノベーション・マネジメント入門』，日本経済新聞社，2001 年

ナチュラル・ステップのホームページ（http://ww.tnsij.org/about/flame/f_02.html 2011 年 8 月 23 日アクセス）

沼上幹・浅羽茂・新宅純二郎・網倉久永「対話としての競争」，伊丹敬之・加護野忠男・伊藤元重編『日本の企業システム』，第 2 巻組織と戦略，有斐閣，1993 年

林正樹「日本的経営の行方」，林正樹編著『現代日本企業の競争力』，ミネルヴァ書房，2011 年

フォーイン第 2 調査部編『欧州自動車産業』，フォーイン，2009 年

フォルクスワーゲン・グループ・ジャパン「フォルクスワーゲンの燃料およびパワートレイン戦略」，6-8 ページ，2007（http://www.volkswargen.co.jp/sustainable_mobility/strategy/pdf/RZ_sunfuel_JP.PDF 2011 年 8 月 28 日アクセス）

堀内行蔵「企業の社会的責任」，堀内行蔵・向井常雄『実践環境経営論』，東洋経済新報社，2006 年

―――「戦略的環境経営」，堀内行蔵・向井常雄『実践環境経営論』，東洋経済新報社，2006 年

Azzone, G. & U. Bertele "Exploiting Green Strategies for Competitive Advantage", *Long Range Planning*, 27 (6), 1994, pp. 62-72

Barney B. J. *Gaining and Sustaining Competitive Advantage*, Person Education Inc, 2002（岡田正大訳『企業戦略論』上中下巻，ダイヤモンド社，2003 年）

BMW Group *Sustainable Value Report 2008*, 2008

Daimler *360 Facts on Sustainability 2011*, 2011

Daimler *360 Facts on Sustainability 2010*, 2010

Dunphy D., A. Griffiths, and S. Benn *Organizational Change for Sustainability : A Guide for Leaders and Change Agents of The Future,* Second Edition, Routledge, 2007

H. Michael *Incrementalism and Public Policy*, University Press of America, Inc, 2006

Lindblom C. E., and E. J. Woodhouse *The Policy-Making Process*, 3rd ed., Prentice-hall, Inc, 1993（藪野祐三・案浦明子訳『政策形成の過程』，東京大学出版会，2004 年）

Mehran H., M. Quintyn, T. Nordman, and B. Laurens, *Monetary and Exchange System Reforms in China An Experiment in Gradualism*, Occasional paper 141, International Monetary Fund, Washington DC, September, 1996

Porter M. E. *Competitive Strategy*, The Free Press, 1980（土岐坤・中辻萬治・服部照夫訳『競争の戦略』新訂，ダイヤモンド社，1985 年）

Porter M. E., and M. R. Kramer "Creating Shared Value", *Harvard Business Review*, January-February, 2011, 2010（DIAMOND ハーバード・ビジネス・レビュー編集部訳「共通価値の戦略」，『DAIAMOND ハーバード・ビジネス・レビュー』6 月号，2011 年）

Rosenberg N. *Studies on Science and The Innovation Process*, World Scientific, 2010

Schumpeter J. A. *Theorie der Wirtschaftilichen Entwicklung*, Dunker & Humbolt, 1926（塩野谷祐一・中山伊知郎・東畑精一訳『経済発展の理論』，上巻，岩波書店，1977 年）

Senge P., B. Smith, N. Kruschwitz, J. Laur, S. Schley, 2008 *The Necessary Revolution : How Individuals And Organizations Are Working Together to Create a Sustainable World*, Crown Business（有賀裕子訳『持続可能な未来へ』，日本経済新聞社，2010 年）

The ISO Survey 2009（http://www.iso.org/iso/survey2009.pdf　2011 年 8 月 23 日アクセス）

Volks Wargen Akiten Gesellshaft『サステナビリティレポート 2010』，2011

Volks Wargen Akiten Gesellshaft『サステナビリティレポート 2009/2010』，2009

林毅夫・蔡昉・李周『中國的奇蹟：發展戰略與經濟改革』，中文大學出版社，1995 年（渡辺利夫監訳，杜進訳『中国の経済発展』，日本評論社，1997 年）

第5章　ソーシャルネットワークとサスティナブルマネジメント

はじめに

　2008年，アメリカ発のソーシャルメディアが世界を席巻し始めた．フェイスブックユーザーがマイスペースのユーザーを抜きさったのは2008年春であり，それ以降毎月2,000万人のペースでアクティブユーザを増加させ，すでに6億人が日常的にアクセスする対話型プラットフォームとなった[1]．ソーシャルメディアは，世界の人々の心を緩やかにつなぎ始めた．そこでは，人々はリアルタイムに情報を発信し，共感された情報は一瞬にして口コミによって伝達されるようになった．従来，マスメディアが独占していたブロードキャスティングパワーを，私たち1人ひとりが手に入れることができるようになった．

　ソーシャルメディアとは，多人数対多人数のコミュニケーションチャネルであり，「誰でも誰とでもコミュニケーションできるようにする媒体」[2]を指す．ソーシャルメディアには様々な種類があり，個人や企業はそれらの有効な活用方法によって多様な機能を使い分けている．ソーシャルメディアには140文字でメッセージを発信できるツイッターを代表とするマイクロブログ，個人や企業が日記や評論，ニュースを発信するブログ，一定のコミュニティ内で相互に承認された友人同士がコミュニケーションをとることができるSNS（mixi，モバゲータウン，GREEなど），ファンページという企業と顧客とのコミュニケーションの場を提供するフェイスブックなどがある．

　このような歴史的な転換点において企業はソーシャルメディアを活用して，いかに市場開拓につなげるような経営革新を行うべきなのか．新しい時代に合

わせて企業はソーシャルメディアを通じて，顧客と直接対話することで市場の情報をキャッチすることができるようになる．その声と向き合い，傾聴し，誠実でオープンな姿勢で対話することが企業戦略において重要である．人は交流を重ねることで愛着がわき，交流の相手を好きになっていくという特性をもっている．顧客に共感される企業は，ソーシャルメディアを味方につけ，結果としてソーシャルメディアでの伝播効果が格段に高い企業といえる．ソーシャルメディアを活用していかに市場開拓に結び付けるか，そしてそれを企業のサスティナビリティにどのように結び付けるか検討することを本章の課題とする．

このようなテーマを考察する際に重要視すべきことは，ソーシャルメディアユーザーの多くはツイッターなどから新しい商品やサービスの情報を入手しているということである．氾濫している情報の中から，知人が貴重であると思う情報だけ抽出されるソーシャルフィルタリングは，潜在ニーズを顕在化させる効果があり，企業が注視すべき社会的機能である[3]．ソーシャルメディア上の口コミは，企業の販売プロモーションの大きなうねりとなり，企業の大ヒット商品やサービスの出現につながる．このうねりを作り上げるため，企業のリーダーはどのような姿勢で経営をすべきなのであろうか．その姿勢として，ソーシャルメディアを味方につけるオープン・リーダーシップという考え方を紹介しよう．

1．市場コントロールの限界

(1) オープンリーダーの資質

いまや，顧客も社員も誰もが，ソーシャルメディアという革新的な技術を使いこなすようになっている．顧客や社員は企業に対して，経営課題においてソーシャルメディアを活用して，もっとオープンになるように要求している．一方で，多くの企業がソーシャルメディアのパワーをビジネスに活かそうとしている．ソーシャルメディアを活用して，顧客が自分の企業や商品に対してどう考えているかを，経営陣は知りたがっている．ソーシャルメディアを企業経営

に導入するにあたっては，企業がソーシャルメディアで流れる情報をコントロールできないということを認めなければならない．ソーシャルメディア上の情報をコントロールできるのは，市場における顧客であり，社員であり，取引先なのである．

　これまで，市場をコントロールしてきた企業は，顧客に対しては押し付け気味に「これをお買い上げいただいたら，このような効用があります」といった，提案型の関係性をもっていた．企業は社員に対して「いつまでにこのような仕事をせよ」といった命令型の関係性をもち，取引先に対して「細かな条件を付けて，あるいは取引コストを考慮してまで」関係性を維持してきた．さて，このような関係性維持を続けてきた企業であるが，このような関係から新たな価値が生まれるかどうかと考えると，疑問をもたざるを得ない．1つの企業の経営陣がリーダーシップを発揮して，取引をし，モノを作り，モノを売るという過程では，リーダーの価値観は市場に反映されるかもしれないが，それ以上の創造性は生み出されないのである．ここで，新たな関係を構築することにチャレンジすることによって，真の信頼に育まれた「誠実」「ふれあい」「絆」「共感」という言葉で表すことのできる関係を作り出すことができる．ソーシャルメディアの浸透によって，共有の文化が浸透し，誰もが自分の思いを広く伝えることができるようになった．多くの顧客が，自分は決して無力ではないと感じ始めている．ソーシャルメディアは，個人と個人とのつながりだけではなく，新たな関係を模索する企業と個人とのつながりをも形成している．

　シャーリー・リーはオープン・リーダーシップを次のように定義づけている．それは，「謙虚に，かつ自信をもってコントロールを手放すと同時に，コントロールを手放した相手から献身と責任感を引き出す能力をもつリーダーのあり方」[4]である．

　オープン・リーダーシップにおいては，次のような事項が考慮されるとビジネスは成功し，サスティナブルマネジメントが可能になる[5]．
　① 顧客や社員がもつパワーを尊重する——リーダーは，顧客や社員を影響力と発言力をもつパワー源と位置付けることが重要である．彼らのひらめ

きが，企業のサスティナビリティにつながり，そのことは，顧客を中心とする関係者全体が幸福になることを意味する．つまり，企業の周りの者が自由に発想し，意見交換することによって，新たな価値が生まれ，それをオープンに受け入れた企業によって，商品やサービスが提供される．それらは市場において求められており，また，社員による意見の実現は彼らのモチベーション高め，結果として企業の成功は顧客や社員にとっての幸福になる．

② 絶えず情報を共有して信頼関係を築く——リーダーと個人間の情報交換はソーシャルメディアによって，取引コストなしに共有される．ただ，情報が共有されるだけでは不十分であり，情報共有者間での信頼が不可欠である．

③ 好奇心をもち，謙虚になる——相手の言葉に耳を傾けるとき，好奇心をもち，学ぶべきことがあると気付けばリーダーは謙虚で誠実な姿勢をとることができる．

④ オープンであることに責任をもたせる——双方向の関係では，責任も双方向である．リーダーが自分の期待することを明らかにし，それに反した場合の罰則についてもはっきり説明することも必要である．

⑤ 失敗を許す——責任をもたせるからには，リーダーは寛容でなければならない．どのような関係にも失敗は付きものである．そのときの対応法は，失敗を次に活かすことであって，非難することではない．失敗を失敗として認め，理解することが重要である．

このようにオープンリーダーの資質について検討してきたが，企業の組織はオープンであると同時にオープンでないことが可能であり，このような考え方が望まれている．組織をオープンにしても，無秩序にならず，組織として任務が遂行されるためには何らかのコントロールが必要である．オープンにするというのは，何もかもさらけ出し，顧客からライバル企業まで誰もが情報にアクセスでき，誰もが意思決定に参加できるようにするという意味ではない．このように完全にオープンな組織は非現実的であり，競争優位を確保する上で望ま

しいとはいえない．組織のオープン思考は，情報に関してオープンであることと，意思決定に関してオープンであることの2つに分けることができる．たとえば，企業の機密情報以外の情報共有についてはオープンだが，意思決定に関しては厳しくコントロールされ，意思決定への参加や自由裁量の余地は認められないというケースでは，オープンとクローズが共存している[6]．このような両立型が，現代企業のオープンリーダー思考において現実的である．

(2) 情報共有の見える化

ソーシャルメディアの普及により，企業に入ってくる情報，出ていく情報の流れは急加速した．オープンな情報共有を特徴付ける要素は6つあり，それらは企業から発する情報（説明と更新），外から流れ込んでくる情報（会話とオープンマイク），組織の境界を超えた協働（クラウドソーシングとプラットフォーム）である[7]．

説明とは，企業が経営戦略や経営方針，意思決定の理由を説明することを意味する．説明という情報共有によって，企業の関係者に組織の意思決定や行動の背景にある論理や思考経路，意思決定の過程を理解させ，納得させることができれば，彼らの意思が統一され，皆が同じ目標に向かって前進することができる．たとえば，フェイスブックは商品開発スケジュールを公表することができ，プラットフォームのマイナーチェンジがあるという発表があれば，アプリケーション開発者はそれを見越して作業を進めることができる．

更新とは，企業の現状やプロジェクトの進捗状況などの新しい情報を発信することを意味する．更新には，ブログ，コラボレーションプラットフォーム，ツイッターなどが活用されている．これらのメディアを使えば，いつでも関係者に更新情報を提供でき，更新情報の保存や検索も容易で，必要な人が必要なときにそれをチェックすることができる．

顧客や社員にもっと近づいて，生の声を聞きたいというオープンリーダーは多い．顧客や社員の「会話」を情報として手に入れることはソーシャルメディアの普及によって容易になった．ケーブルテレビのコムキャスト（Comcast）

は，ツイッターで積極的に困っている顧客を探し出して「何かお役に立てますでしょうか」という一言を伝え，評判の悪かったコムキャストと顧客との関係を一変させた．ツイッターが，顧客とコムキャストの「仲介役」として顧客満足度を高める機能を果たした．セールス・フォースコム（Salesforce.com）のコラボレーションプラットフォームの「チャッター（Chatter）」では，重要なプロジェクトや商談のステータス更新が自動的に表示されるため，リアルタイムで社員は情報を共有することができる．社員間の議論は，個人間の閉鎖的なメールではなく，大勢の人達が流動的に情報をやり取りできるプラットフォームで行われるようになってきている．オープンリーダーはこのようなプラットフォームを活用して，社員間の「会話」を共有することができる．

　オープンマイクとは，不特定多数の人々が参加することのできるイベント形成型ソーシャルメディアである．たとえば，CNNのアイリポート・コム（iReport.com）は，インターネット上のユーザー生成型ニュースサイトである．ここには誰でもニュース動画を投稿できるが，CNNスタッフが定期的に内容をチェックし，プロの眼鏡に適ったニュースだけをメインサイトで公開している．このサイトはCNNにとってみれば，無償で良質のニュース映像を手に入れることができる有力な情報ソースとなっている．

　クラウドソーシングとは，アイデアや提案を不特定多数の人々から募ることを意味する．新しい商品やサービスの企画や改善において多様な能力を借りたいとき，この方法は有力な情報源となる．クラウドスプリング（crowdSPRING）や99デザインズ（99designs）といったクラウドソーシングサイトは，デザインのマーケットプレイスで，注文主が必要な条件を提示すると，それに応じてデザイナーがアイデアを出す仕組みになっている．ロゴやレターヘッドといった小規模な知的財産から，ウェブサイトに至るまで様々なデザインにクラウドソーシングが機能している．クラウドソーシングはアイデア倉庫の有効活用いってよいだろう．クラウドソーシングサイトは，自分の力を試したいデザイナーとクライアントを巡り合わせる場となっている．

　オープンプラットフォームには2つのタイプがある．それらは，ルールを決

めて協働を促すオープンアーキテクチャとデータへの自由なアクセスと利用を可能にするオープンデータである．前者は，大まかな約束事を決めておき，参加者1人ひとりと事前の細かな契約を取り交わすことなく，共同作業を進められるようになっているプラットフォームである．企業が自社のプラットフォームを公開することによって，顧客や社外の開発者との関係は緊密になり，それによって企業が得るものは大きい．iPhoneやフェイスブックは完全にオープンなプラットフォームとはいえない．しかし，プラットフォームが機能し，開発のベースとして採用されるには，明確なルールが必要であり，どこまでがオープンで，どこまでがクローズかを規定しておくことが重要である．そうでなければ，プラットフォームは砂上の楼閣となり，しっかりとした開発の展開が期待できなくなってしまう．

企業内のデータウェアハウス（オープンデータ）には，顧客や提携先が活用できるデータが大量に蓄積されている．一部の企業は，このデータをリクエストするためのアプリケーション・プログラミング・インターフェイス（API）を公開している．たとえば，グーグルマップ（Google Maps）のAPIを使えば，グーグルマップを個人のブログやホームページにはめ込むことが可能になる．家電量販店ベストバイのサイトには，あらゆる商品の価格，在庫，仕様，説明，画像が掲載されており，システム開発者がベストバイのAPIを使って商品が値下げされたときのアラートと価格変動のチャートを提供している．

(3) 意思決定の見える化

企業における意思決定プロセスも，情報共有同様いくつかのタイプがある．現代の企業で採用されている主な意思決定プロセスの代表例は，中央集権型，民主型，コンセンサス醸成型，分散型である[8]．

中央集権型意思決定においては，少数の経営陣だけが決定を下すための情報をもっており，高度に戦略的な意思決定では，経営陣はやみくもに情報をオープンにしないことが多い．このような組織の長所は，すばやく決断を下せることと，リーダーが信頼されていれば，その決定に実効性があるという点であ

る．一方で，部下の管理者や従業員は命令に従うための情報しか与えられていないと感じることが多く，意思決定の共有という面で問題がある．現実的に考えると，無尽蔵に情報があふれる現代社会において，最善最適の意思決定をすることができるリーダーなどいないのではと感じてしまう．そこで，中央集権型意思決定においても，部下との情報共有を通じて，部下を意思決定のための戦力として位置付けることも必要になってくる．意思決定に関与するのは従来通り，リーダーを中心とした経営陣としながらも，彼らが意思決定に必要な情報を部下とも共有することによって，最適な意思決定がなされる可能性が高くなる．

民主型意思決定では，ある程度絞り込んだ選択肢の中からどれを選ぶかを顧客に問うというケースが多い．たとえば，企業が販売する商品を顧客に選ばせるという事例がある．イギリスの菓子メーカーであるウォーカーズ（Walkers）は，ポテトチップスのフレーバーを市場で公募した．ウォーカーズは顧客にお気に入りのフレーバーをインターネットで投票させ，第1位となったフレーバーを定番商品に育て上げた．この民主型意思決定では，多数の人々の満足を得られやすいが，適切なもの，正しいものよりも人気のあるものが選ばれる可能性が高い．

コンセンサス醸成型意思決定では，決定に関与する資格をもつ者，決定の影響を受ける者のすべてが案件に同意することが必要である．この意思決定方法では，決定に関与した者の，自分達が決定を下したという責任感や納得感が強くなる．関係者全員の同意を取り付けるとなると，とても時間と労力がかかり，経営効率という面では問題があるといわざるを得ない．W. L. ゴア（W. L. Gore）では，設立当初から社員全員が共同経営者であったので，組織はフラットで社員全員が意思決定への参加は当然であると考え，それが実行されてきた．

分散型意思決定では，意思決定に必要な情報が存在するところに意思決定権が与えられる．たとえば，顧客の近くで顧客情報を豊富に抱えている現場に意思決定権が委譲される．現実的にはリーダーを中心とする経営陣が意思決定を

行うこともあるが，その場合にも，意思決定権を現場に委譲する行為には意思決定への参加を求める姿勢が表れており，コンセンサス醸成型のような共感が生まれやすい．シスコ・システムズでは，カウンシル・ボード制を導入して意思決定の権限をカウンシルとボードに委譲した．各カウンシルは全世界で9つあり，これらはトップエグゼクティブで構成される経営委員会に直結している．カウンシルは約16人のエグゼクティブで構成され，100億ドル以下の事業について決定権をもっている．カウンシルの下には50のボードが置かれ，こちらは10億ドルまでの事業の意思決定権をもっている．シスコ・システムズは意思決定権限の委譲により，顧客や市場のニーズの変化にも機敏に対応できる組織を作り上げることができた．

(4) 所有から共有へ

企業は知的所有権を握ることによって大きな利益を得ることができ，企業や産業の規模が大きくなるとその利益は膨大なものとなる．多くの大企業は知的所有権を握ることで，開発・製造・販売という一連の過程を直接的に管理し，品質と価格をコントロールでき，参入障壁を構築することによって経営活動を有利に進めることができる．

しかし，販売網を巻き込んで知的所有権を前面に出したプリンターインクをめぐる競争は，知的所有権そのものに大きなリスクがあり，現有市場の減少を招くことを明らかにした．プリンターの利用者は，インク購入の際に選択肢のないことに不満をもち，企業に対する信頼を失った．知的所有権掌握型のビジネスモデルに固執する企業が競争力を失っていく例がある一方で，アイデアや情報をオープンにシェアを図ることにより，産業の発展が促進される例は多くある．たとえば，ソーシャルメディアはソフトの開発にかかる時間をスピードアップさせた．ドイツの企業であるSAPは，ソーシャルネットワーク内で顧客に改善提案を指摘してもらい，顧客へ他のユーザーからの問い合わせにSAPの代わりに答えてもらうように働きかけるなど，ソーシャルネットワークを有効活用している．

プラットフォームや情報をオープンにし，それらを社会で共有することは企業の開発活動を迅速化し，多様なニーズに対応できる商品の性能向上という面で効果を発揮する．顧客がどのような人物で，何を欲しているのかという情報を得ることで，商品開発やサービス提供における無駄を排除することができる．また，ビジネスパートナー間で情報の共有ができれば，互いのサポート体制が整い，アイデアやブランドに関して信頼を築くことができる．

　共有型ビジネスはソーシャルメディアによって支えられ，強化される．モノやサービスを所有するためではなく，ソーシャルネットワークを基盤にしてモノやサービスにアクセスする手段を提供するビジネスを「メッシュビジネス」と呼ぶ[9]．メッシュは情報共有を基本とするサービスの提供方法を表現している．個々のメッシュビジネスは，それぞれがつながって世界中に無限の広がりを見せている．私たちは，過去に比べると自分以外の誰か，企業，組織，商品と広範囲につながっている時代に生きている．だからこそ，メッシュはビジネスとして成り立つのである．網の結び目から様々な方向に糸が伸びていくように，ネットワークが他のネットワークと結び付いて広がっていくという考え方がメッシュビジネスのイメージである[10]．メッシュ＝網の結び目が他の結び目とつながったとき，メッシュ同士が連動した動きを見せる．それを可能にするソーシャルネットワークが現に機能している．

2．商品開発パートナーとしての顧客

(1) グランズウェルを活用する

　グランズウェルとは「社会的な動向であり，人々がテクノロジーを使って，自分が必要としているものを企業などの伝統的組織ではなく，お互いから調達するようになっていることを指す」[11]．グランズウェルはインターネットの普及によって生まれたことは確かである．パソコンの性能が向上し，処理速度が速まったことでソフトウェアの双方向性は向上した．フェイスブックやMSNメッセンジャーのような人と人とをつなぐアプリケーションが登場したのは，

ネットへの常時接続があたりまえになった恩恵である．アメリカではオンライン消費者の半数以上がブロードバンドを利用している．携帯電話やスマートフォンからインターネットに接続する人も珍しくない．オンライン顧客の数がクリティカルマスに達したことで，人と人をつなぐソフトウェアが普及する素地が整った．

　グランズウェルは力の均衡を変えた．つまり，企業の情報発信以上に個人間での情報発信が増え，その社会での影響力が大きくなっている．今日では，誰でも個人と個人をつなぐサイトを構築することができる．サイトの情報提供力が優れていればそこに人々が集まり，彼らは周りの人々にそのサイトを使うよう勧めるだろう．商品売買，ニュースの閲覧，運動への参加，個人間融資などあらゆるニーズに応えるオンラインサイトがネットワーク上に氾濫している．グランズウェルは企業の情報発信以上の情報を発信し，企業戦略の基盤を揺るがしている．

　企業はグランズウェルに抵抗するのではなく，それを活用することが得策である．特にマーケティング機能において，企業はグランズウェルを有効活用できる．たとえば，グランズウェルを使えば，顧客のインサイト情報の獲得が可能になる．グランズウェルに参加する顧客は毎日，時には数時間ごとに，商品に対する自分の意見をネット上に残していく．顧客は，店舗での経験，品揃え，お気に入り商品などをブログで語りあう．しかし，新たなテクノロジーの力を借りなければ，大量の情報を処理し，とりとめのない会話から新しい知見を導き出すことはできない．グランズウェルから顧客情報を獲得するには専用のツールを提供している企業の力を借りると効果的である．その方法は，プライベートコミュニティの立ち上げである．

(2) 顧客情報の獲得とブランドモニタリング—プライベートコミュニティの活用

　プライベートコミュニティは継続的に運営される巨大なフォーカスグループである．コミュニティの中では，メンバーの自然で活発な会話を聞くことかで

きる．プライベートコミュニティを提供する企業としては，コミュニティスペースが有名で，他にもマーケットツールズ（Market Tools），ネットワークド・インサイツ（Networked Insights）などがある[12]．

コミュニティスペースはグランズウェル界の成長企業である．同社はすでに数百のプライベートコミュニティを立ち上げており，クライアントリストには75を超える企業が名を連ねている．コミュニティスペースのサービスでは，クライアントのターゲット市場に属する人々が300～500人集められ，彼らが参加するコミュニティが作られる．普通のSNSと違うところは，顧客情報のリサーチを目的としていることである．コミュニティスペースのコミュニティは，顧客のインサイト情報を得るための傾聴機能をもつ．コミュニティのメンバーは週に1時間，コミュニティで過ごすことを義務付けられ，フォーカスグループなどで自由な会話が交わされる．

そして，ブランドモニタリングで顧客の声に傾聴することほどビジネスに不可欠なことはない．それはなぜか．その理由の1つは「ブランドが象徴しているものを知る」ことである[13]．企業が伝えたいメッセージと顧客が話している内容が一致しているかを確認することが，傾聴することの第1の理由である．ミニUSAのマーケティング責任者は，愛らしい小型車の魅力を市場に伝える方法を探していた．マーケティング担当者はミニがプライベートコミュニティでどのように語られているかを観察した．その結果，オーナーの気持ちを理解できるようになり，商品やサービスをめぐるうわさやざわめきといったバズを獲得することができた．小型車ミニの愛らしいブランド価値が象徴しているものが市場で本当に浸透しているかを知ることによって，今後のマーケティングの方向付けが変わってくる．それに加えて，顧客が描いているミニの新たなイメージをブランドとして認識することも傾聴の重要な機能である．

傾聴することの第2の理由は，「バズの変化を捉えること」である[14]．バズが売上高の先行指標となると考えると，バズの変化に注意を払うことが企業の将来にとって重要になってくる．バズに注意を払うことは，問題を抱えている顧客を見つけ，問題を解決する手助けとなる．

傾聴することの第3の理由は,「コストを抑えながら,リサーチの精度を高める」ことである[15]．アンケート調査を定期的に行うにはかなりのコストが必要になる．プライベートコミュニティでは，1度立ち上げてしまえばカスタム調査よりはずっと早く調査結果を集めることができる．

傾聴することの第4の理由は,「インフルエンサーを特定する」ことである[16]．傾聴によって，誰が特定商品の話をしているのか，情報発信に影響力をもっているのはブロガーか，ユーチューブの閲覧者か，マイスペースのプロフィールに注目したのは誰かなどを認識し，インフルエンサーに積極的に働きかけることができる．

傾聴することの第5の理由は,「広報上の危機に対応すること」である[17]．グランズウェルに攻撃されることになっても，グランズウェルに傾聴していることによって，その動きを事前に察知することができる．ブランドモニタリングが早期警戒システムの役割を果たし，危機が収拾のつかない事態に発展する前に手を打てるようになる．

傾聴する理由の最後は,「新しい製品やマーケティングのアイデアを得る」[18]ことである．企業の商品やサービスを日常的に使っている顧客は，商品やサービスを改善するためのアイデアを豊富にもっており，プライベートコミュニティを通じてそれらを無償で提供する．彼らに傾聴することで，企業は新たなアイデアにアクセスすることができるようになる．

(3) グランズウェルを活気付ける

活気付けられ，活性化された顧客はバイラルマーケティング（口コミを中心とする広告・宣伝手法）の担い手となり，ブランドの価値を無償で周囲の人々に広めるようになる．口コミはブランドマーケティングの強力な増幅器となってメディアキャンペーンでは達成し得ない成果を生み出す．口コミには次のような効果がある[19]．

・信頼性が高い——顧客の証言は，メディアの情報よりはるかに信頼される．
・自己強化的である——1人から聞けばある程度ひきつけられる話も，5〜

10人から聞くと，本当の話だと思えてくる．
・自己増殖する——優れた商品であれば，口コミはさらなる口コミを呼び，それは爆発的に拡がっていく．

　口コミはどのような手法によって拡がっていくのだろうか．その1つが，「格付けとレビュー」という手法である．たとえば，鞄を買うというという感覚的なケースで「格付けとレビュー」の効果を見てみよう．顧客は鞄にものを入れて，自分の持ち物を託すのだから商品の性能が何でもいいというわけにはいかない．商品に触れ，店員と話せる実店舗と比べると，鞄のネットショップにはハンディがある．このハンディに気づいていたeバックスでは，サイトに格付けとレビューの仕組みを導入し，実物を見ずに鞄を買う顧客の不安を解消させた．eバックスでレビューを参考に商品を買った人は，商品が届き自分でも使い始めると，「レビューを投稿してみようか，誰かの助けになるかもしれない」と考えるようになり，商品の使い心地をレビューするようになった．評価の良し悪しにかかわらず，格付けとレビューはサプライヤーに対して影響力を与えることもある．eバックスはおよそ370の取り扱いブランドのすべてに毎週レポートを提出し，商品の売れ行きだけではなく，商品に対する顧客の反応も伝えている．ある商品に対する否定的なコメントがeバックスに寄せられるようになり，eバックス担当者はそれらをメーカーに伝えたところ，メーカーは「製造上の問題があった」ことを認め，製造方法の修正が行われた．従来の小売モデルでは，メーカーと最終顧客は完全に切り離されていた．返品される商品はサプライチェーンを逆流するだけで，その過程から新たな知恵が生み出されることはなかった．eバックスは顧客と密接につながっていたので，すぐに問題を察知できた．グランズウェルと手を組むことによって，eバッグスはサプライヤーに対する影響力を手に入れただけではなく，問題を解決することで顧客の称賛も得ることができた．

　顧客が企業に求めているものは何か．それは，現在の商品と未来の商品に関する情報であり，自分たちの声が商品やサービスの特性に変化を生み出していることを示す証拠である．グランズウェルを活気付けることによって，企業は

無償で働いてくれる研究開発パートナーを手に入れることができる．熱心な顧客と関わっていく意思がある企業にとっては，グランズウェルの活性化は有効な企業戦略となる．グランズウェルを活気付け，企業のブランド価値を高めるにはeバックスのような誠実な対応によって，信頼を得ることが必要になる．顧客の意思がブランドを支える時代に，信頼の獲得は企業存続にとって必要不可欠な要件である．

3．協働型マーケティング

(1) チャネルパートナーとの協働

　現代のマーケティング思考では，市場での力は顧客が握っている．必ずしもすべての企業が顧客に直接アクセスすることはできないので，企業と顧客との間に存在する仲介者の存在が重要視されている[20]．この仲介者をチャネルパートナーというが，彼らは商品を市場に流通させるだけではなく，顧客との接点としても機能する．

　そこで重要なのがチャネルパートナー選びである．重要なのは第1に，企業とチャネルパートナーがWin-Winの関係を築き，それぞれの主体が公平な利益を得ることである．第2に，両者がともに高い品質基準を維持しているかどうかを，お互いが観察する必要がある．品質について同じ姿勢をとっているパートナー企業同士は良好な関係を築ける可能性が高い．第3に，それぞれのビジネス主体がパートナー候補の独自の価値を見極め，自社の価値と両立するかを判断する必要がある．

　チャネルパートナーが，顧客自身となることもある．途上国では，貧困者に対するマーケティングの課題はアクセス（到達手段）である．アクセスがないことで，プレイス（流通）とプロモーションが機能しなくなる．たとえば，インドの消費支出全体の80％程度を農村部の消費が占めているという事実から，インドの企業は顧客のネットワークを活用する流通手段を編み出した．インドのITCは，「eチョーパル（e-Choupal）」という，農民が天候や穀物価格に関す

る情報にアクセスできるシステムを開発した．このシステムによってITCは農民が生産物を直接，顧客に販売できるシステムを構築したとともに，eチョーパルにアクセスしている農民のネットワークを通じて，消費財から医療・金融サービスを提供するネットワーク「チョーパル・サーガルズ（Choupal Saagars）」を開発した．インドのような新しい成長市場では，流通の多くはチャネルパートナーのネットワークに支えられている．

　仲介業者であれ顧客であれ，チャネルパートナーと企業との関係はソーシャルメディアによるネットワークに支えられている．ソーシャルメディアの活用は低コストである上に，その視点が偏っていないので，つまり，多様な情報が満載なので，マーケティングコミュニケーションの媒体の主流となっている．フェイスブックやマイスペースなどのサイトでの会員同士のつながりは，企業が顧客についての情報を得るのに役立つ．P&Gの「コネクト・アンド・ディベロップ」はヒトデをイメージして開発されている．世界中の企業家や取引業者で構成されるP&Gネットワークを活かして，革新的な商品アイデアを提供してもらうことを目指している．顧客のコミュニティや開発者・取引業者のコミュニティに蓄積される知識や情報をいかに企業の商品開発やサービス提供方法に反映させるかが，企業のサスティナビリティを左右する．顧客や取引業者といった企業とは対面関係にあると考えられていた経済主体は，いまや企業のチャネルパートナーとして位置付けられる．チャネルパートナーは孤立した組織ではなく，互いにつながっている．彼らが意思決定をするにあたって，彼らは無知ではなく多くの情報をもっている．彼らは受身の存在ではなく，企業に対して有益なフィードバックを提供する[21]．

　商品やサービスに対する信頼は，縦の関係より横の関係に存在している．顧客は企業よりも他の顧客の口コミを信頼している．ソーシャルメディアの台頭は，企業が打ち出す広告を信頼する顧客よりも，口コミに期待する顧客の増加を後押ししている．となると，マーケティングを主導するのは顧客となり，1人の顧客は他の多数の顧客に対してマーケティング活動を行うことになる．そのマーケティング情報の収集するのが顧客に近いチャネルパートナーであると

いえよう．ゆえに，現在，顧客主導のマーケティングが主流となり，彼らの口コミを利用することが企業活動の優先課題となった．

(2) マーケティングの新たな発想

いまや，ブランディングの主導権はマーケティングマネージャーから顧客に移っている．世界中で洞察力，情熱そして想像力を兼ね備えた無数の人々が，時には発売元さえ知らないうちに商品やサービスの大ヒットを後押ししている．この現象はブランドハイジャックという[22]．従来の企業主導型のマーケティングは，今でも多くの商品やサービスには有効であるが，新ブランドを定着させ，社会や文化に明確な衝撃を与えるには顧客と協力してマーケティングすることが求められる．顧客がブランドの考え方，使い道，個性，主導権を握ってしまい，ブランドの熱狂的なファンがサブ・カルチャーの世界でこれらのことを実現する．多くの場合，企業のマーケターはそれに対して予想もしていないし，手の施しようがない．このような状況は，セレンディピタス・ハイジャック（serendipitous hijack）という[23]．顧客はブランドをハイジャックすると，それを意外な方向へ発展させ，生活への関わり方や社会的意味合いを独自に作り出すことがある．シカゴの名物ビールであった「オールドスタイル」の熱心なファンは，このビールにモールドパイル（カビの山）やドギースタイル（さえない格好）というあだ名を付けていた．このように，自社のブランドを少しばかり汚すことになると思われるような顧客のハイジャックを現実視し，ユーモアのセンスをもった方が，ブランドを明確にすることができる．

ハイジャックブランドは通常のブランドよりも，顧客の思い入れは強いが，ひとたび企業がそのコアバリューを踏み外し，顧客の信頼を裏切ったら，そのブランドの価値は凋落する．自社ブランドの個性を保ち，流行に敏感な層による初期市場とブランドの個性に誠実であり続けることが極めて重要である[24]．

こうして，商品やサービスにハイジャックファンが現れたら，ブランドマネージャーが乗り出して，マーケティングの主導権を取り戻し，ハイジャックマーケティングから伝統的なマーケティングアプローチに戦略転換する必要があ

る．そうすることによって，幅広く社会の主流にブランドの正当性をアピールできる．セレンディピタス・ブランドハイジャックを整理すると表5-1のようにまとめることができる．

これまで，ブランドのポジショニングとは，顧客にある種の便益を提案するものだった．実際にはどのような商品のポジショニングも交換可能であるから，マーケティングはアスピレーショナル・アプローチ（好ましい憧れるべきイメージをブランドに付加する方法）に負うところが多かった[25]．そのブランドを使えばあなたも魅力的になれると顧客に説得することがブランドマネージャーの仕事だった．

これに対し，ハイジャックブランドはもっと大きな意味や価値をもつ．それは，社会文化的な意味や生活の中で，単なる憧れにとどまらない意味をもって

表5-1　セレンディピタス・ブランドハイジャックとは

	セレンディピタス・ブランドハイジャック	通常のブランド
ブランドのタイプ	実用主義，お飾りなし	因習的，競争主義
	価値本位	便益本位
ブランド・リーダーシップ	市場が主導権を取りブランド・オーナーはその応援をする	ブランドを支配する
	サブ・カルチャーに「所有」されている	サブ・カルチャーではなく，メインストリームで栄える
ブランドの意味	集団ごとに様々に異なる意味をもつ	大型キャンペーンでシンプルかつ1点に絞り込んだメッセージを訴える
	白いキャンパス（市場が好きなように色づけする）	たかがブランド，これといった意味をもたない
マーケティングアプローチ	草の根主義	マス・マーケティングで意味を押し付ける
	ブランド神話による，中立的で限定的なコミュニケーション	テレビ・キャンペーン中心

（出所）　Wipperfürth, A., 邦訳，63ページ

いる．ブランドがある顧客層のライフスタイルにおいてもつより深い意味を探り，次にそのブランドと彼らの関係が強化されれば，ブランドは「アイデンティティの瞬間を作る」ことができる．社会文化的な意味合いをもつブランドを作るためには，顧客に接客面での差別化された気配りを認識させることが有効である．たとえば，スターバックスは，常連客にとって店はリラックスのためのオアシスであることを認識している．注文に並ぶ客の体験にも微妙な工夫をしている．客を待たせている間，先頭の客の飲み物を作っている店員が列の後ろの客に話しかけて，気持ちをほぐしているのである．話しかけられた客は，目の前にたくさんの人が並んでいればいらいらしているのに，この微妙なコンタクトによって客の気分もほぐれるのである．これは顧客とスターバックスが共創するブランドサービスの典型である．

　スターバックスの事例のように，画期的なブランド形成には顧客との共創が必要である．画期的なブランドは，非常に大胆であったり挑戦的であったり，利用者の行動を変えてしまったりするため，流行感度が高く進取の気性に富む人々を必要とする．画期的なブランドは，実際に体験されなければその良さが伝わらない．つまり，ハイジャックされなければ画期的なブランドは市場に浸透しない．画期的ブランドには2種類あり，「必携アイテム型」と「社会象徴型」がある[26]．

　「必携アイテム型」ブランドは，期待以上の機能を提供し，人々の暮らしを豊かにするという特徴を有する．たとえば，ホットメールはウェブブラウザで使えるeメールサービスという新しいカテゴリーを打ち立てた．このサービスを設計する上での重点は，登録から利用まで1分かからない迅速性であった．ホットメールサービスでは，受信ボックスやメール作成などの使いやすさが強調された．この使いやすさがユーザーの口コミを通じて多くの人々に伝えられ，ホットメールは「本当に使える」ツールとなった．

　ネットフリックスは，より快適なソリューションを提供した．ネットフリックスは，新しいカテゴリーを打ち立てたわけではなく，通常のレンタルDVDの不便さを解消して，既存のカテゴリーのルールを書き換えた．ネットフリッ

クスの DVD 返却方法は，ポストに投函するだけで，店へ返却する手間を省いている．ネットフリックスでは延滞料金は課されないので，利用者は落ち着いて映画鑑賞をすることができる．このような画期的なサービスの提供で顧客を喜ばせることにより，強いブランドハイジャック候補となり得るのである．

「社会的象徴型」は，使うこと自体が自己主張となるブランドである．これはとても目立つし，顧客側にも世間の視線にさらされるという社会的影響力を伴う．たとえば，ギャップは，ブルーカラーのものと思われていたチノ・パンツに対する意識改革から手をつけた．オフィスカジュアルのルールについての啓蒙運動を展開し，オフィスワーカーがチノ・パンツをはいて会社に行くテレビ CM を流し，ビジネスカジュアル運動に火がつき，同社の成功に弾みがついた．

ペプシコーラは，マウンテンデュー・コードレッドを都会の若い黒人のカルチャーの象徴にした．ペプシコーラは，都会のコンビニ限定で飲みきりサイズだけを売り込み，ティーンのトライアルや立ち飲みのライフスタイルに販売方法を合わせ，さらに，スポーツ関係者や DJ などトレンドセッターを見極めてサンプルを提供し，ブランドの定着を図った．ペプシコーラの成功事例は，従来のテレビ広告に頼るのではなく，都市部への種まき（若者カルチャーとの共創）活動によって商品が受け入れられたことが，広く一般へのブランド浸透へつながったことを示している．

おわりに

コア・テクノロジーが産業用大型機械だった時代には，マーケティングとは産業用大型機械のある工場から生み出される商品を潜在的購買層に売り込むことだった．商品はかなり基本的で，大衆消費市場のために設計されていた．規格化と規模の拡大によって生産コストはできるだけ低くされ，低価格設定で多くの顧客に商品を購買させることがこの時代のマーケティングであった．この段階のマーケティングのコンセプトは商品開発・モノづくりであった．この時

代のマーケティングをマーケティング1.0という[27]．

　情報技術（インターネット）がコア・テクノロジーとなった時代，マーケティングの機能は複雑さを増した．顧客は商品について十分情報を持っており，類似の商品を簡単に比較することができた．マーケターは，市場をセグメント化し，特定の標的市場に向けて他社より優れた商品を開発しなければならなかった．「顧客は王様である」という黄金律は，多くの企業にとって有効であったし，現在でも有効である．しかし，マーケティング2.0は顧客がマーケティング活動の受動的なターゲットであるという見方を暗黙のうちに前提としている．この段階のマーケティングは，差別化で顧客満足を目指すマーケティング2.0という[28]．

　現在，マーケティング3.0，すなわち価値主導の段階を目の当たりにしている．マーケティング3.0では，マーケターは顧客を単に商品やサービスを消費する者とみなすのではなく，マインドとハートとスピリットを持つ全人的存在として捉える必要がある．顧客は，グローバル化した世界をより良い場所にしたいという思いから，自分たちの不安に対するソリューションを求めるようになっている．顧客は，混乱に満ちた世界において，自分たちの一番深いところにある欲求，社会的・経済的・環境的公平さに対する欲求を満たしたいと考えている．マーケティング3.0を実行する企業は，気候変動や貧困，環境破壊などの問題に直面している人々に解決策と希望を提供し，より高い次元で顧客を感動させなければならない．この段階は，顧客の世界をより良くしたいという精神に訴える段階である．この段階のマーケティングのコンセプトは企業の新たな価値の創造である[29]．

　マーケティング3.0では，新しいアイデアやソリューションを見つけるための情報共有方法をいかに構築できるかによって，企業の存在価値が決まってしまう．企業が顧客の考えを知り，市場について知見を得るために，顧客の声に耳を傾けることから協働は始まる．

　企業は顧客に対して何かを与えるという関係から，お互いがより良い社会を作り上げるという目標のもと両者はフラットな関係になっている．現実社会の

人間関係と同じように，企業と顧客が共有体験をもつことによって，その絆は深まっていく．サスティナブルマネジメントを目指す企業は，顧客の感情を揺さぶる欲求を感知し，傾聴し，その欲求を共に満たして，その成果を社会に還元することが求められる．その方法の1つとしてソーシャルメディアを活用した絆づくりマーケティングが今後も進展していくと考えられる．

1) 斉藤・ループス・コミュニケーションズ，12ページ．
2) Sterne, J., 邦訳，16ページ．
3) 斉藤・ループス・コミュニケーションズ，前掲書，48ページ．
4) Charlene, Li., 邦訳，35ページ．
5) 同上書，36～37ページ．
6) 同上書，44ページ．
7) 同上書，45ページ．
8) 同上書，64ページ．
9) Gansky, L., 邦訳，16ページ．
10) 同上書，33ページ．
11) Charlene, Li. &J., Bernoff., 邦訳，13ページ．
12) 同上書，110ページ．
13) 同上書，127ページ．
14) 同上書，127ページ．
15) 同上書，128ページ．
16) 同上書，128ページ．
17) 同上書，129ページ．
18) 同上書，129ページ．
19) 同上書，179ページ．
20) Kotler, P., H., Kartajaya & I., Setiawan., 邦訳，145ページ．
21) 同上書，28ページ．
22) Wipperfürth, A., 邦訳，11ページ．
23) 同上書，25ページ．
24) 同上書，56ページ．
25) 同上書，112ページ．
26) 同上書，122ページ．
27) Kotler, P., H., Kartajaya & I., Setiawan, 邦訳，16ページ．
28) 同上書，17ページ．

29) 同上書, 17 ページ.

参 考 文 献

池田紀行『キズナのマーケティング―ソーシャルメディアが切り拓くマーケティング新時代』, アスキー新書, 2010 年

斉藤徹・ループス・コミュニケーションズ『ソーシャルメディア・ダイナミクス―事例と現場の声からひもとく, 成功企業のソーシャルメディア戦略』, 毎日コミュニケーションズ, 2011 年

博報堂ブランドデザイン『応援したくなる企業の時代―マーケティングが通じなくなった生活者とどうつき合うか』, アスキー新書, 2011 年

Charlene, Li. & J., Bernoff, *Groundswell : Winning in a World Transformed by Social Technologies*, Harvard Business School Press, 2008（伊東奈美子訳『グランズウェル―ソーシャルテクノロジーによる企業戦略』, 翔泳社, 2008 年）

Charlene, Li., *Open Leadership : How Social Technology Can Transform the Way You Lead*, John Wiley & Sons, 2010（村井章子訳『フェイスブック時代のオープン企業戦略』, 朝日新聞出版, 2011 年）

Gansky, L., *The Mesh*, Portfolio, 2010（実川元子訳『メッシュ―すべてのビジネスはシェアになる』, 徳間書店, 2011 年）

Kotler, P., H., Kartajaya & I., Setiawan, *Marketing 3.0 : From Products to Customers to the Human Spirit*, John Wiley & Sons, 2010（恩藏直人監訳・藤井清美訳『コトラーのマーケティング 3.0 ―ソーシャル・メディア時代の新法則』, 朝日新聞出版, 2010 年）

Sterne, J., *Social Media Metrics : How to Measure and Optimize Your Marketing Investment*, John Wiley & Sons, 2010（酒井泰介訳『実践ソーシャル・メディア・マーケティング―戦略・戦術・効果測定の新法則』, 朝日新聞出版, 2011 年）

Wipperfürth, A., *Brand Hijack : Marketing without Marketing*, Portfolio, 2005（酒井泰介訳『ブランド・ハイジャック―マーケティングしないマーケティング』, 日経BP社, 2005 年）

第Ⅱ部
実　態　編

第6章 社会的責任としての危機対応による事業継続とサプライチェーン

はじめに

　近年，事業継続計画（BCP）など，企業が直面している多様な緊急事態のリスクの顕在化や危機の発生による被害を最小限におさえ，事業継続を図る立案計画が重要性をますようになっている．BCPの取り組みには，CSRの一環として捉える傾向も見られる．リスクには，企業の信用リスク，自然災害被災のリスク，テロによるリスク，情報システムリスク，不祥事のリスクなどが含まれる．リスクと危機とを区別する見方がある．この場合，リスクは緊急事態の発生可能性や潜在的可能性を，危機については，実際の深刻な緊急事態の発生を意味する．確率の差異によって捉える見方もある．リスクとは，多かれ少なかれ発生の予見が可能な危険性であり，危機には予見不可能な突発的な被害も含まれる[1]．被害を予測して，予防措置や発生時の被害を可能な限り抑える対策を予め用意しておくことが，リスクマネジメントである．いずれにせよ，適切なリスクと危機に対する対応は，企業の社会的責任の観点から必須のものである．今日の社会では，多様なリスクが顕在化し，危機の状態が発生する可能性が高い．それらが企業の盛衰とグローバル規模での市場の競争状態に影響を与えることから，リスクと危機への対応には，事業継続のみならず，企業価値の向上に資するものとして，戦略的に捉える意義が見いだされる．

　今回の3.11の東日本大震災は，津波・地震とこれに派生する原発事故を伴う歴史上かつてない複合災害であり，2万人を超える死者・行方不明者，15兆〜20兆に上る甚大な被害をもたらした．3.11を境に，日本の経済社会と産

業の様相は一変した．リスクの発生による被災としては想定外の規模で，企業のビジネス環境では，広範囲のサプライチェーンの中で製造に不可欠な部材の供給が停止し，納品ができない事態が発生した．単独企業の事業中断でなく，サプライチェーンでつながれた企業群が連続的に事業継続を中断することを余儀なくされ，グローバル規模での生産体制に影響を与えた．とりわけ，深刻な影響をうけたのは，自動車業界である．

この東日本大震災は，わが国のサプライチェーンの脆弱性を露わにした．サプライチェーンによる生産断絶の連鎖的な波及は，ユーザー，被雇用者，関連する取引企業のステークホルダーに多大な影響を与えている．関連企業は，リスク対応の重要性を再認識し，新たな危機対応とサプライチェーン再構築を含む新たな企業活動の対応を求められている．

本章は，CSR と BCP との関係を整理した上で，次いで，今回の東日本大震災によって，サプライチェーン構造の中で，広範囲の影響をうけた自動車関連産業を対象に，部品供給の停止といった被災の特徴と影響，震災に対する企業対応を考察するとともに，リスクと危機の発生に対応のための調達システムとサプライチェーンの再構築についての論点と方向性，BCP の課題について検討を行うことを目的としている[2]．災害などの危機対応，事業の継続性を捉える視点は，企業の社会的責任の一貫をなすものであり，それをサプライチェーン構造との関連で捉えることは，今日の企業のグローバル活動の実態にそうものであるとの認識に基づくことに他ならない．

1．CSR と BCP

1990 年代後半以降，従来の位相とは異なり，社会から企業の社会的責任 (Corporate Social Responsibility：CSR) を求める動きが高まっており，企業の社会的側面を積極的に評価していく規範が形成されるようになっている．この関係で，CSR 論については，包括的に捉えつつ理論的・実践面で多角的に捉える研究が進められている．今日の CSR 論の根底にあるのは，企業の行動や果た

すべき機能として，利潤の極大化，顧客の満足，株式価値の拡大のみに限定されない社会的存在としての企業の役割を重視する視点である．CSRの概念については，曖昧であり，普遍的で確定しているわけではない．地域や国の間で差異が見られる[3]．しかし，今日では，企業の社会的存在としての機能と役割として捉えられる点ではほぼ一致している．

具体的には，企業活動の中に，社会的公正性や倫理性，環境への配慮などを取り入れ，市民や地域の顕在的・潜在的要請に応え，より高次の社会的貢献を果たすものとして捉えられている．また，近年では，CSRを企業の社会やステークホルダーに対する一方的な貢献，もしくは，企業の社会的義務として捉えつつ企業の社会的義務に付随するコストであるといった従来の捉え方ではなく，長期的に企業の収益性と価値を高め，企業の戦略と両立し得る認識が広まりつつある．これは，経済性，社会性，環境重視の3つの側面のバランスを取る「トリプルボトム・ライン」による持続的発展によっても象徴される方向性である．

今日のCSRへの関心の高まりには，エンロンやワールドドコムなど米国代表企業の粉飾決算に象徴的に示される企業の不祥事の頻発，発展途上国での多国籍企業による児童労働の強制，人権や労働環境の悪化などグローバル化による負の影響，地球温暖化や生態系破壊などの環境問題の深刻化，市民団体，NGO，NPOなどの活動に見られる市民の成熟などが背景になっている．企業レベルで見た直接的な普及の要因としては，株式市場や格付機関が企業評価の尺度として，CSRの視点を取り入れるようになったことなどが挙げられる．

以上との関連で，危機対応の事業継続計画（BCP），リスクマネジメントは，CSRの一環としての枠組みの中で捉えることができる．なぜなら，今日，企業にとってのリスク，危機は多様化，複雑化しており，それへの適切な対応を逸すると，企業の存続が脅かされ，最終的には，株主，従業員，消費者，取引先，地域住民など企業を取り巻くステークホルダーにマイナスの影響をもたらすことになるからに他ならない．CSRの観点から見て望ましいBCPは，経済性，環境性，社会的利益についてバランスをとることを目標とし，社会的要請

やステークホルダーからの期待や要求を踏まえたものでなければならない．企業自らの資産の保全，従業員の安全確保のみならず，地域住民の安全，地域経済，雇用問題，サプライチェーンの中での製品やサービスの安定供給などを視野に入れて取り組む必要がある．企業は，生産物やサービスの提供だけではなく，社会の様々なステークホルダーの全体厚生に注意を払わねばならない．

2．東日本大震災による影響とサプライチェーンの脆弱性

今回の東日本大震災は，津波，地震，原発事故を伴う未曾有の規模の複合的災害であり，被害範囲が極めて広い点が特徴である．直接的に深刻な被害をうけた東北３県（岩手県，宮城県，福島県）の経済規模は日本のGDPの４％程度に過ぎないが，東日本大震災は日本の経済社会に大打撃を与え，世界経済への波及的な影響をもたらしている．大震災により，モノづくりの産業，とりわけ自動車産業のサプライチェーンが注目されることとなった．東北・北関東での自動車の組み立て型メーカーに基幹部品や素材を供給する工場が集積しており，これらの川上のメーカーの操業停止によって，震災直後には，国内のすべての工場の生産がストップし，これに留まらず，外国の海外工場も深刻な影響をうけた．表6-1で見るように，被災地点は東北地域の広範囲に及んでおり，供給面での連鎖関連性が強いものが多く含まれている．とりわけ，電子機器や自動車を制御するマイコン分野で世界の４割のシェアを占めるルネサス・エレクトロニクスの那珂工場の生産停止が，世界的な自動車生産の減少の一因になった．

これら部材の供給不足の影響は世界に及んでいる．海外でいち早く震災の影響が表面化したのは米国であり，最大大手のGMの他フォード・モーターなどが減産を強いられている．この他，影響は欧州，アジアにまで波及している．だが，日を追うごとに復旧ペースが加速し，秋には正常の生産体制にほぼ戻っている．しかし，この間，失われた損害は甚大である．政府は震災で半導体関連の部材・素材の供給が１カ月半止まると，世界で総額約40兆円の生

表 6-1　東日本大震災による自動車関連の主な被災地点

自動車	関東自動車工場岩手工場	岩手県
	トヨタ自動車東北	宮城県
	セントラル自動車宮城工場	宮城県
	日産自動車いわき工場	福島県
	本田技研研究所四輪 R＆D センター	栃木県
	日産自動車栃木工場	栃木県
自動車部品	プライムアース EV エナジー（Ni-MH2 次電池）	宮城県
	ケーヒン角田第 1・2・3 工場，丸森工場，角田開発センター	宮城県
	浪江日本ブレーキ	福島県
	ケーヒン栃木開発センター	栃木県
	日信工業栃木開発センター	栃木県
	日立オートモティブシステムズ佐和事業所	茨城県
半導体・電子部品	ルネサス北日本セミコンダクタ津軽工場（前工程）	青森県
	富士通セミコンダクター岩手工場（前工程）	岩手県
	アルプス電気古川工場	宮城県
	富士通セミコンダクターテクノロジ本社工場（前工程）	福島県
	富士通セミコンダクター会津若松工場（前工程）	
	日本ケミコン高萩工場（アルミ電解コンデンサ）	茨城県
	ルネサスエレクトロニクス那須工場（前工程）	栃木県
化学・素材	東海カーボン石巻工場（カーボンブラック）	宮城県
	NOK 福島事業所（オイルシール）	福島県
	NOK 二本松事業所（ガスケット）	福島県
	大内新興化学工業原町工場（ゴム添加剤）	福島県
	藤倉ゴム工業小高工業（ダイヤフラム）	福島県
	富山薬品工業大熊工場（電解液）	福島県
	堺化学工業小名浜事業所（硫酸バリウム）	福島県
	メルク小名浜事業所（パール顔料）	福島県
	日本化成小名浜工場（カーボンブラック）	福島県
	鹿島東部コンビナート （三菱化成，旭硝子，三井化学，日本ポリプロ，JSR など）	茨城県
鉄鋼	JFE 条鋼仙台製造所	宮城県
	福島製鋼	福島県
	住友金属鹿島製鉄所	茨城県
	JFE 条鹿島製造所	茨城県

（出所）　日経 BP 社（2011），p. 41 より作成

産・サービスの減少になると試算している．自動車メーカーにとっても，減産の影響は大きい．日本自動車工業会によれば，影響が最も深刻であった3月から3カ月間，3月，4月，5月の国内生産台数は，前年同月比でそれぞれ約6割，4割，3割減のレベルまで落ち込んでいる[4]．さらに加えて，長期的に影響を与えるのが，復調段階までの部品調達の海外シフトであり，これによる国内競争力の低下も懸念される．すでに，これらの動向についての観測は，後述するように，原発事故を契機とする電力使用制限の要素も加わり，少なからず出ている．

　自動車は1台につき，約3万点の部品・素材から構成されるとされるが，日本の先端製造部品工場のロック・イン効果，東北・北関東での集積はどのように説明されるのであろうか．藤田昌久 (2011) は，豊富で低廉な労働力と土地，交通インフラ整備によるアクセス改良によって，90年代半ば以降，集積が高まったとしている．90年代以前は，国内では以西での展開が主であった．この間，海外への生産移転を伴うグローバルサプライチェーンが進展していることから，日本の生産拠点の集積は，移転困難な工程と競争優位によるもので，グローバル生産ネットワークの中で生き残った結果でもあることの認識が必要である．日本が得意とし他で真似ができない「オンリーワン」の部品・素材も多い．

　サプライチェーンに関しては，震災前からリスク回避のために，一次取引先の複数化を進めてきたが，高機能部材は供給できる企業が限定されるために，2次取引先以降は調達先が減少する構造になっていた．加えて，自動車メーカーはその末端に連鎖する中小加工メーカーを把握できていない弱点があった．サプライチェーンの本来的なパフォーマンスは，理論的には，サプライチェーンの統合の程度に左右され，情報の統合，業務オペレーションの統合などを核とし，全体最適にかなう同期化，意思決定の統一と基本情報の共有などが要になると考えられているが，現実は，そうではなかった．各企業にとって製造技術が秘密になるように，調達先についても開示できない各企業にとって競争に関わる重要な要素になっていた．

このサプライチェーンにより被害が拡大した要因について，新宅純一郎(2011)は，①個別対応を重視するカスタマイズ化，②複雑なサプライチェーンによる企業のつながりといった2つの要素を指摘している．①については，製品の差別化のために特注の部材の生産を特定の企業に依存する構造が定着し，これによって，サプライチェーンによる被害の連鎖が拡大する結果になったとしている．②に関しては，図6-1で見るように，1次取引先までは完成車メーカーを中心にピラミッド型の調達網，その先の素材までを業界構造を見ると，樽型中心の調達網でのサプライチェーンのつながりが示される．素材までを含んだ調達網では，代替がききにくく，災害に弱い構造が示される．津波では，太平洋沿岸部にある化学・素材メーカーの被害が大きく，原料から中間加工品までがコンビナートに集約されていることから，その影響は大きく広がった．

以上の所見にさらに別の要素を加えるとすれば，空間的配置が3次，4次レベルでは分散化ではなく集中化になっていること，この段階では，構造的に普

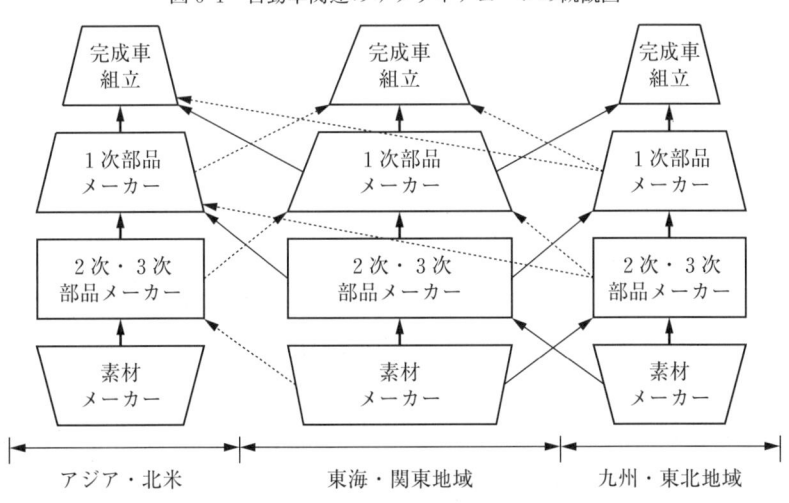

図6-1 自動車関連のサプライチェーンの概観図

(出所) 石原伸志・加藤孝治（2011年），11ページ

段から危機対応に対する余力が乏しくなっていることが挙げられる．このレベルは，川上（資材メーカー）からの価格上昇圧力と川下（組立メーカー）からの価格低下圧力を同時に受けて苦悩しており，一方，環境対応，CSR対応などの要請が高まっているものの，それへの充分な対応ができていない問題点が指摘される[5]．自動車に限定したものではないが，購買・調達の実態調査では，短期的な取り組みに重点が置かれ，本来は根本的に解決方法として取り組むべき中長期的な課題に充分に取り組めていないことが示されている[6]．サプライチェーンの本来的な構造の定着のためには，受発注両サイドが，運命共同体になり，Win-Win関係を構築し，長期的取引の信頼関係を構築することが肝要となる．

3．企業による緊急対応

　自動車生産メーカーは，緊急対策として，被災地入りの後援部隊を編成し，部品メーカーに応援要員を派遣している．これには，グループ会社も総力戦として加わっている．応援要員は本部との連携のもとに，調達先の情報収集と支障部品のリストアップを行い，代替部品の生産・調達に努めている．トヨタは，500点のリストアップを1週間後で完了し，「復調不可能」「復調可能であるが時期未定」「復調時期が確定」の3段階に分けてボトルネックの解消に努め，5月には調達難の部品について30品目まで減少させている．代替部品については，品質検査と実験を要し，その分，手間とコスト負担を余儀なくされている．復調の大きな制約になると見られたマイコン大手のルネサス・エレクトロニクスについては，最大時で2,500人の支援要員が結集し，24時間体制で生産設備の修復にあたり，秋にはほぼ復調することができている．

　さらに，今回の震災で工夫の対応を余儀なくされたのが，原発事故の影響で発生した電力不足である．特に，東京電力と東北電力の管内では，7～9月に15%の電力節減が義務付けられた．このために，自動車生産メーカーは，自家発電装置などの導入・促進，操業時間のシフトと休日シフトなどの取り組みに

よって電力不足に対処している．しかしながら，シフトについては従業員に負担をかけ，自家発電体制は，企業に設備投資と電力のコスト増の問題をもたらしている．今回の事故を受けて，浜岡原発はすでに停止し，定期点検中の原発は運転再開の目途はたっていない．今後，他の原発も次々と定期点検を迎えるために，国内のすべての原発が停止する可能性が高まっている．技術的・制度条件が揃っておらず，需要規模との比較から，再生可能エネルギーでカバーすることは不可能である．電力の供給不足は，日本経済にとって短期のみならず長期の成長制約要因になりつつある．

これらの負担が過剰になり，回復に手間取り対応が充分に適切に行われないと，海外での代替生産へのシフトが高まることになる．韓国の企業は好機と捉え攻勢を強めつつある．筆者はかつて，阪神・淡路の震災の際に，以前から継続していた神戸港のアジアでの拠点機能の低下と韓国へのシフトが強まり，復旧後もそのシフトは戻ることはなかった経過を指摘している[7]．

これまで日本企業の強みになっている部分は，生産波及効果，雇用効果などの観点から，残すことに努めねばならない．しかし，今回の震災は，阪神・淡路の震災のときよりも一層，厳しい状況にあると判断される．以上のグローバルなサプライチェーンの寸断と電力不足に加え，8月の米国の債務上限引き上げとデフォルト（債務不履行）の回避の影響，それに続く欧州債務危機の影響による超円高の進行は，製造業の減益を引き起こし，国内の産業空洞化を促進する可能性を高めている．経済産業省のアンケート調査では，現在の超円高基調が継続した場合，製造業の46％の企業が生産工場や研究開発施設の海外移転で対応すると回答している．震災直後の時期には，ショックと不安が募ったこともあって，サプライチェーン全体または一部の海外移転が加速する可能性があると回答した比率は69％に達している[8]．

これまでも，グローバル市場に関連する国内の製造企業の中には潜在的に海外移転を指向するものがあった．このうち，世界標準的な汎用部品の生産企業については，海外生産への移転はしかたがないことであり，コスト競争力と企業の存続維持の観点から進めるべき見方もできる．しかし，これまで競争で比

較優位にある部品の生産については，国内に留まるよう努めねばならない．藤本隆宏（2011）は，この点に関して，日本は生産費でアジアの新興国に負けるが，生産性では海外拠点に勝っており，国内の高生産性・高コスト現場を不用意に閉鎖し海外移転することは，日本経済にとって長期的損失，企業のグローバル経営にとっても損失であるとし，復興と成長を同期化させる経営戦略や国家政策の必要性を唱えている．藤田昌久（2011）は，国家政策の点では，基幹部品・素材・製造機械産業と先端メーカーとの相互連関から生まれる集積力，広い意味での「外部性」の存在を指摘し，この観点から被災企業への公的支援の正当性を主張している．両者の見解はいずれも，傾注に値する．法人税率低減，生産分散に必要な設備投資の補助金などの方策が必要であると考えられる．

4．危機対応とサプライチェーンの再構築

それでは，危機対応を踏まえたサプライチェーンの再構築の観点での対応はどのように考えられるのであろうか．これには，サプライチェーンの見える化，生産供給体制に関する部品の共有化，いきすぎた特注品の見直しと汎用部品への切り替え，内製化などが考えられる．

わが国のサプライチェーンの脆弱性は，被災して初めて明らかになった．今後の対応の出発点は，サプライチェーンがどのようになっているかを解明し洗い出すことである．設計段階で複数の調達先を最初から明記し，危機発生時にすぐに切り替えられる体制を準備しておく必要がある．部品の海外での現地調達率が高まっている状況を踏まえ，海外で調達している部品を含め，サプライチェーンの見える化が必要となる．危機対応時には，連絡先が開示されるようなデータベースを構築しておくことが求められる．しかし，現実は，取引先・調達先は，競争に関わる戦略的情報であり，それには困難が伴う．サプライチェーンを構成する企業が安心して調達先の情報を共有化するためには，継続的取引に裏付けられた信頼関係の構築が求められる．これとて困難な場合には，

危機対応時の第三者機関による管理と運営，9.11同時多発テロを契機とし米国で利用されている貨物の電子積荷物明細データ，税関データの活用などが有効策となる[9]．グローバル規模での取引が前提になる以上，複数の友好関連国でのデータのプールと荷主のプライバシーの保全を前提にした活用，政府の主導による国際標準化などが課題となる．

　サプライチェーンの体制自体を見直す考え方もある．しかしながら，見直し自体は，これが市場での競争優位を獲得する戦略手段として定着していることから，現実的ではない．トヨタ方式，JITはリーン精度を高めるコスト効果を徹底的に追求するもので，この点でサプライチェーンの頑強性（robust）があるといえる．この頑強性は，災害からの復元力（resiliency）とは，しばし対抗関係となる．最高のコスト効率の達成システムは，反面，高リスク環境における事態の急激な変動に対し耐性を失いがちとなるからである．いかに，頑強性と復元力を両立するか，頑強性を維持しつつ，復元力を日常的にもち得る余力をもつかが重要になる．

　部品調達に関しては，部品の共有化が対策の焦点となっている．現在，日本自動車工業会と日本自動車部品工業会などが中心になり，関連業界を含んで検討中の課題であるが，特注品，カスタム品の見直しとともに，競争力を確保する方策として部分的修正にならざるを得ない．部品の内製化については，取引コストの低下によって競争力向上の可能性をもつが，競争力向上の観点で組織運営と設備投資で相当の工夫を要する．以上の対応策は，リスク対応はできても，競争力確保の観点で問題が残る．いずれにせよ，今後は，図6-2で見るように，標準品，カスタム品かによって部品・材料の特性を見極め，供給可能なサプライヤーの数を対応させ，それぞれに合った調達戦略をたてる必要がある．図中の縦軸はサプライヤーの数を示しており，供給が限定されるものが下位に複数社が供給できるものは上位に位置している．横軸では，左方で標準品，右方でカスタム品の位置を示している．双方がクロスする関係で，部品・材料を，① 利便性・市場コスト追求型，② 機能・コスト追求型，③ 安定供給追求型，④ 技術連携・品質追求型，に分類している．①は汎用的な部品・材

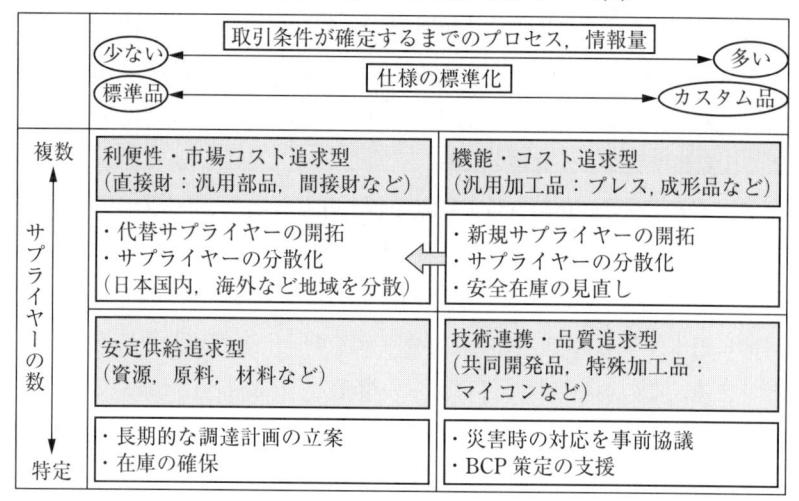

図 6-2 部品・材料の特性別に見たリスク対策

	標準品 ←――仕様の標準化――→ カスタム品 (取引条件が確定するまでのプロセス, 情報量: 少ない←→多い)
複数 ↑ サプライヤーの数 ↓ 特定	**利便性・市場コスト追求型**（直接財：汎用部品, 間接財など） ・代替サプライヤーの開拓 ・サプライヤーの分散化 （日本国内, 海外など地域を分散）	**機能・コスト追求型**（汎用加工品：プレス, 成形品など） ・新規サプライヤーの開拓 ・サプライヤーの分散化 ・安全在庫の見直し
	安定供給追求型（資源, 原料, 材料など） ・長期的な調達計画の立案 ・在庫の確保	**技術連携・品質追求型**（共同開発品, 特殊加工品：マイコンなど） ・災害時の対応を事前協議 ・BCP策定の支援

（出所）　日経 Automotive Technology (2011), p. 54

料であるために，代替プレイヤーを見つけ，リスク分散の対策が適切と捉えられる．②はこの中で，カスタム品にする必要がないものについて，左方の標準品へと移行させ，円滑な調達の対象にする対策が考えられる．③は代替品が手に入り難いために，事前協議，取引先への BCP 策定の連携・支援が必要となる．

　しかしながら，現実には，競争力の確保とリスク対応の両立を図ることは難題である．この中にあって，新宅純一郎（2011）は，既存の汎用的・標準的品の活用ではなく，特注品・カスタム品の仕様統合を図る対応と仮想的デュアルソーシングによる対応を提示しているが，現実的な適用可能性として参考になる．前者は同一企業の複数車種間での活用であり，他社との関係で差別化を維持できる．後者は，緊急経路の確保であり，コスト負担を回避できる．いずれにせよ，サプライチェーンの脆弱性を補完する弾力性のある回復力を強化させ，緊急時のバックアップシステムの整備，要員の確保，取引先情報収集の迅速化などの内部統制の機能整備に努めねばならない．

5．実効性のあるBCPの策定と促進

今日，多様なリスクの顕在化と危機的事態の発生がある中で，企業が安定的に事業の継続をする上で欠かせないのが，事業継続計画（Business Continuity Plan：BCP，以下，BCPと称する）である．BCPは，災害や事故などの緊急事態が発生し，企業が重大な被害を受けた際に，重大な業務を中断させないこと，仮に中断しても，目標復旧期間までに重大事業を再開させるための計画を意味する．BCPの性格は，従来の防災との差異によっても示される．目的と対策から見ると，防災では，人命の救助，物的被害の軽減を目的とし，主として安全関連部門・施設部門の取り組み，ソフト面での外防災訓練などを核とするが，BCPでは，防災の視点に加え，商品・サービスの提供面での重要業務の継続・早期復旧，サプライチェーンでの対策・対応を核とする．目標の指標では，防災が死傷者数・物的損害額などの軽減を取り上げるのに対し，BCPでは，復旧時間の短縮・復旧レベルの達成，経営ならびにステークホルダーに及ぼす影響の軽減を重視する．

BCPの特徴は，図6-3で示されるように，時間軸で事業継続プロセスを計画することにある．図は，横軸に時間軸を，縦軸に製品供給量などを含む操業度を示している．どれくらいの事業が中断しても許容されるかの許容限界を設定し，重要業務の継続に不可欠で復旧の制約となる重要なボトルネックの要素を洗い出し，復旧目標を掲げて対処するスキームを表している．

歴史的経過において表6-2で見るように事業継続に支障をきたす災害や事故が頻発している．日本の政府レベルでは，新型インフルエンザや中越地震を契機に，2006年以降，内閣府，経済産業省中小企業庁などが策定のガイドライン，運用指針などを策定している．一方，国際社会では，BCPの国際標準規格（ISO）化が進んでいる．それに応じて，日本では，全体で一部の企業でその取り組みがなされている．今回の震災後，導入の意欲が高まっているが，それも大手企業が中心で，中小企業での導入比率は低い．産業・業種別で見ると金融・情報系の産業などに比較すると，製造業の導入比率は低い．たとえ，導

160　第Ⅱ部　実態編

図6-3　BCPの概念図

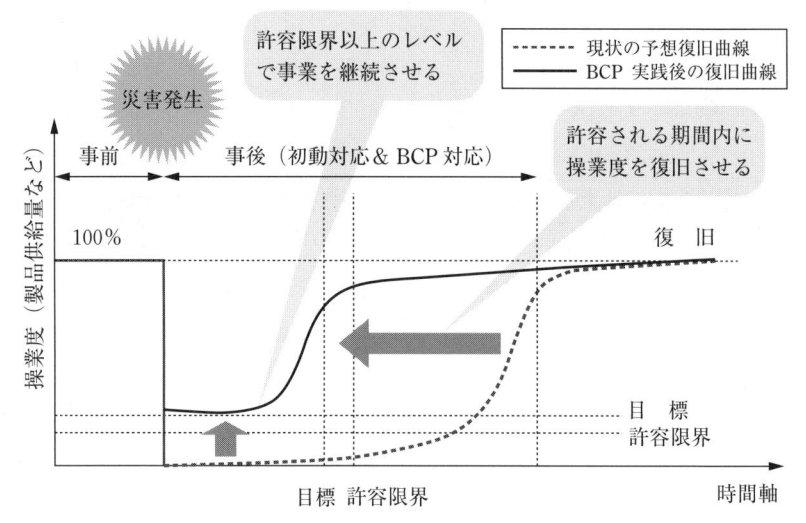

（出所）内閣府（2009）「事業継続ガイドライン　第2版」，2ページ

表6-2　事業継続を脅かした主要な災害・事故

1995年	阪神淡路大震災
2000年	西暦2000年問題
2001年	米国9・11同時多発テロ
2003年	SARの発生 北米大地震 宮城県沖地震
2004年	新潟県中越地震 台風23号
2005年	福岡県西方沖地震 東証システム障害
2006年	東京での送電線損傷 台湾南部地震
2007年	鳥インフルエンザの発生
2010年	アイルランドの火山噴火による交通麻痺
2011年	東日本大震災 タイの大洪水

入されていても，それらは，今回の複合災害の規模を想定していなかったといえる．今後のBCPは，起こり得る危機に対する想定をこれまでと変えて策定することが求められる．

　BCPの策定には，① 被害想定と重大な脆弱性への事前対策，② 重要業務停止時の代替手段の認識，③ 継続すべき重要業務の明確化，④ 事故発生時に迅速に対応できる体制と行動基準，⑤ 不測の事態に対応できる個人・組織の行動能力，のステップが求められる[10]．この強化のためには，拠点の分散や代替拠点の準備，データのバックアップ，災害時の通信手段の準備などを含むハード面，初動手順の策定，サプライヤー停止時の対応などを含むソフト面，被害をシミュレーションした訓練や教育プログラムの策定などを含むスキル面での総合的対応が求められる．危機発生時の戦略オプションを複数用意し想定外を可能な限り防ぎ，日頃からスキルを高めることで危機対応力を磨くことが肝要となる．

　なお，一般的なBCPの策定では，経済産業省（2005）では，図6-4で見るように，① 事業継続に重大な影響を与える問題の分析 ⇒ ② 事故や災害の発生に対して，体制・組織の構築や対応計画の策定 ⇒ ③ 計画の戦略的活用と運営 ⇒ ④ 改善箇所の修正といったPDCAによる循環のプロセスが望ましいものとして提示されている．

　BCPの適用による事業継続の経営面での直接効果は，企業が早期に回復することによって，取引先からの安定供給の要請に対応できる点にある．顧客取引の競合他社へ流出，市場シェアの低下，企業評価の低下を防ぎ，取引上の優位な立場を確保できる．社会的・対外的な面で，雇用の確保による社会不安の軽減，取引停止による連鎖的影響の抑制，市場や地域社会からの信頼の確保，顧客・株主，従業員などステークホルダーへの説明責任の遂行などの効果が期待できる．今回の災害にあって導入の中小企業の中には，予め設定したBCPの復旧手順と資金計画に従って取り組み，災害発生後，収益が大きな重要業務に集中し，他事業について，予めリストアップした自社に代わって責任を果たし得る他社に依頼し，その結果，取引先の信頼を維持し顧客を失わずにすんだ

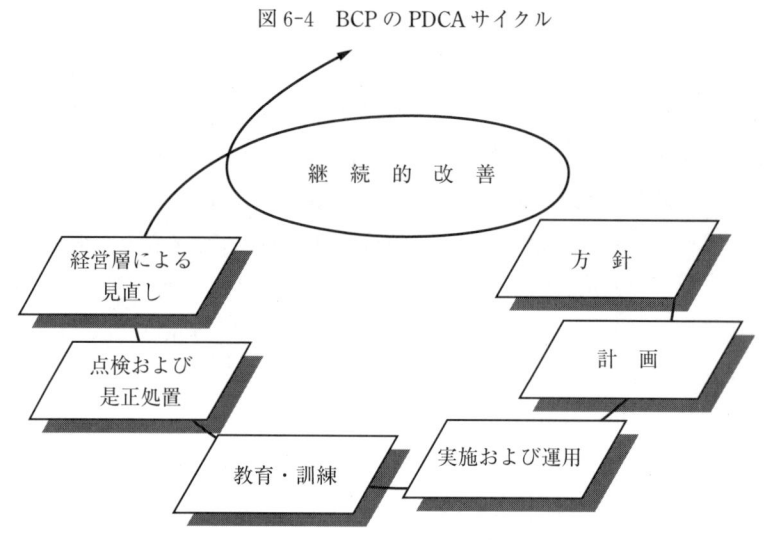

図 6-4　BCP の PDCA サイクル

```
                  継 続 的 改 善

  経営層による                           方　針
    見直し
                                       計　画
  点検および
  是正処置
              教育・訓練    実施および運用
```

（出所）　内閣府（2009）「事業継続ガイドライン　第 2 版」，10 ページ

ケースも見られる．それも，早期に，事業を再開し，震災前の売り上げ水準を戻すことができている．

　サプライチェーンの視点で見ると，今日までの導入経過には，課題と問題が指摘される．BCP の導入が大手企業に偏っていること，導入されていても，情報の共有・連携がないと同様，サプライチェーンの上流と下流の間で相互の整合性をとるチェックがほとんどなされていない点である．これは，緊急事態の発生後に調整がとれない行動，意思決定の態様を意味する．BCP の実効行性を上げるためには，サプライチェーン全体として，BCP が機能するシステム連携の仕組みが必要とされる．

おわりに

　今日の社会では，多様なリスクが顕在化し，危機の状態が発生する可能性が高いために，これらのリスクと危機に対する適切な対応は，企業の社会的責任

の観点から必須のものといえる．今回の東日本大震災では，サプライチェーンのなかで製造に不可欠な部材の供給が停止し，納品ができない事態が発生した．わが国のサプライチェーンの脆弱性は，被災して初めて露呈した．サプライチェーンに関しては，高機能部材は供給できる企業が限定されるために，2次取引先以降は調達先が減少する構造になり，自動車メーカーはその末端に連鎖する中小加工メーカーを把握できていない弱点が明らかになった．トヨタ方式，JIT はリーン精度を高めるコスト効果を徹底的に追求するもので，この点でサプライチェーンの頑強性があるものの，高リスク環境における事態の急激な変動に対する耐性や災害に対する迅速な復元力を伴っていなかった．今後のサプライチェーンには，頑強性と復元力を両立させるか，頑強性を維持しつつ，復元力を日常的にもちうる余力をもつことが求められる．

　サプライチェーンの再構築の観点での対応策としては，見える化，いきすぎた特注品の見直しと汎用部品への切り替えなどが考えられる．見える化については，グローバル規模での取引が前提になる以上，複数の友好関連国でのデータのプールと荷主のプライバシーの保全を前提にした活用，政府の主導による国際標準化などが課題となる．調達システムに関しては，標準品，カスタム品かによって部品・材料の特性を見極め，供給可能なサプライーの数を対応させて，それぞれに合った調達戦略をたてる必要がある．さらに，復旧時間の短縮・復旧レベルの達成，経営ならびにステークホルダーに及ぼす影響の軽減を重視する BCP の策定・実施の強化が求められる．そのためには，ハード面，ソフト面，スキル面での総合的対応を要する．サプライチェーンの視点で見ると，今日までの導入経過には，課題と問題が指摘される．BCP の実効行性を上げるためには，サプライチェーン全体として，BCP が機能するシステム連携の仕組みが肝要となる．

1) 平澤敦（2011）は，レビューを基に急性的状況など危機の特性を整理し，概念の多義性について多面的な検討を行っている点で注目される．
2) 本章のサプライチェーンに関する被災の特徴と影響，危機対応のためのサプライ

チェーン再構築に関する箇所は，塩見英治（2011）を踏まえて拡張して叙述している．
3) 日米での展開については，松野弘・堀越芳昭・合力知江（2006）が，EU での展開については，松本恒雄・杉浦保友（2007）などが参考になる．
4) 日本自動車工業会「統計速報」HP による．
5) 近藤信一（2011），24-26 ページ．
6) 近藤信一（2011），27-28 ページ，日本能率協会（2011）「2010 年度購買・調達に関する実態調査」．
7) 塩見英治・林克彦（1998），17-70 ページ．
8) 経済産業省（2011），5 月に刊行されており，国内の製造大企業を中心に 216 社のうち 163 社の回答によっている．
9) 根本敏則（2011），90-92 ページ．
10) 富士通総研，HP による．

参 考 文 献

石原伸志・加藤孝治「東日本大震災が国際物流に与えた影響」，第 2 回貿易円滑化ワーキンググループ資料，みずほ銀行，2011 年

大平浩二編著『ステークホルダーの経営学―開かれた社会の到来』，中央経済社，2009 年

経済産業省事業継続計画（BCP）策定ガイドラインの概要」，2005 年

経済産業省「東日本大震災後のサプライチェーンの復旧復興及び，空洞化実態緊急アンケート」，2011 年

近藤信一「大震災を乗り越える新しい調達システムの構築を目指して」，『経営センサー』，株式会社東レ経営研究所，7 月号，2011 年

佐久間信夫・田中信弘編著『現代 CSR 経営要論』，創成社，2011 年

塩見英治・林克彦「アジアの国際物流ネットワークと阪神・淡路大震災の影響」，『都市と震災』，中央大学出版部，1998 年

塩見英治「サプライチェーン再構築とリスク対応」，『運輸と経済』，運輸調査局，8 月号，2011 年

新宅純一郎「サプライチェーン再構築の道（上）―競争力とリスク対応の両立」，日本経済新聞，2011 年 6 月 21 日

田中賢治・上野山智也「自然災害リスクマネジメントとサプライチェーン」，ESRI Discussion Paper Series, No. 200

内閣府『事業継続ガイドライン第 1 版』，2005 年

内閣府『事業継続ガイドライン第 2 版』，2009 年

西川智・福島誠一郎・矢代晴美「サプライチェーンを考慮した地震時事業継続のため

のリスク解析手法の提案」,『日本建築学会環境系論文集』,第 73 巻,第 630 号,2008 年

日経 BP 社『日経 Automotive』, 2011 年 9 月号

日本自動車工業会「統計速報」HP

日本能率協会「2010 年度購買・調達に関する実態調査」, 2011 年

日本物流学会『第 28 回全国大会　研究報告集』, 2011 年

根本敏則「「見える化」による交通インフラ,ロジスティクス,サプライチェーンの管理」,『運輸と経済』, 運輸調査局, 8 月号, 2011 年

平澤　敦「危機の概念の多義性―欧米の学説における危機概念を中心として―」,『企業研究』, 第 19 号, 2011 年

藤田昌久「産業集積の強み　守り抜け」, 日本経済新聞, 2011 年 3 月 30 日

藤本隆宏「「現場重視」を復興の起点に」, 日本経済新聞社, 2011 年 3 月 29 日

増田貴司「東日本大震災は日本の製造業に何をもたらしたのか― 3/11 後のものづくりの課題―」,『経営センサー』, 株式会社東レ経営研究所, 5 月号, 2011 年

松野弘・堀越芳昭・合力知江『「企業の社会的責任論」の形成と展開』, ミネルヴァ書房, 2006 年

松本恒雄・杉浦保友『企業の社会的責任― EU スタディーズ 1』, 勁草書房, 2007 年

吉川吉衛『企業リスクマネジメント』, 中央経済社, 2006 年

第7章　日本における自動車リサイクルの実態と課題
――自動車メーカーと解体業者の関係を中心に――

はじめに

　深刻化する地球環境問題を解決するために，循環型社会の構築が求められている．地下資源を採掘して地上で消費する一方通行の流れを続けていては資源枯渇と廃棄物蓄積の同時進行を抑止することはできない．経済社会の持続可能性を高めるには，リサイクルなどによる物質循環の確保が必要である[1]．
　もっとも，「循環型社会」[2]とは天然資源の消費が抑制され，環境負荷が出来る限り低減された社会を意味しており，根本的には「大量生産」の経済システムから，発生抑制の考え方に基づく「社会的適正生産」[3]の経済システムへの移行が必要になる．しかし，生産と消費のプロセスは必ず廃棄物を生み出すのだから，廃棄物リサイクル（再使用，再生利用，および熱利用）[4]の促進は，循環型社会構築を進めるために必要不可欠である[5]．
　特に自動車産業は，大量生産型産業および資源集約型産業の典型であり，製品の大量生産・大量消費に基づく大量廃棄が必然化している．その意味で，廃棄物リサイクルの確立が社会的に必要とされている産業の1つである．では，日本の廃車リサイクルはどのように展開されてきたのだろうか．先行研究からは，以下の3つの構造的特徴を指摘することができる[6]．
　① 自動車生産・販売の主体であり，かつ自動車技術・自動車生産技術に最も精通している大手自動車メーカーは，廃車リサイクルにほとんど関与してこなかった．
　② 廃車リサイクルは，もっぱら自動車解体業者のリサイクルビジネス（中古

部品販売・金属素材販売）として展開されてきたが，解体業者には経営基盤の脆弱な零細企業が多く，中には環境意識に乏しい業者もあり，リサイクル促進には限界があった．

　③生産を担う自動車メーカーとリサイクルを担う自動車解体業者が，リサイクルの促進を目指して協働するというケースはほとんど見られなかった．

　ところが，経済活動を人体の循環系にたとえ，産業のあり方を，生産・販売を担う「動脈セクター」とリサイクルなどを担う「静脈セクター」の総体として捉える視点[7]に基づけば，日本の自動車産業を循環型産業として発展させるためには両セクターのバランスのとれた発展や両セクターの連携こそが重要になることを指摘できる[8]．特に，廃車リサイクルは，使用済みとなった廃車から取り出した部品・金属を再び利用できる状態に戻すプロセスであるから，その促進には動脈セクターと静脈セクターの相互関係が重要な意味をもつ．しかし上述したように，日本の自動車産業にはリサイクル促進に向けて両者を束ねる枠組みも，両者の協働もほとんど存在しなかった．

　こうした状況を背景に，日本では2002年に，廃車リサイクルの促進を目的とする自動車リサイクル法が制定された．では，同法の制定を契機に，日本の廃車リサイクルはどのように変化したのだろうか．本章では，日本の自動車産業は循環型産業として発展できるだろうかという問題意識から，日本における廃車リサイクルの実態と課題について，動脈セクターの中心である自動車メーカーと静脈セクターの中心である自動車解体業者の関係に注目して考察する．その場合，本章における第1の研究課題は，自動車リサイクル法のもとで自動車メーカーと自動車解体業者がそれぞれ展開している廃車リサイクルの特徴を明らかにすることである．また，その分析を通じて，メーカーと解体業者がそれぞれどのような意味で相互関係を構築しようとしているのかを明らかにすることが第2の研究課題である．本章では，上記の2つの研究課題に応えることで，循環型産業としての日本自動車産業の発展を展望する．

1．日本の廃車リサイクルと自動車リサイクル法

(1) 廃車リサイクルの仕組み[9]

　自動車メーカーおよび自動車解体業者の廃車リサイクルへの関わり方を明確にするためにも，日本の廃車リサイクルの仕組みを確認しておこう．

　日本では毎年，約500万台の廃車が発生している．これは1年間に国内販売される自動車台数に匹敵する量である．そのうち約400万台の廃車が国内でリサイクルされる．廃車リサイクルプロセスには，廃車の解体→廃車ガラの破砕→破砕くずの処理，という一定のパターンがある．解体工程では，廃車からリサイクル可能な部品や金属を回収し，続く破砕工程（＝シュレッダー工程）では，解体を終えた廃車ガラをさらに破砕してリサイクル可能な金属類を回収する．そして，破砕工程から排出される破砕くず（＝シュレッダーダスト）は埋立て・焼却処分される．

　これが一般的な廃車リサイクルの流れであるが，冒頭でも述べたように，従来，日本の自動車メーカーはこのプロセスにほとんど関与しておらず，廃車リサイクルは，もっぱら自動車解体業者など静脈セクター企業によるビジネスとして，市場を通じて展開されてきた．そこで，リサイクルビジネスとして廃車リサイクルを捉えると以下のようになる．

　まず，最終ユーザーのもとで使用済みとなった廃車は，新車・中古車ディーラーや整備工場に引き取られる．自動車解体業者は，ディーラーなどから廃車を購入し，リサイクル可能な部品や金属を取り出し販売することで収益をあげる．また，解体業者が排出する廃車ガラについては破砕業者が購入，破砕し，リサイクル可能な金属を取り出し販売することで収益をあげる．こうした流れを通じて，自動車重量比のおよそ8割が中古部品や金属素材としてリサイクルされてきたのである（図7-1参照）．なお，最終的に排出されるシュレッダーダストは，破砕業者が処理費用を支払って処分してきた．

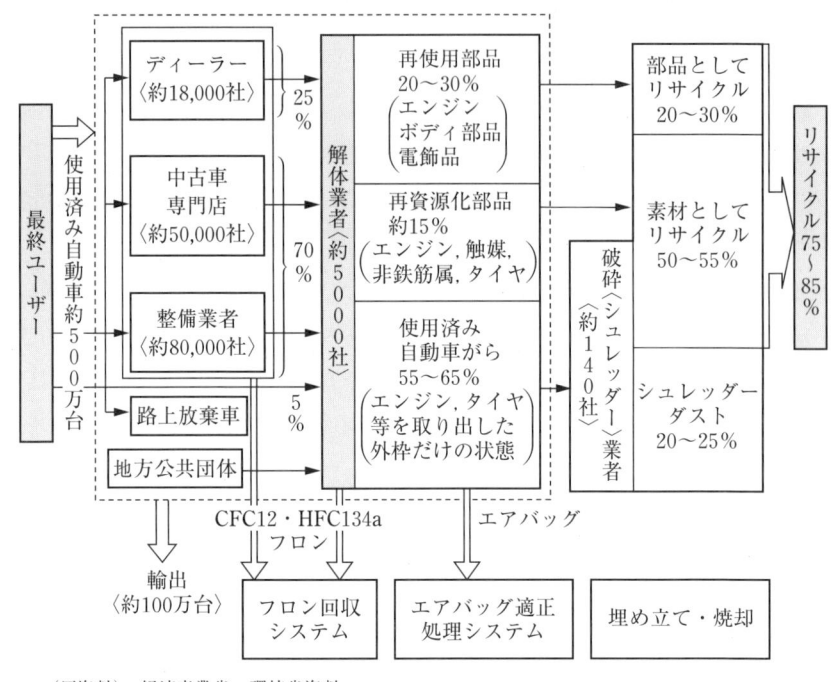

図 7-1 廃車の発生とリサイクルのプロセス

(原資料) 経済産業省・環境省資料
(出所) 吉田文和『循環型社会―持続可能な未来への経済学―』中央公論新社, 2004 年, 164 ページより転載

(2) 自動車リサイクル法の制定[10]

　自動車解体業者などのビジネスとして市場を通じて展開されてきた日本の廃車リサイクルは, 1980 年代半ば以降, 機能不全に陥ってしまう. その背景には 2 つの環境条件の変化があった. 1 つは, 1985 年の「プラザ合意」後に急速に円高が進み, そのため安価な鉄スクラップ輸入が増加して国内の鉄スクラップ価格が大幅に低下したこと, もう 1 つは産業廃棄物最終処分場の逼迫によってシュレッダーダストの処分費が高騰したことである (図 7-2).

　こうした環境条件の変化は, 金属素材の売上高からシュレッダーダストの処分費用を差し引いて収益をあげる破砕業者の経営をまずは直撃した. 上述した

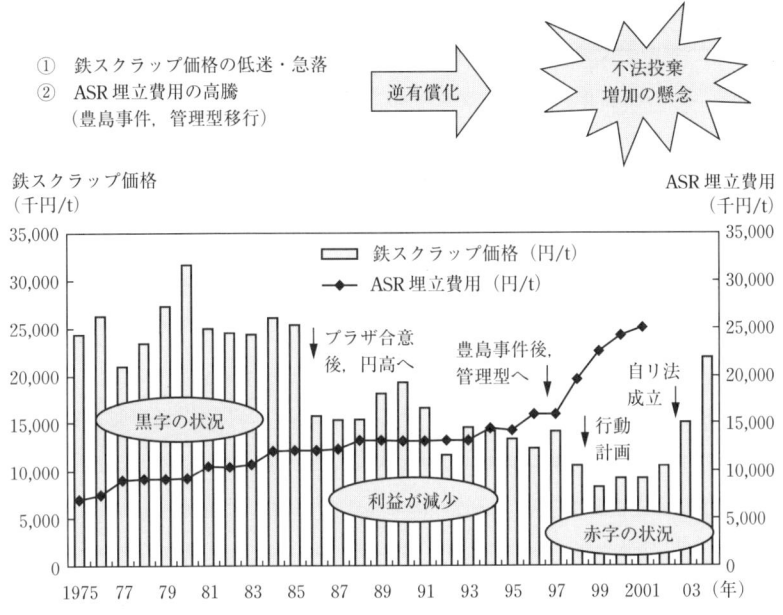

図 7-2　鉄スクラップ価格およびシュレッダーダスト処分費の推移

① 鉄スクラップ価格の低迷・急落
② ASR 埋立費用の高騰
　（豊島事件，管理型移行）

逆有償化 → 不法投棄増加の懸念

鉄スクラップ価格（千円/t）　　　　　　　　　　　　　　　　　ASR 埋立費用（千円/t）

グラフ内注記：プラザ合意後，円高へ／豊島事件後，管理型へ／自リ法成立／行動計画／黒字の状況／利益が減少／赤字の状況

横軸：1975 77 79 81 83 85 87 89 91 93 95 97 99 2001 03（年）

（出所）　湊清之「自転車リサイクル」，小林英夫ほか編著『環境対応 進化する自動車技術』，日刊自動車新聞社，2008 年，164 ページより転載

　環境条件の変化によって廃車ガラの価値が相対的に低下したため，破砕業者は，それまでは解体業者から購入していた廃車ガラを，処理費用の徴収を前提に引き取らなければ経営が成り立たなくなってしまったのである．こうした「逆有償」と呼ばれる処理費用の請求現象は，その後，廃車ガラ取引のみならず廃車取引にも波及した．こうして，従来は有価物（グッズ）であった廃車や廃車ガラがマイナス価値をもつ「バッズ」になる[11]ことで，市場を通じたリサイクルはその機能を低下させていった．

　そのため関連業界では，廃車，廃車ガラ，およびシュレッダーダストなどの不法投棄が懸念されるようになった．実際，1990 年には香川県豊島に廃車由来のシュレッダーダストなど産業廃棄物約 60 万トンが不法投棄される「豊島

事件」が発生し，1990年代には廃車リサイクルに対する社会的関心が高まった．そこで通産省は1997年に「使用済み自動車リサイクル・イニシアティブ」を策定し，生産者である自動車メーカーに対しても，車両のリサイクル可能率（リサイクル性）や廃車のリサイクル率の向上について積極的な対応を求めるようになった．これに対して，日本自動車工業会も1998年に「自主行動計画」を策定し，業界としての目標を掲げるようになった．メーカー各社も，それと前後して自主的なリサイクル「行動計画」を発表した．

しかし，「行動計画」はあくまでも自動車業界や自動車メーカーの努力目標であったため，不法投棄の防止と最終処分量の極小化を確実なものとするためには，廃車リサイクルの一部に法規制をかけ，持続的なリサイクルシステムを構築する必要があると考えられた．そこで2002年に「使用済自動車の再資源化等に関する法律」（通称，自動車リサイクル法）が制定され，廃車リサイクルに関する規制が強化されたのである（図7-3）．それは，機能不全に陥った廃車リサイクル市場の流れを，「深刻な社会問題化する前に，市場外的仕組みを加え業界挙げて取り戻す」[12]ものであった．

自動車リサイクル法の第1の特徴は，生産者である自動車メーカー（および輸入業者）に対して，自ら製造（あるいは輸入）した自動車の廃車から発生する「特定3品目」（市場を通じたリサイクルが困難であり，かつ環境負荷の大きいシュレッダーダスト，フロン，およびエアバッグ）のリサイクルを義務付けたことである．自動車メーカーはユーザーから徴収したリサイクル料金をもとに，自らあるいは関連事業者に委託して「特定3品目」をリサイクルする責任を負うことになった．第2の特徴は，自動車解体業者を中心に市場を通じて展開されてきた中古部品や金属素材のリサイクルについては維持した上で，リサイクルの持続性という観点[13]から，廃車リサイクルに関わる関連事業者に対して各地方公共団体への登録・許可取得が義務付けられたことである．

こうして，自動車リサイクル法の制定により，市場を通じた中古部品や金属素材のリサイクルについては従来通りに解体業者を中心とする静脈セクター企業が担い，法で定められたシュレッダーダストのリサイクルについては新たに

第 7 章　日本における自動車リサイクルの実態と課題　173

図7-3　自動車リサイクル法の概要

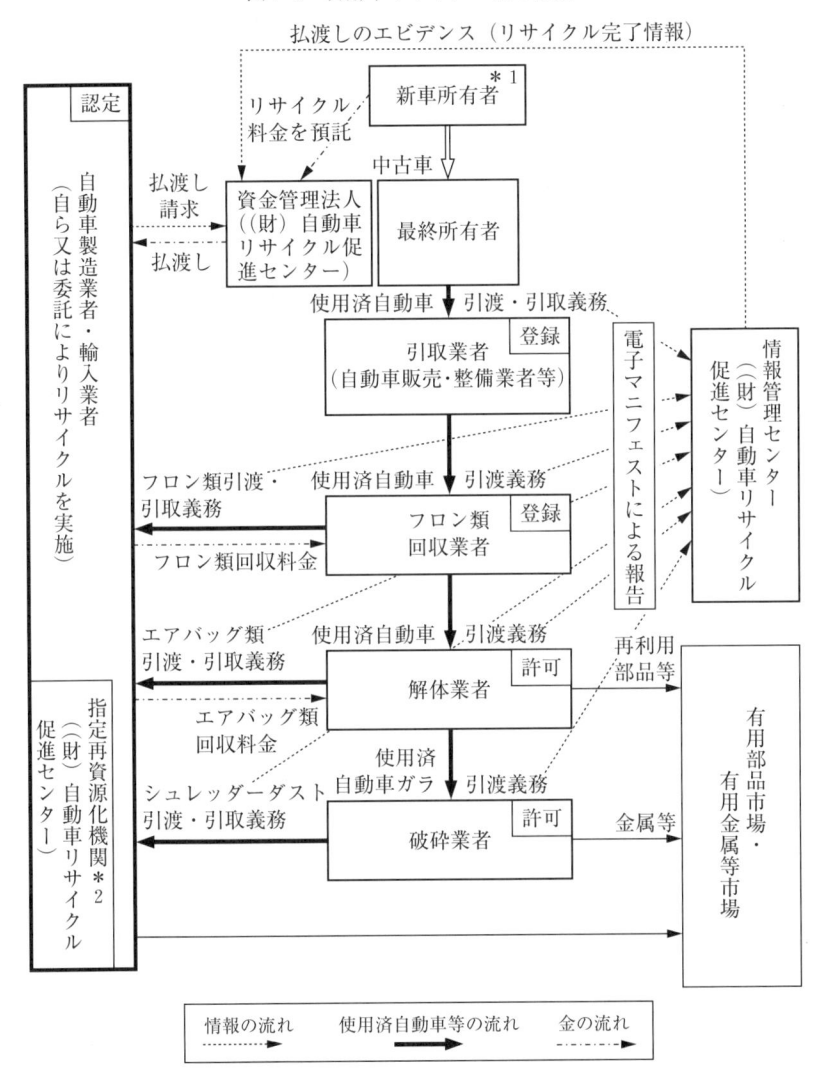

(注)　1．既販車に関しては既販車所有者
　　　2．リサイクル義務者が不存在の場合等につき指定再資源化機関が対応．その他離島対策，不法投棄対策への出えん義務も実施．
(出所)　経済産業省自動車課・環境省企画課リサイクル推進室『平成22年度 自動車リサイクル法の施行状況』より転載

動脈セクターの中心である自動車メーカーが責任をもつという廃車リサイクルの社会的分業が展開されるようになったのである．

2．自動車メーカーにおける廃車リサイクル

(1) 自動車リサイクル法とメーカーの競争力

自動車メーカーが廃車リサイクルに取り組み始めたのは1990年代以降であり，その取り組みは特に2002年の自動車リサイクル法制定によって本格化した[14]．なぜならば，同法は「特定3品目」という限定付きではあるものの，自動車メーカーに「拡大生産者責任」[15]を求めたからである．

自動車リサイクル法は，主に2つの点でメーカーに影響を与えている．1つはリサイクル率に関する法定目標値である．同法はメーカーに対して，2015年までに廃車全体のリサイクル率を95％まで，シュレッダーダストのリサイクル率を70％まで引き上げることを求めており，また毎年度の達成度合いの公表を義務付けている．リサイクル率は，循環型社会構築へのメーカーの貢献度を示すものであるから，地球環境問題に対する関心が高まっている今日の市場においては，企業・製品イメージを左右する重要な要因となる．そのため，メーカーには法定目標値を確実かつ迅速に達成する必要性が生じたのである．

もう1つは，リサイクル収支に関する規定である．同法は，メーカーが設定するリサイクル料金額について，リサイクル料金はリサイクル費用を上回っても著しく下回ってもならないと規定している．そのためメーカーは，法規定を遵守するために，ユーザーから徴収するリサイクル料金とリサイクル費用の収支均衡を実現しなければならない．こうした制約があるために，リサイクル料金の引下げによって，価格面での顧客訴求力を向上させるためにはリサイクル費用を削減することが課題となる．リサイクルにかかわるコスト競争力・価格競争力の追求が必要となったのである．

自動車メーカーは従来，製品競争力（品質，価格，納期等）のレベルでは市場競争を展開し，また製品競争力を生み出す生産システムのレベルでは能力構築

競争を繰り広げてきた[16]．自動車リサイクル法は，メーカーに法的義務として廃車リサイクルの促進を迫るものであったが，リサイクルへの取り組みは企業・製品イメージやコスト・価格競争力にも影響を及ぼすものであるだけに，メーカーの競争力を規定する重要な要因となっている．そのため，自動車メーカーもリサイクルがうまくできなければ企業間競争において優位性を確保できないと認識するようになっており[17]，その意味では効果的かつ効率的なリサイクルシステム（リサイクルにかかわる組織能力）の構築に向けた新しい能力構築競争が始まったといえる．

　ここで，先取りしてその結果を見るならば，シュレッダーダストのリサイクル率とリサイクル収支は大幅な前進を見せている（表7-1）．法施行初年度の2005年度におけるリサイクル率は，トヨタ50％，日産64％，リサイクル収支はトヨタ3億7,000万円赤字，日産2億3,000万円赤字というものであった．それが2010年度には，全社平均のシュレッダーダストリサイクル率は83.8％に達している．これは，2015年以降の法定目標値である70％を大幅に超える数値である．またそのことにより，不法投棄も法施行時と比較して90％減少し，最終埋め立て処分量も法施行時の約150tから約100tに減少するなど重要な成果を上げている[18]．さらに，当初，各社で大幅な赤字が記録されたリサイクル収支についても，2010年度までには多くの企業において黒字化されてきており，リサイクル料金の値下げも行われるようになっている[19]．

(2) リサイクルをめぐるメーカーの競争力構築の特徴

　次に，こうした結果を生み出したメーカーのリサイクルシステムについて，シュレッダーダストリサイクルに焦点をあててその内容を検討する．

　注目すべき特徴の1つは，自動車リサイクル法では，リサイクルを促進するために，メーカー間の協調と競争を組織化しているということである．同法は，自動車メーカー（および輸入業者）を，トヨタを中心とするTHチームと日産を中心とするARTチームの2チームに集約してリサイクルを展開させている[20]．メーカーは，各社自動車製品のリサイクル設計やリサイクル技術の開発

表 7-1 メーカーによるリサイクルの成果（2010 年度）

項　目	トヨタ	ホンダ	日産	マツダ
① ASR 引取重量 (t)	194,632	81,435	123,049	32,718
② ASR 再資源化施設への投入 ASR 重量 (t)	178,732	74,917	112,548	29,495
③ ASR 再資源化施設からの排出残渣重量 (t)	14,897	5,999	10,189	2,773
④ 委託全部利用引渡し ASR 相当重量 (t)	14,437	5,515	6,707	2,112
⑤ 委託全部利用した ASR 重量 (t)	14,437	5,515	6,707	2,112
⑥ 委託全部利用より排出した残渣重量 (t)	1,426	507	492	232
ASR 再資源化率実績値 (%)	85%	85%	84%	82%
払い渡しを受けた預託金 (円)	7,020,427,542	3,091,539,739	4,375,506,026	1,188,426,828
再資源化等に要した費用 (円)	6,647,696,270	2,809,869,400	4,046,798,018	1,106,181,414
収　支 (円)	372,731,272	281,670,339	328,708,008	82,245,414

(注) 1. 表中の ASR は、Automobile Shredder Residue すなわちシュレッダーダストを示す。
　　2. 表中の委託全部利用とは、本文中の「全部再資源化」を示す。
　　3. 自動車リサイクル法におけるシュレッダーダストのリサイクル率の計算式は次の通り。
　　　　リサイクル率＝[(②－③)＋(⑤－⑥)]／(①＋④)
(出所) 各社 WEB サイトの自動車リサイクル関連ページを参照して筆者作成

は別として，シュレッダーダストのリサイクルについては，チーム単位でのリサイクル施設の共有，チーム内での情報共有，そしてチーム間での競争などを通じてリサイクルを進めてきた．リサイクル率やリサイクル収支に関する前進は，その結果でもある．

　またもう1つの，そして本章が特に重視する特徴は，メーカーによるシュレッダーダストリサイクルの多くが，実際には自動車解体業者をはじめとする静脈セクター企業によって遂行されているということである．自動車メーカーは，動脈セクターにおいて自動車部品の7割ほどを部品メーカーに外注しているが，静脈セクターにおいては自らに義務付けられたシュレッダーダストリサイクルのほとんどを関連事業者に委託しているのである．

　この点について敷衍すると，メーカーから関連事業者へのリサイクル委託には2つのパターンがある（図7-4）．第1のパターンは，メーカーがシュレッダーダスト再資源化業者にリサイクルを委託するものである．そこでは，再資源化業者のリサイクル施設にダストを集め，熱回収（サーマルリサイクル）や素材選別（マテリアルリサイクル）を行う．第2のパターンは「全部再資源化」という方法であり，メーカーが，解体業者，鉄鋼メーカーおよび商社からなる「コンソーシアム」をリサイクル委託先として認定するものである．そこでは，解体業者が廃車ガラをエコプレス（銅含有率0.3%未満のプレス製品）に仕上げ，鉄鋼メーカーがそれを電炉に投入して原料使用する．シュレッダーダストそのものを発生させない方法である．2010年度において，第1のパターンでは91の再資源化事業所が，第2のパターンでは約508のコンソーシアムが，シュレッダーダストリサイクルを担っている[21]．

　このように，自動車メーカーに義務付けられたシュレッダーダストリサイクルが，メーカーによっては内部化されず，委託という形で外部資源を活用して進められている以上，メーカーにとっては，どのような静脈セクター企業といかなる取引関係を構築するのか，企業間関係管理がとりわけ重要になると考えられる．この点について，現時点では，安定した廃車の集荷網や情報交換の場を作るために協力会組織を形成するメーカーの事例から，自社製品由来の部

178　第Ⅱ部　実態編

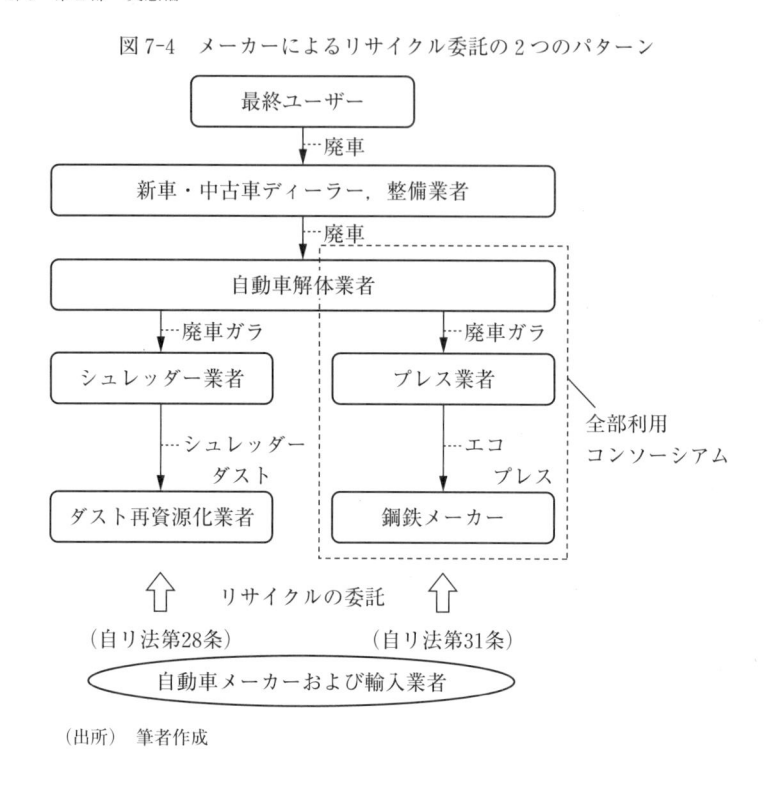

図7-4　メーカーによるリサイクル委託の2つのパターン

```
                    ┌─────────────┐
                    │  最終ユーザー  │
                    └──────┬──────┘
                           │…廃車
                    ┌──────▼──────────────────┐
                    │新車・中古車ディーラー，整備業者│
                    └──────┬──────────────────┘
                           │…廃車
                    ┌──────▼──────┐
                    │  自動車解体業者  │
                    └──┬───────┬──┘
            …廃車ガラ  │       │  …廃車ガラ
              ┌────────▼──┐ ┌─▼────────┐  ┐
              │シュレッダー業者│ │ プレス業者 │  │
              └────┬──────┘ └────┬─────┘  │全部利用
         …シュレッダー│        …エコ│       ├コンソーシアム
              ダスト  │         プレス│       │
              ┌────▼──────┐ ┌────▼─────┐│
              │ダスト再資源化業者│ │ 鋼鉄メーカー │ │
              └───────────┘ └──────────┘ ┘
                   ⇧   リサイクルの委託   ⇧
              （自リ法第28条）   （自リ法第31条）
              ┌─────────────────────┐
              │   自動車メーカーおよび輸入業者   │
              └─────────────────────┘
```

（出所）　筆者作成

品・金属・廃車ガラを，特定の解体業者に自社が求める品質で生産・処理させるという強固なリサイクルの枠組みを構想するメーカーの事例まで存在し，一般化できる状態にはない[22]．しかし，リサイクル責任を課せられた自動車メーカーには，廃車解体能力が高く問題も発生させない優良な解体業者を囲い込むインセンティブが強く働くことが考えられる．

3．自動車解体業者における廃車リサイクル

(1)　環境条件の変化と自動車解体業者の課題

日本の自動車産業において，廃車リサイクルは静脈セクター企業（自動車解

体業者，シュレッダー業者，およびシュレッダーダスト再資源化業者）のビジネスとして展開されてきた．その中心的存在である自動車解体業者に注目すると，近年の環境条件の変化，特に自動車リサイクル法の制定や鉄スクラップ市場の動向は，解体業者に「従来にはない厳しい試練と淘汰」をもたらしていると同時に，「新たな飛躍への大きなチャンス」でもあると指摘されている[23]．

　まず，自動車リサイクル法は，解体業者に次の2つの影響を与えている．1つは，リサイクル関連事業者に対して導入された登録・許可制度である．同法はリサイクルの持続性の観点から，関連事業者の処理施設やそれを用いたリサイクル方法について許可基準を設けている[24]．そのため，リサイクルビジネスに取り組む解体業者は，事業展開の前提として一定の法基準をクリアしなければならなくなった．たとえば「油まみれの土の上にコンクリートを敷き，屋根をつけ，油水分離層を設けるなど，工事の必要が生じた」[25]のである．法基準をクリアするための追加的投資が困難な業者は市場から淘汰される可能性が高まったのである．

　もう1つは，自動車リサイクル法施行を新しい事業機会と捉え，事業規模を拡大させる解体業者が現れると同時に，ディーラー，破砕業者，および商社などの大手資本が大規模な設備投資を前提に自動車解体業界へと新規参入するようになっていることである．この点については，「大手資本による使用済自動車の解体処理台数は，既存業者の約10倍」にもなり，さらに「大手資本系列の解体業者は，親会社と取引のある新車販売店，損害保険会社，リース会社等を通じて使用済自動車を調達できることに強みがある」ともいわれている[26]．新規参入の増加を背景に，解体業者間の競争が激化してきている[27]．

　また，鉄スクラップ市場の動向も解体業者に大きな影響を与えている．表7-2からも読み取れるように，鉄スクラップの価格相場は非常に不安定である．「プラザ合意」以降の円高を反映し，1980年代後半から1990年代にかけてはそれ以前と比較して大きく相場が低下したのに対して，2000年代にかけては再び高騰している．日本では，自動車重量比の約8割が，中古部品や金属素材として市場においてリサイクルされており，その中心的な担い手である自動車

表 7-2 自動車解体業界における新規参入事例

	解体業への参入企業	参入時期	備考
商社	3R	1995 年	伊藤忠商事出資
	CRS 埼玉	2004 年	双日 49％出資
鉄鋼メーカー	東日本資源リサイクル	1998 年	製鉄運輸 100％出資
	西日本オートリサイクル	1999 年	吉川工業、三井物産、新日本製鉄、日鐵運輸、九州メタル産業が共同出資
ディーラー	茨自販リサイクルセンター	1993 年	茨城県内自動車ディーラー共同出資
	長野中古自動車リサイクルセンター	1995 年	長野県内自動車ディーラー共同出資
	三重オートリサイクルセンター	2004 年	三重県自動車販売組合、中古自動車販売協会、整備振興会の加盟企業が参加
	山形県自動車販売店リサイクルセンター	2005 年	山形県自動車販売店協会会員参加
シュレッダー業者	マテック	2002 年	北海道シュレッダー業者
	青南商事	2004 年	青森県シュレッダー業者
中古車	兵庫オートリサイクル	2002 年	ハナテングループ 60％出資
	オートセンターモリ	2002 年	三重県、中古車販売業者
関連業者	アビヅ	2003 年	ユー・エス 51％、佐野マルカ 49％出資

(原資料) 矢野経済研究所
(出所) 日本貿易振興機構「ジェトロ産業レポート 自動車リサイクルビジネスの動向」(2006 年) 3 ページの表を一部修正して転載

解体業者の事業も，主に中古部品販売と金属素材販売の2つから構成されている．主要な事業の一方に不安定性を抱えるようになった解体業者は，事業の再構築に取り組まざるを得なくなっている．

(2) 自動車解体業者におけるリサイクルビジネスの実態

ここでは，筆者が実施したヒアリング調査（表7-3）を基にして，近年一定の経営業績をあげている解体業者におけるリサイクルビジネスの実態を検討する[28]．

調査結果を踏まえると，自動車解体業者が展開するリサイクルビジネスの今日的特徴は2点ある．1つは，中古部品販売事業の重視である．B社の経営者によれば，自動車リサイクル事業の収益構成を考えた場合，鉄スクラップ市場の価格変動があまりにも不安定であり，企業としては金属素材販売に全面的に依存できないために，需要の安定している国内での中古部品販売を重視するのだという．調査対象企業4社のいずれもが，鉄スクラップ市場の不安定さを理由に中古部品販売に軸足を置くようになっていた[29]．

もう1つは，従来から取り組んできた2つの事業のみならず自動車リサイクル法における「全部再資源化」にも取り組んでいるということである．解体業者は，「全部再資源化」の枠組みにおいて，廃車ガラをプレス製品に仕上げて鉄鋼メーカーに納入（販売）する．また，このプロセスからはシュレッダーダストそのものが発生しないため，自動車リサイクル法ではこれをシュレッダーダストリサイクルがなされたものとみなし，ユーザーが支払ったリサイクル料金の一部は処理費用として自動車メーカー経由で解体業者に支払われる．

しかし，当初の期待とは異なり，現実には，解体業者が受け取る処理費用額は低く，収益源としては成立しない．ところが，A社，B社，およびC社は，「全部再資源化」に継続して取り組んでいた．それは，環境に配慮できる企業としての証明を得るためだという．「全部再資源化」に，その収益性の限界を認識した上で取り組んでいるのは，循環型社会の構築に貢献するという各社の経営理念に沿った経営行動であると同時に，環境に配慮した企業であること

表 7-3　自動車解体業者のリサイクルビジネスの特徴

企業名	A社	B社	C社自動車リサイクル事業部	D社
調査年月	2009年2月	2009年3月	2009年3月	2010年4月
設立経緯	2004年にディーラーが中心となり設立	1975年にホンダの二次下請企業から転業	1976年設立の中古車販売業者が2002年に多角化	1966年に自動車解体業者として創業
経営理念	「ゆりかご」から「ゆりかご」へ	環境問題解決に大いに貢献していることの誇りと責任を持って建設的リサイクルに取り組む	きれいな地球を取り戻す	循環型事業を通して地球環境を守り、広く社会に貢献し、人々の幸福と繁栄を願う
従業員規模	36名	33名	25名	25名
事業構成	中古部品販売7割 金属素材販売3割	中古部品販売（国内）8割 金属素材販売（国内）1割 中古部品・金属素材輸出1割	中古部品販売（国内販売・輸出）が7割。金属素材販売もてがける	中古部品販売（国内）6割 金属素材販売（国内）3割 中古部品・金属素材輸出1割
全部再資源化（参加チーム等）	取り組みあり（TH、ART）	取り組みあり（TH、ART／廃車ガラの2割）	取り組みあり（TH、ART／廃車ガラの7割）	取り組みなし

(出所) ヒアリング調査に基づいて筆者作成

や，精緻な解体能力をもつことを示して競争が激化する解体業界において企業イメージを高めようとする経営行動である．

(3) 自動車解体業者における競争力構築の特徴

次に，ヒアリング調査を踏まえて，解体業者4社が競争力を構築する上で注力しているポイントについて検討する．

まず廃車の「仕入れ」についてである．廃車は中古部品や金属素材の原材料であり，廃車仕入れは事業の出発点である．そのため，各社は仕入れの安定性を重視していた．自動車リサイクル法制定後，新規参入企業の増加を背景に廃車の獲得競争が激化しており，安定した仕入れのためには，主要な仕入れ先であるディーラーなどとの関係強化が課題となっている．また，廃車の仕入れや仕入れた廃車の商品化の段階では，廃車1台当たりの売上高の「目利き」が重視されていた．中古部品に対するユーザーニーズや鉄スクラップ市場の価格相場は常に変動するため，廃車の商品価値を見抜く必要がある．D社の仕入担当者によれば「中古部品の生産につながるかどうか，たとえば，部品が動くかどうかとか，傷がどの程度あるかなど，そしてその車1台がどの程度の値段の製品になるかを判断することが重要」だという．

次に「解体」についてである．部品や金属を取り外す解体工程において各社が重視していたのは，「手バラシ解体」であった．その理由は，中古部品事業に軸足を置いているということにある．「大切な商品であるため，重機ではなく人手で精緻に取り外す」（C社担当者）．また，自動車リサイクル法における「全部再資源化」に参加していることも理由の1つである．「全部再資源化」では，解体業者は銅含有率0.3％未満のエコプレスを生産する必要がある．そのため，手バラシ解体によってワイヤーハーネスなど銅を含む部品を丁寧に取り外さなければならない．

こうした精緻な解体を実現するための第1のポイントは，作業者の解体技能の向上である．解体作業それ自体は困難ではないが，取り扱う車種が多様であり，かつ車種ごとに部品取り外し順序が異なるため，一定の経験と技能が必要

になるという．C社は作業者1人が1台の解体作業すべてを担当する「セル解体方式」を導入し技能向上を目指していた．また第2のポイントは，メーカーとの情報交流である．自動車メーカーが発行する解体マニュアルの活用や技術情報の収集などにより解体工程の力量を高める必要があるという．D社の経営者によれば，ハイブリッド車などの最新自動車解体技術にスピーディーに対応するためには，自動車メーカーのみならず部品メーカーとも人脈を形成し，多くの部品情報を収集することが必要になっているという．

最後に，「販売」について注目できるのは，すべての企業が在庫共有ネットワーク[30]に加盟していたことである．在庫共有ネットワークとは，中古部品の相互融通を目的とした団体であり，解体業者はネットワークに加盟することで取り扱い部品数を増やすと同時に，自らの商品の販路を拡大することができる．中古部品事業には，廃棄されたものの中から，多様なユーザーニーズに対応しなければならないという固有の難しさがあり，需給のミスマッチが生じやすい．解体業者は需給ミスマッチによって販売機会を失わないように在庫共有ネットワークに加盟し，生産した中古部品の価値の実現を確実なものにしようとしている．今日，1,050億円といわれる国内中古部品市場の8割は在庫共有ネットワークを介して流通しており[31]，B社では5割，D社では6割がネットワークを通じた販売である．とはいえ中古部品の販売先開拓については，事故修理需要の多くが発生しているディーラーとの取引を増やすことが重要な課題となっている．

こうして，解体業者にとっては，自社の組織能力を向上（「目利き」人材の確保・育成，作業者の解体技能の向上，在庫共有ネットワークへの参加など）させながら，メーカーやディーラーすなわち動脈セクターの企業群との関係（仕入・販売のためのディーラーとの関係強化，メーカーとの情報交流など）を構築することが，今後のリサイクルビジネスの発展にとって重要な課題となっている．

おわりに——メーカーと解体業者の関係性の行方

　本章では，日本の自動車産業は循環型産業として発展できるだろうかという問題意識から，廃車リサイクルの実態と課題について解明することを試みた．

　まず第1に，動脈セクターの中心である自動車メーカーと静脈セクターの中心である自動車解体業者それぞれにおける廃車リサイクルの特徴について検討した．その結果，自動車リサイクル法制定を契機に，メーカーも解体業者も循環型社会構築という社会的要請に応えようと積極的にリサイクルに取り組むようになっていると同時に，その取り組みは企業の競争力向上と密接に関連付けて展開されているという特徴が明らかになった．

　自動車メーカーは，従来は廃車リサイクルに関与してこなかったものの，自動車リサイクル法制定によってシュレッダーダストリサイクルを義務付けられるようになった．そのため，法的責任への対応としてリサイクルへの取り組みを本格化させたが，リサイクルの達成度合いや費用構造は，市場における企業・製品イメージやコスト・価格競争力に影響を及ぼすため，企業内部では競争力を規定する重要な要因として認識され，競争力向上という企業の中心課題と関連付けて展開されていた．

　また，これまで中古部品販売と金属素材販売の2本柱で廃車リサイクルに取り組んできた自動車解体業者は，需要の安定している国内中古部品販売を強化するとともに，自動車リサイクル法における「全部再資源化」（シュレッダーダストを生みださない廃車ガラ処理方法）にも取り組むようになっていた．しかもそれは，「全部再資源化」が収益源として成立しないことを認識したうえでの取り組みであった．多くの解体業者は，環境保全に貢献するという自らの経営理念に基づいた経営行動を志向すると同時に，競争が激化している自動車解体業界において優位性を獲得するため，環境配慮型企業あるいは高度な廃車解体能力をもつ企業としてのイメージを形成しようとしていた．

　本章では第2に，日本自動車産業の循環型産業としての発展を展望するために，動脈セクターと静脈セクターの関係性に注目し，自動車メーカーと自動車

解体業者がそれぞれどのような意味で相互関係を構築しようとしているのかを考察した．

　これを自動車メーカーについて見れば，リサイクルシステムを内部化しておらず，シュレッダーダストリサイクルの多くの部分を，自動車解体業者など静脈セクター企業に委託しているという特徴があった．このことはつまり，自らに課せられたリサイクル責任を果たし，かつ競争力を向上させるために，自動車メーカーは外部資源を活用しているということを意味する．そのためメーカーには，廃車解体能力が高く，問題を発生させないような優良企業との協力関係あるいは囲い込みを強化することで，効果的かつ効率的な廃車リサイクルシステムを構築しようとするインセンティブが働く．それゆえ先行研究には，静脈セクターに対する「自動車メーカーによる下請支配」の可能性を指摘するものもある[32]．

　これに対して自動車解体業者においては，中古部品販売事業や廃車の「全部再資源化」を効果的かつ効率的に展開するための動脈セクター企業との関係構築が求められている．具体的には，原材料となる廃車の仕入先として，解体工程の力量を高めるために必要となる技術情報・部品情報の源泉として，そして生産した中古部品の販売先として，メーカーやディーラーなど動脈セクター企業との関係強化が求められている．しかし，自動車解体業者は特定の自動車メーカーの廃車に限定してリサイクルビジネスを展開しているわけではない．そのため先行研究には，特定メーカーとの関係強化あるいは特定メーカーの下請化という方向ではなく，「自動車解体業者の活性化」や解体業界の「環境ビジネス」としての発展を目指して，メーカーとの情報共有やメーカーの技術支援のレベルでの協働関係の形成を提起するものもある[33]．

　日本自動車産業において，自動車メーカーと自動車解体業者とは，自動車リサイクル法という統一的な枠組みの下で，それぞれの競争力向上と関連付けながら廃車リサイクルに取り組んでいる．日本自動車産業が循環型産業として発展するためには，両者の連携が重要になる．自動車メーカーが静脈セクター企業を下請化するのか，あるいは自動車解体業者などの静脈セクター企業とメー

カーやディーラーなどの動脈セクター企業が対等な協働関係を構築していくのかということは，廃車リサイクル促進をめぐる実践的課題であり，また，その分析は日本自動車産業の「発展」について展望するための重要な研究課題となっている．

1) 貫隆夫「循環型社会の理念と技術」，浅野宗克・坂本清編著『環境新時代と循環型社会』，学文社，2009年，41ページ．貫氏は「出口で過剰になった廃棄物を再資源化し，入口に戻す循環型社会の構想は，循環させることによって資源と環境の両方の問題を同時解決するという意味で，きわめて合理的である」とした上で，「製品廃棄物を循環させようとすれば，回収に要するエネルギーに加えて，分解・溶融・再生の静脈工程においてもエネルギーの追加投入を必要とする」ため，「循環型社会の"循環"は直接的には物質の循環を意味するが，物質循環を支えるエネルギー必要量の最小化とエネルギー源の脱化石燃料化が同時に追求されるべき」であると指摘している（同稿，42ページ）．このように，地球環境問題の解決には，循環型社会と低炭素社会を同時に目指す必要がある．
2) 2000年に制定された「循環型社会形成基本法」では，循環型社会とは，①製品等が廃棄物となることの抑制，②循環資源が発生した場合における適正な循環的な利用の促進，および，③循環的な利用が行われない循環資源の適正な処分の確保という手段・方法によって実現される，天然資源の消費が抑制され，環境への負荷ができるかぎり低減される社会，と定義されている．このように，循環型社会とは，循環それ自体ではなく，循環を通じた環境負荷の低減を目指すものである．この点については，吉田文和『循環型社会—持続可能な未来への経済学—』（中央公論新社，2004年，4ページ）を参照．
3) 人見勝人『生産システム工学 第5版』（共立出版社，2011年，255-257ページ）によれば，社会的適正生産とは，「自然との調和の中で節度ある適正な利益の取得と永続可能な安定成長の途を模索し，社会厚生・公共福祉に寄与する適正な生産」のことである．そこでは，「有限な天然資源を枯渇させて，掛け替えのない地球を破局に導く過剰生産・過剰消（浪）費・大量廃棄の物質文明を排し，有用で長持ちする製品を社会が最小限必要なだけ，秩序ある生産をし，節度ある消費に徹することが肝要である」という．
4) 「循環型社会形成基本法」では，廃棄・リサイクル処理に関して，発生回避〉再使用〉再生利用〉熱回収〉適正処分という優先順位を定めた．また，外川健一『自動車とリサイクル—自動車産業の静脈部に関する経済地理学的研究—』（日刊自動車新聞社，2001年，35ページ）は，物質リサイクルを再狭義のリサイクル，それ

にエネルギーリサイクルを加えて狭義のリサイクル，さらにそこに再使用と最終処分の科学的管理を含めて広義のリサイクルと規定している．

5) 外川健一前掲書（42-43ページ）は，循環型社会は，3R（リデュース，リユース，リサイクル）を基本とする社会として理解されているものの，日本では実質的にはリサイクルだけの推進を志向する傾向があることを指摘している．しかしその一方で，リサイクルは対処療法に過ぎないが，それを活かしながらより高次のオプションを発展させるべきことを指摘している．

6) ここでは，竹内啓介監修，寺西俊一・外川健一編著『自動車リサイクル—静脈産業の現状と未来—』（東洋経済新報社，2004年），外川健一前掲書，丸山恵也「日本の自動車産業と環境問題」（丸山恵也・小栗崇資・加茂紀子子『日本のビッグ・インダストリー①自動車』，大月書店，2000年），および濱島肇「自動車解体業の活性化に関する研究」（中京大学経営学部『中京経営研究』，第9巻第2号，2000年2月）を参照．

7) 人間による経済活動を人体の循環系にたとえ，経済活動や企業活動を分析する方法がある．たとえば，植田和弘『廃棄物とリサイクルの経済学—大量廃棄社会は変えられるか—』（有斐閣，1992年，61-62ページ）では，生産や使用の段階を「動脈」系，廃棄物の適正処理やリサイクルの段階を「静脈」系統としている．

8) この点について外川健一前掲書は，先行研究を踏まえて，廃車の適正処理にとって製造ネットワーク（完成車メーカー，部品メーカーなど）と廃車解体ネットワーク（自動車解体業者，シュレッダー業者など）の連携の重要性を提起しつつ，日本では両者の交流がほとんどなかったことを指摘している（同書324ページ）．

9) 日本の廃車リサイクルに関する基本的な情報は，外川健一「自動車リサイクル法制定の意義と背景」（竹内啓介監修前掲書序章），外川健一前掲書，丸山恵也前掲稿，吉田文和前掲書第5章，中石斉孝「自動車リサイクルについて」（『日本機械学会誌』，Vol. 109, No. 1055），湊清之「自動車リサイクル」（小林英夫他編著『環境対応　深化する自動車技術』，日刊工業新聞社，2008年）などを参照．

なお，使用済みとなり解体処理される廃車の数量は，「抹消登録台数」あるいは「推定廃車台数」と呼ばれ，「前年の自動車保有台数＋当年の新車販売台数－当年の自動車保有台数」という算式で推定される．

10) 自動車リサイクル法の基本的内容やその制定の背景については，主に竹内啓介監修前掲書序章，貫真英・平岩幸宏「静脈産業と自動車解体業」（竹内啓介監修前掲書第1章），中石斉孝同上稿，および湊清之前掲稿，を参照．このうち，竹内啓介監修前掲書序章では，自動車リサイクル法制定の理由について3つの仮説を提起している．①本章でも紹介した廃棄物問題，② 2000年に欧州連合（EU）が自動車メーカーに廃車の無償引取りとリサイクル・処理を求める「EU廃車令」を制定したこと，③政府が環境産業育成を進めていること．

11) この点については，細田衛士『グッズとバッズの経済学』，東洋経済新報社，1999 年．
12) 村松祐二「自動車産業をめぐる新たな競争と規制―自動車リサイクル法制定の背景から―」，上田慧・桜井徹編著『競争と規制の経営学』，ミネルヴァ書房，2006 年，177 ページ．
13) また自動車リサイクル法では，持続的なリサイクルをサポートするために，（財）自動車リサイクル促進センターを指定法人とし，リサイクル費用やリサイクルフローの管理を一元的に行うことになった．
14) 自動車メーカーが廃リサイクルに関与してこなかった経緯については，平岩幸宏「関連産業の動向」（竹内啓介監修前掲書第 6 章）参照．たとえば，日本自動車メーカーは 1960 年代に環境問題の責任を問われたことがあったものの，それはもっぱら排ガス対策についてであり，リサイクルに対するインセンティブにはならなかったといわれている．
15) 拡大生産者責任とは，製造業者や販売者に，消費後の段階における製品の管理についての責任を課すという意味であり，概念を提起した OECD によれば，回収・リサイクルの実施の責任と費用支払い責任の両方が含まれている．そこには，生産者に最も環境適合的な製品を作り出す能力があるのだから，その費用を生産者に支払わせることにすれば，生産者がリサイクルしやすい製品を生産するであろうという論理がある．日本の自動車リサイクル法では，生産者のリサイクル責任は「特定 3 品目」に限られており，またその費用はユーザー負担となっている．そのため，正確には「拡大生産者責任」とはいえないが，拡大生産者責任の日本的解釈と考えられている．この点については，吉田文和前掲書 70-73 ページ，村松祐二前掲稿 173 ページを参照．
16) 藤本隆宏『能力構築競争―日本の自動車産業はなぜ強いのか―』，中央公論新社，2003 年，第 2 章参照．
17) 『経済産業ジャーナル』（2004 年 10 月号）の「特集：来年 1 月からの自動車リサイクル法の本格施行に向けて」を参照．
18) 経済産業省自動車課・環境省企画課リサイクル推進室『平成 22 年度　自動車リサイクル法の施行状況』を参照．
19) 経済産業省産業構造審議会環境部会地球環境賞委員会資料（廃棄物・リサイクル小委員会〔自動車リサイクルワーキンググループ〕，中央環境審議会廃棄物・リサイクル部会〔自動車リサイクル専門委員会〕合同会議議事要旨）を参照．http://www.meti.go.jp/committee/summary/0004358/029_giji.html（2011 年 9 月 30 日アクセス確認）．
20) TH チームは，トヨタ自動車，ダイハツ工業，日野自動車，本田技研工業など 8 社，ART チームは，日産自動車，マツダ，三菱自動車など 13 社からなる．

21) 2010年度において，シュレッダーダスト再資源化施設におけるリサイクルについては，THチームが46，ARTチームが45のリサイクル施設に業務を委託している．また，「全部再資源化」によるシュレッダーダストレス処理については，THチームが299のコンソーシアム，ARTチームが209のコンソーシアムに処理を委託している．なお，本文の数値は両チームの委託先の合計を示しているが，実際には，関連事業者の多くは両チームの業務を受託している．

22) トヨタ自動車は，従来から豊通リサイクル社や豊田メタル社などの関連会社内で解体業者の協力会組織を形成してきた．たとえば，関連会社でありシュレッダーダスト再資源化業者である豊田メタル社は，47社の解体業者からなる「豊田メタル協力会」を形成している．これは安定した廃車ガラの集荷網および情報交換の場という役割を果たしているという（筆者による2010年3月のヒアリング調査による）．

これに対して，日産自動車が2010年に神奈川県の一部の解体業者に提案した「廃車資源化トライアル」は，国際的な資源争奪戦や廃車リサイクルの強化を目的にした枠組みであり，日産がディーラーに「廃車流通協力金」を支払うことでディーラーから解体業者に廃車を流し，解体業者は日産が求める物品を要求された品質で資源化し，納入基準重量や指定荷姿などの決められた取引条件のもとで日産が指定した業者へ納入し，それが日産の新車製造に用いられていくというものである．この枠組みは循環型産業構築という視点からは注目すべきものであったし，解体業者にとっても安定した受注というメリットがあった．しかし，解体業者にとっては設定された協力対価では採算が取れないことや，自動車メーカー主導の組織化案であったことから「隷属的取引関係」が懸念されたことで，大々的には実施されなかったという（この事例については，中谷勇介「自動車リサイクル産業と動脈とのアライアンス」，『月刊自動車リサイクル』（第4号）2011年7月，および『日刊自動車新聞』（2010年9月22日）を参照）．

23) 寺西俊一・関耕平「自動車リサイクルの課題と展望」，竹内啓介監修前掲書，および貫真英・平岩幸宏前掲稿，参照．

24) 自動車リサイクル法により，廃車の解体を行うものは自動車解体業の許可を都道府県知事などから取得しなければならなくなった．そこでは事業者の能力が事業を的確かつ継続的に行えるものかどうかが問われる．具体的には，環境に配慮した保管場所や解体施設を保持しているかというハード面とともに，それを活用して適正処理・リサイクルを行えるかというソフト面も問われることになる．

25) 北川克也「自動車リサイクル法施行後のリサイクル事業について」，環境経営学会『サステイナブルマネジメント』（第5巻第1号）2005年，63-64ページ．またこの点について，「自動車リサイクル法で確実に良くなるのは，日本の解体業者の再編成をもたらす点かもしれない．廃油の垂れ流し，フロンガスの大気放出といっ

た犯罪行為を能天気におこなってきた悪質業者は，この法律でたぶん100％いなくなるのではなかろうか」という評価もある（広田民郎『自動車リサイクル最前線』，グランプリ出版，2005年，24ページ）．

26) 日本貿易振興機構『ジェトロ産業レポート 自動車リサイクルビジネスの動向』，2006年，3ページ．

27) 日本ELVリサイクル機構による『緊急アンケート調査まとめ—自動車リサイクル法の解体業界への影響—』（2008年10月実施，2009年3月発行，有効回答350件，回収率37.6％）によれば，自動車リサイクル法施行前後の経営環境の変化について，「車両の仕入れが困難になった」，あるいは「部品取り出来る車両の入庫が減った」と回答している業者が多く，250件ほどにものぼった（11ページ）．

28) 筆者は，2009年2～3月に三重県で，2010年3～4月に愛知県で，自動車解体業者，シュレッダー業者およびシュレッダーダスト再資源化業者などに対するヒアリング調査を行った．本章では，そのうち自動車解体業者4社を取り上げた．この4社には，①一定の経営業績をあげていること，②事業を通じて地球環境保全に貢献することを明確に意識し，経営方針・事業方針に反映させていること，③企業規模が同等であること，など共通点が多く，比較検討し易いと考えられる．

29) 日本ELVリサイクル機構前掲書によれば，国内部品販売を強化した業者ほど，収益増の傾向にあり，その逆は収益を減らしているという．この点について同調査は，「調査時点（08年10月）では，資源市況の大暴落が進んでいるが，国内部品は比較的他のファクターの影響を受けにくい部門であり，国内部品に力を入れてきた事業者はより安定した経営をしている」（17ページ）と解釈している．また，濱島肇前掲稿は，独自のアンケート調査（1998年8月実施，有効回答94件，回収率18.8％）に基づき，中古パーツ販売による利益割合の高い企業が売上伸び率が高い傾向があること，その一方で鉄屑依存型の企業は減収の一途をたどっていることを明らかにしている（122-124ページ）．

30) 現在，12の在庫共有ネットワークが存在するといわれている．また近年ではこれらネットワークが更なる在庫情報共有や相互販売に乗り出すなど，事業提携が進められている．2005年9月には大手ネットワークであるビッグウェーブ，エコライン，SPNが提携し，また同年9月には最大手であるNGPグループとJAPRAも提携している．ネットワークの提携は，利用者の利用効率が高まるため市場拡大に貢献することが期待されている．

31) 矢野経済研究所『アジア産業基盤強化等事業 自動車リサイクル等調査』，2008年2月，32ページ．

32) この点については，外川健一前掲稿（竹内啓介監修前掲書序章），平岩幸宏前掲稿（竹内啓介監修前掲書第6章），および，村松祐二前掲稿，を参照．

33) 濱島肇前掲稿，119ページを参照．なお，解体業者の多くは，「解体は解体業者

に任せ，メーカーは業者のさらなる発展に手を貸すべきである」としており，メーカーは解体業者の成長を支援するべきという見解をもっているという（同稿126ページ）．

第8章　韓国製紙産業と古紙産業における原料調達の実態と課題
　　　──フェアトレードの視点から──

はじめに

　世界的な古紙リサイクルの進展とともに，古紙市場を取り巻く環境は，ゴミ問題を背景とする古紙回収への行政介入や，紙・パルプ産業の合併に伴う寡占化などにより大きく変化している．さらに，先進国における古紙余剰の問題に伴い古紙価格が大きく変動するという問題も深刻化し，その価格決定に関しては様々な見解が示されている．
　本研究の目的は，第1に，韓国の古紙価格が買手寡占的なメカニズムにより決定されているとの認識のもとに，製紙産業と古紙産業における公正な調達方法を検証すること．第2に，韓国における製紙原料の需要構造をフェアトレードの観点から考察し，これまでのフェアトレードの議論の幅を広めることである．
　周知のように，フェアトレードとは，先進国と先進国ではない国家間における貿易の中で生じる不公正な取引の問題点から出発し，先進国でない国家の生産者に公正な対価を支払うことを促す新しい貿易形態である．キーワードになるのは，ことばそのものにおける公正と貿易，そして貧困のない公正な社会を作ることであろう．このような取引における公正さ，公正な市場と社会を手掛かりに，本章はフェアトレードの認識を拡大できる事例を紹介するが，後述の事例から見られる不公正さは，先進国と先進国ではない国家間において生じる不公正さではなく，貿易の制限を通じて国内の1次的な生産者を抑えることか

ら生じる不公正さである．

その事例とは，韓国のリサイクル産業，その中でも紙の製造において原料として重要な役割を担う古紙産業に関わるものである．

本章では，古紙産業における古紙生産者に，自立に向けた支援を目標にして，貿易による公正な仕事の機会を提供する事例を紹介し，フェアトレードへのアプローチにあたっての認識の拡張を試みる．

1．フェアトレードの定義とその拡張

(1) フェアトレードの定義

フェアトレードは1960年代に発展途上国の自立を促すという目的から，経済的，社会的に立場の弱い生産者に対して通常の国際市場価格よりも高めに設定した価格で取引し，生産者を支援するという社会運動として始まった．以後，その運動は広がり，主にヨーロッパを拠点とする様々な組織が生まれ，フェアトレードに関する様々な定義がなされている．

たとえば，FINE（FLO，IFAT，NEWS，EFATの連合体）は，フェアトレードの目的を「貿易における広範な公正性」とし，対話と透明性と相互尊重に基づく貿易パートナーシップと定義し，FLO（Fair Labbeling Organisations International）は，「民主的経営，再生産保証の最低価格，前払いまたは融資機会，長期安定契約」などを盛り込み，フェアトレードを定義した[1]．

そして，表8-1に見るように，WFTO（World Fair Trade Organization，世界フェアトレード機構）[2]は10項目にわたるフェアトレード基準を設けている．それらは，①生産者に仕事の機会を提供する，②事業の透明性を保つ，③生産者の資質の向上を目指す，④フェアトレードを推進する，⑤生産者に公正な対価を支払う，⑥性別にかかわりなく平等な機会を提供する，⑦安全で健康的な労働条件を守る，⑧子どもの権利を守る，⑨環境に配慮する，⑩福祉に配慮し，相互尊重の長期的な関係を維持する，である．

この基準は，アフリカ，アジア，ラテンアメリカなどの南（途上国）におけ

表 8-1　フェアトレードの基準

	基　準	具体的な内容および企業行動
1	生産者に仕事の機会を提供	・貿易による貧困削減，自立に向けた支援
2	事業の透明性を保つ	・フェアトレードに関する関係者すべてに対して，公正に接し，必要な情報を提供する
3	生産者の資質の向上を目指す	・生産者の技術向上 ・商品流通 ・パートナーシップの継続
4	フェアトレードの推進	・フェアトレードに関する活動内容のPR，啓発活動 ・消費者に対して商品の背景の情報提供
5	生産者に公正な対価を支払う	・生産者が望ましいと考える生活水準を維持できる対価を支払う（必要に応じて，前払い）
6	平等な機会を与える	・リーダーシップ訓練，技術向上の機会を提供 ・文化や伝統を尊重する ・宗教，性別，年齢の差別をなくす努力
7	安全で健康的な労働条件を守る	・生産者の法律，ILOの条件を違反しないような環境づくり
8	子どもの権利を守る	・子どもの成長や安全，教育を妨げないために，子どもを雇っている生産者との話し合いをする ・国連の「子ども権利条約」，現地の法律，社会慣習を尊重
9	環境に配慮する	・負荷の低い素材や，負荷の低い手段を用いるなど，環境にやさしく，持続可能な資源を利用した生産工程
10	貿易（取引）関係	・周縁部における小規模生産者の社会的，経済的，環境的富に配慮した貿易を行うこと ・生産者の費用だけで，利潤を最大化してはいけない ・フェアトレードの成長と促進に寄与する団結心，信頼，相互的尊敬に基づき，長期的関係を維持する

（出所）　WFTO（World Fair Trade Organization）公式ホームページ（http://www.wfto.com/index.php?option=com_content&task=view&id=2&Itemid=14），2011年9月6日アクセス

る不利な立場に置かれている生産者に対して，北（先進国）の市場へ公平にアクセスできる機会を提供することで，南の貧困者を救うための，直接で持続可能な関係を，南の生産者と世界における豊かな国の消費者双方が構築する[3]オルタナティブな貿易基準である．

これらの定義や基準から，フェアトレードを，① 世界の貧富の差と環境破壊の増大は世界平和を脅かす大きな要因の1つとして捉え，② 先進国による途上国の人と資源を搾取してきたことに警鐘を鳴らし，③ 相手同士がより対等な立場に立つことを目指す，企業参加型の社会運動として認識することができよう．

(2) フェアトレードの概念の拡張

一方，長坂寿久氏は，「NGO活動とビジネス活動とが統合された市民活動がフェアトレードである」[4]と解説し，さらに，「CSR（Corporate Social Responsibility，企業の社会的責任）の見地からフェアトレードは経済的配慮，環境的配慮，社会的配慮を兼ね備えた企業の事業行動が」[5]究極のCSR企業であると主張し，企業の積極的な関与をCSRの見地から促している．

このようなCSRの視点に立つ議論として，金田晃一氏の議論は興味深い．金田氏は，フェアトレードという用語は，文脈に応じて異なる2つの概念を表すことがあるとし，途上国からの商品をフェアな価格で購入することで，途上国生産者の経済的な「自立」を支援する「運動としてのフェアトレード」，そして，もう1つが，途上国が国際貿易システムに無理なく参加でき，恩恵を受けられるようなフェアな「体制としてのフェアトレード」であるとしている[6]．

後者における体制としてのフェアトレードとは，「途上国と先進国との間における情報の非対称性による市場の不完全性」，そしてそれによる「調整のコスト」を補い得る「補償の必要性」を重視するものであり，政府セクターや国際機関の関与によってつくられるものである[7]．すなわち，貿易の自由化に伴う調整コストにより損失を受ける部門や経済主体に対して，国際体制の中で貿

易の受益者がどのような形で補償を行うかを考えるものである．

　そして，このような体制としてのフェアトレードの概念は，途上国の生産者が国際貿易システムに無理なく参加できるシステムが作られ，貿易の勝者である先進国の大手企業が原材料や組立て部品などを公正に取引する，というところまで拡張される（図8-1の⑥を参照）．

　ここで肝心なのは，国際機関や国による関与によって，フェアトレードという運動がフェアトレード体制につながるということであり，さらに，CSRに配慮する企業を介して，部品や原料に関するフェアな調達の可能性が論じられることである．すなわち，製品の最終消費者を中心にする社会運動から，企業中心の社会への寄与という中心軸の移動が論じられることになる．

　本章は，「貿易の勝者である大手企業が原材料や組立て部品などを公正に取引する」というところに注目する．金田氏は，「組立てメーカーが途上国から調達する原材料や部品の中に，生産者の経済的『自立』という視点を加味した，いわば，『FT（フェアトレード）半導体』や『FTレアメタル』と呼べるようなものが現れ，調達につながっていくかというサプライチェーンに関する議

図8-1　フェアトレードとCSRの関係

	農産品 手工業品等	事務用品 サプライ品	原材料 組立て部品	エコカーなどの 最終消費財
社内消費用	① フェアトレード品 購入 （全業種）	③ フェアトレード品 購入 ↑ グリーン購入 （全業種）	⑤	⑦ CSR購入 （全業種）
社外消費用	② フェアトレード品 販売 （小売業）	④	⑥ フェアトレード品 調達 CSR調達 （製造業）	⑧ CSR販売 （全業種）

（出所）　金田晃一「フォーカス：フェアトレードとCSRの関係」『JANPORA』32号，2007年6月，12ページ

論が話題に上り始めている」[8)]と指摘した．実際，グローバル化の進展により，大手メーカーは低廉な外国製の部品から競争力を見出せるようになった．競争力の確保という企業経営の観点からいえば必要コストの最小化は重要である．しかし，情報の非対称性による不当な圧力が川上に存在するステークホルダーにかかる事実にも，われわれは注目しなければならない．

さらに本章は，フェアトレードの定義における途上国と先進国間のトレード（貿易）関係を，国内における大企業と小規模の生産者におけるトレード（取引）の関係にまで拡張する．

これまでのフェアトレード議論の範囲は海外からの調達，すなわち途上国から先進国向けの調達だけを論じてきた．しかし，国内の産業内においても，当然，大企業と零細企業との間には情報の非対称性が存在し，組立てメーカーの調達において公正な市場取引が阻害される場合がある．すなわち，川上―川下の同伴者的関係形成は生まれず，1次生産者の経済的『自立』という視点が欠如した取引の存在である．

以下では，韓国の製紙産業と古紙産業における諸問題点を明らかにすることで，国内の原料調達における公正な取引の必要性を論じることにする．

2．韓国古紙市場の現状

(1) 製紙原料としての古紙

図 8-2 は，古紙の分類および再生産される古紙の用途を示すものである．一般的に，製紙原料として使われる古紙は 25 種類以上のものとして生産され，新聞用紙や段ボール原紙など様々な再生原紙になる．

日本の古紙再生促進センターの定義によれば，古紙とは，通常，「製紙原料として回収されたもの」を指す．法令上は，「資源有効利用促進法」（平成 3 年 10 月 25 日施行）運用通達で，次のように定義されている．「紙，紙製品，書籍等その全部又は一部が紙である物品であって，一度使用され，又は使用されずに収集されたもの，又は廃棄されたもののうち，有用なものであって，紙の原

第8章　韓国製紙産業と古紙産業における原料調達の実態と課題　199

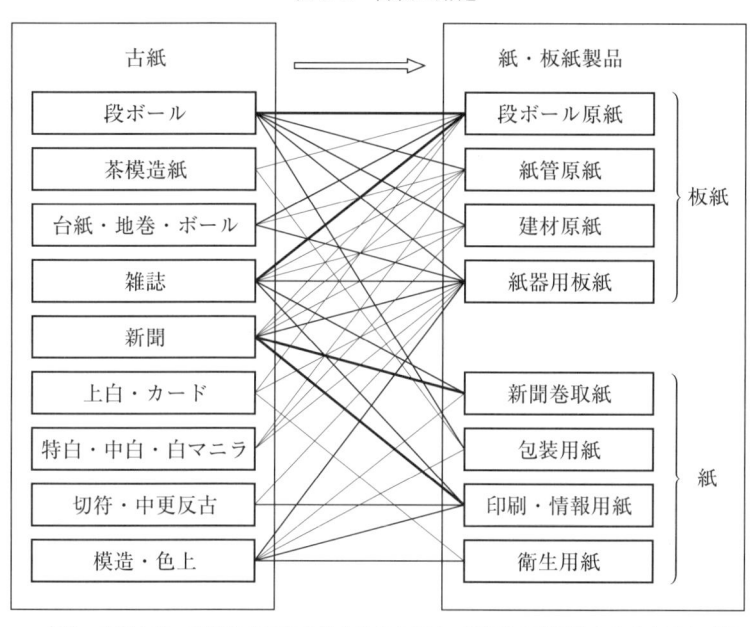

図8-2　古紙の用途

古紙	紙・板紙製品	
段ボール	段ボール原紙	︱
茶模造紙	紙管原紙	板紙
台紙・地巻・ボール	建材原紙	
雑誌	紙器用板紙	︱
新聞		
上白・カード	新聞巻取紙	︱
特白・中白・白マニラ	包装用紙	紙
切符・中更反古	印刷・情報用紙	
模造・色上	衛生用紙	︱

（注）　古紙と紙・板紙製品間における線の太さは，消費量の相対的大きさを示す（線が太いほど古紙消費量は大きい）．
（出所）　財団法人古紙再生促進センター編『古紙ハンドブック2010』，財団法人古紙再生促進センター，2011年，47ページ

材料として利用することができるもの（収集された後に輸入されたものを含む.）又はその可能性があるもの．ただし，紙製造事業者の工場又は事業場における製紙工程で生じるものは除く」．古紙の定義から，紙ごみと古紙は区分され，欧米でも，製紙業界・古紙業界では，「waste paper（古紙）」と「recovered paper（製紙原料として回収された紙・板紙）」と区別している[9]．

　このように，紙の生産において有効利用の目的で調達される古紙は資源としての効力をもつが，一方ではリサイクルの過程の中で原料として生産される工程をもつため，付加価値のついた生産物として製紙メーカーに供給される．古紙の再生利用は，製紙用原料の確保はもちろんのこと，森林資源の有効利用，省資源，省エネルギー，廃棄物（ゴミ）の減量など，環境対策の観点からも重

要であり，現在では循環型経済社会形成の推進に大きな役割を担っているともいえよう．古紙産業および製紙産業は，家電製品のような枯渇性資源ではなく，リサイクルシステムを構築し再生資源に基づいて，環境と経済に貢献しているのである．たとえば2010年の日本の場合，2,736万3,000トンの紙の生産に使われた製紙原料の割合は，パルプ37.4％，古紙62.5％であった[10]．このような古紙原料を使用する紙パルプ産業は，実際，化学，鉄鋼業に続く，国の製造業第3位を占めるエネルギー多消費型産業の1つであり，さらに，紙パルプ産業全体において省エネルギー，省資源の取り組みが必要とされ，製紙メーカーの古紙利用技術開発も必要になる．

一方，韓国や日本の古紙原料の調達をめぐっては，国内の古紙原料の海外輸出を制限しようとする動きが存在する．これは，古紙の輸出により材料価格のベースとなる古紙価格が高騰すると，製造業の収益が悪化するという製紙メーカーの思惑が存在するからである．国内の製紙メーカーは，本来なら狭い地域でリサイクルを完結させた方が，エネルギー消費量も少なく，環境負荷が下がると主張し，輸出量を減らす方向が望ましいという主張を繰り返してきた．このような主張は，アジアの国々では一般的であり，台湾やインドネシアなどの国では，古紙原料の輸出が政策的に禁止されている．以下では，古紙の輸出をめぐる韓国古紙市場の現状を考察し，古紙市場における貿易と取引の公正さについて検討することにする．

(2) 韓国古紙産業の現状

古紙発生のベースとなる韓国国内の紙・板紙の生産量は年間約1,100万トンと推定される[11]．これは日本の生産量の約1/3の規模である．

一方，韓国古紙の総発生量は2007年度の基準で約1,288万トンであり，これは国内輸入品の包装材および古紙の輸入までを考慮した数値である．表8-2に見るように，韓国の古紙総発生量は2007年度基準約1,288万トンであり，回収率は古紙のリサイクル量を基準にすると約71.1％の計算になる[12]．

一方，図8-3に見るように，韓国の古紙輸出入における大きな特徴は，輸入

表 8-2　2007 年度における韓国古紙の回収率

(単位：万トン)

古紙回収率(%)	紙類生産量	輸入品の包装材	古紙の輸出	古紙の輸入	再生紙の生産量	新聞	板紙	古紙使用量	古紙発生量	古紙の再活用量
71.1	1,092.0	78.0	46.3	118.0	695.9	162.9	533.0	869.9	1,288.0	916.4

(注)　韓国貿易統計，製紙工業連合会の統計を根拠にしている．輸入包装材は HS 分類からの数値．
再生パルプの回収率は 80％を基準にしている．
古紙回収率：古紙再活用量／古紙発生量．
古紙再活用量：古紙使用量＋古紙輸出．
古紙発生量：紙類生産量＋輸入品の包装材＋古紙輸入－古紙輸出．

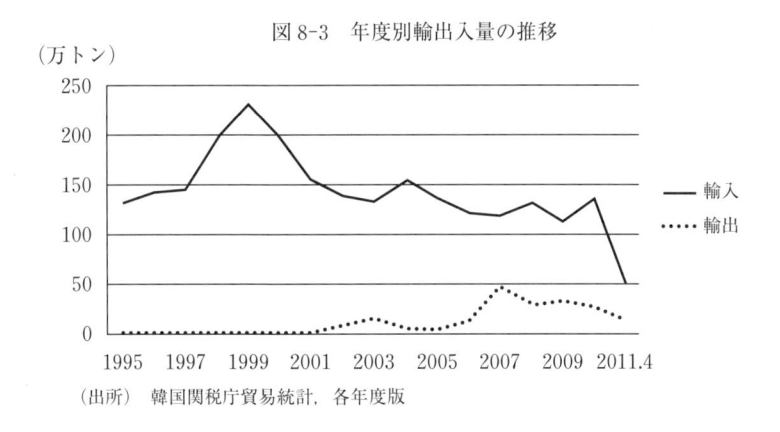

図 8-3　年度別輸出入量の推移

(出所)　韓国関税庁貿易統計, 各年度版

量に比べて輸出量が非常に少ないということである．韓国の古紙活用量から見ると古紙輸出量は約 3 ％にも至らず（日本の輸出比率は 15 〜 20％），古紙の輸入量は月平均約 10 万トンにものぼる．

この輸入量と輸出量の推移は，韓国製紙メーカーにおける紙の生産費用および物流費用，そして韓国の所得水準（GNI）を考慮した場合，決して正常な数値ではないといえる．

たとえば表 8-3 に見るように，ほとんどの国家（GNI 1 万ドル以上）は古紙輸出量がその輸入量をはるかに超過しており，さらに韓国より所得水準が低い東

表 8-3 国家別 GNI 比古紙輸出入の現状

国　家	GNI(米ドル)	輸出(千トン)	輸入(千トン)	輸出／輸入　比率
アメリカ	46,360	3,101,143	111,218	27.1
日本(百万円)	38,080	75,812	2,202	34.4
イギリス	41,370	4,862	73	66.6
スペイン	32,120	729	1,173	0.6
フランス	42,620	2,116	935	2.3
チェコ	17,310	379	53	7.2
ポーランド	12,260	497	13	38.2
韓国	19,830	293	1,307	0.2

(注)　GNI : Gross National Income-World Bank 2009 年度を基準にしている．アメリカと日本は重量ベースではなく，金額ベース．輸出入統計は 2008 年度を基準にしている．

　ヨーロッパの国家も自国の環境保護と炭素排出負担の減少のために古紙輸入を制限し，古紙輸出奨励政策を推進しているのが現状である．

　韓国における古紙輸入の増加は，紙の内需の増加に伴うものではなく，紙・板紙の中国輸出を見込んだ製紙生産設備への集中投資に起因する過渡期的な現象として現れたものである．表 8-4 は韓国製紙産業の輸出依存度を示すが，2000 年以降の紙・板紙の輸出依存度は急増し，その後依存度の割合は減っている．実際，韓国産印刷用紙の輸出額は 1995 年の 30,926,800 万ウォンから 2000 年には 73,022,800 万ウォンに増加した．いわゆる韓・中国交正常化後の中国向けの輸出の増加が必然的に設備投資の増強につながり，現在はその設備の稼働率の確保のための古紙の輸入が維持されているということになる．

　このように，韓国の古紙市場全体をみるとき，年間の古紙発生量は約 1,300 万トンで，回収率は約 71％と世界的に高い水準にあるにもかかわらず，他国にくらべ古紙輸入量が輸出量を超過している．これは韓国の古紙市場が多くの問題点をもっていることを示しているのかもしれない．以下では，韓国における古紙の貿易の現状について詳しくみることにする．

表8-4 韓国製紙産業の輸出依存度

(単位：%)

	1995	2000	2005	2007	2008
パルプ	4.4	0.5	2.0	18.2	10.4
新聞用紙	0.9	18.8	29.3	26.6	34.6
印刷用紙	18.2	28.1	34.7	39.7	42.0
その他原紙，板紙	14.2	21.7	14.9	6.2	6.2
紙・板紙産業平均	9.1	15.2	14.4	12.4	13.9
製紙産業平均	9.0	14.8	14.1	12.5	13.8
製造業平均	22.9	29.8	30.7	31.5	34.2

(出所) 韓国貿易委員会，産業研究院編『印刷用紙の産業競争力調査』，産業研究院，2010年8月

(3) 韓国古紙の国際交易の現状

1) 輸出入動向

前掲図8-3に見るように，韓国は年間平均約150万トンの古紙を海外から輸入している．その反面，輸出は年間平均10万トンで，輸出量と比べその規模は非常に小さいといえる．1997年以降，紙・板紙の需要が激増する中国向け輸出が激に増え，製紙の原料となる古紙輸入も急増した．しかし，中国における製紙生産設備の拡充によって，中国国内の製紙供給力が高くなるにつれ，韓国の中国向け紙・板紙の輸出は急激に落ち込むことになる．したがって2002年以降における韓国の古紙輸入の規模は停滞を続けることになる．

一方，古紙の輸出においては，2002年の前まではほとんど実績がなかった．しかし，製紙メーカーの数が急速に拡大する中国において古紙原料の需要が増加すると，中国向けの輸出が小規模ながらも増えていく．特に2007年以降においては，古紙輸出の規模が大きくなった．この輸出の増加は，国際市場における古紙の価格水準と韓国国内の古紙の価格に顕著な開きが存在していたことへの反発として解釈できる．本格的な製紙原料の輸出とはいえ，韓国の古紙輸出の規模は輸入量に対し8％，つまり古紙全体回収量の3％にも満たない

水準である.さらに,2007年における日本の古紙輸出量と比較すると,日本の約10%にも満たない数値である.この現状は,前述したとおり,OECD国家の一般的な状況とは異なるものであり,いまだに,韓国国内の古紙市場は,正常な市場経済のメカニズムが機能していない,と解釈できる.

2) 品目別輸入の現状および輸入先

図8-4に見るように,韓国における古紙輸入の特徴は,新聞類の輸入が多いということである.新聞の輸入が全体の3分の2程度を占めているのが現状である.

このような古新聞の輸入量が大きい理由は,韓国国内の市場の正味の需要というより,1997年以降における設備への過剰投資が招く現象であると理解されている.すなわち,設備の構造調整がまだ終わっていない中で発生する現象であり,それは,製紙メーカーの適正稼働率の維持の必要性から生まれる余剰なものであるといわざるを得ない.さらに,古紙輸入におけるこのような側面は,OCC[13]輸入においても同じことがいえる.

このような韓国製紙メーカーの過剰設備から生まれる古紙の輸入は,市場経済のメカニズムから見た場合,長期的にこの体制を維持できない側面をもっており,この点からして,韓国の過剰設備の構造調整とともに,古紙の輸入量も

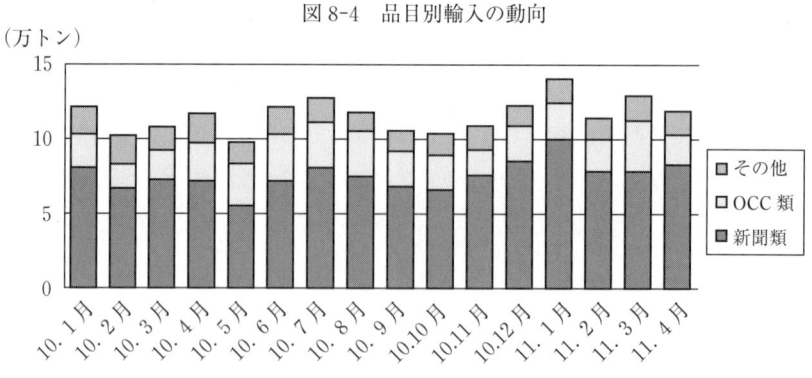

図8-4 品目別輸入の動向

(出所) 韓国関税庁貿易統計,各年度版

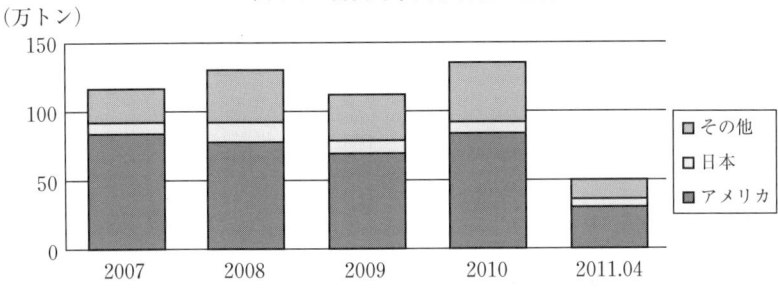

図 8-5　需要対象国家別輸入動向

（万トン）

（注）　その他の国はほとんどヨーロッパ諸国とオーストラリアなどで構成されている．
（出所）　韓国関税庁貿易統計，各年度版

減少していくであろうと予測できる．

一方，図 8-5 に見るように，最近 5 年間の韓国古紙の輸入先は，国家別に見ると，アメリカからの輸入が約 3 分の 2 を占めており，日本からの輸入の比重は相対的に低く推移している．これは，アメリカ，ヨーロッパ産の再生頻度の低い古紙を輸入することによって再生頻度の多い韓国産の古紙の弱点を補うためのものであり，またそれと同時にアメリカやヨーロッパの古紙が，パルプ回収率が高いにもかかわらず比較的に価格競争力があるためでもある．

3）　近年における品目別輸出動向および輸出先

図 8-6 に見るように，韓国古紙輸出における特徴は，その規模の小ささにあり，さらに，韓国国内の市場動向に従い輸出の量が大きく変動するということである．

品目別輸出比重を見ると，OCC 類が全体の輸出量の約 3 分の 2 を占めており，新聞類または特殊紙の輸出比重は相対的に低い．これは韓国の OCC 類の古紙輸出価格が国際価格の水準に比べ約 10% 程度低い価格で輸出されているという事実が大きな原因になる．

一方，図 8-7 に見るように，韓国の古紙輸出が本格化された 2007 年以降における輸出対象国は，中国一辺倒の体質から脱皮し，多様化の傾向を見せている．

図 8-6 品目別輸入動向

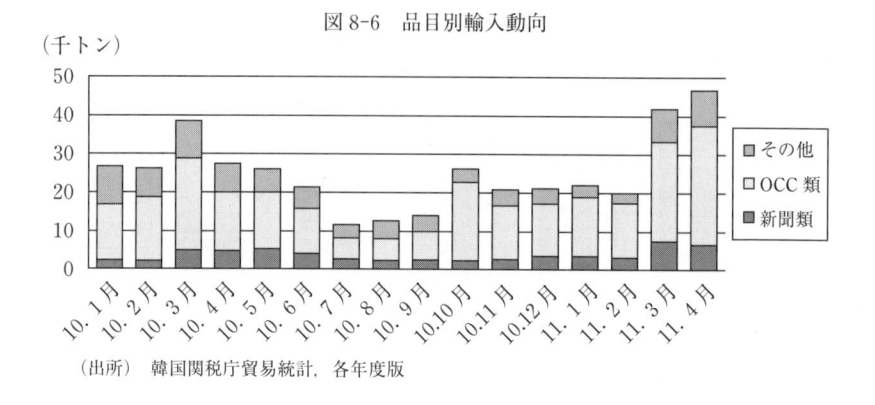

（出所） 韓国関税庁貿易統計，各年度版

図 8-7 国家別に見た韓国古紙輸出の現状

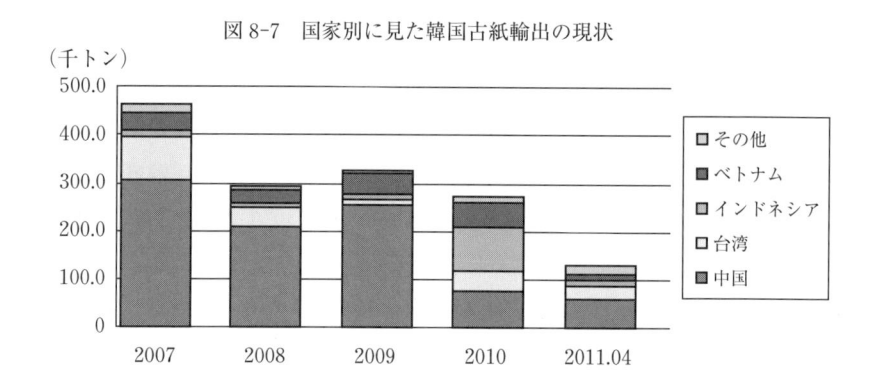

　2009年までには日本と同様，輸出の約4分の3が中国向けであったが，2010年になるとその比重が3分の1以下までに下がっている．この傾向は，韓国からの古紙輸出だけではなく，日本のからの古紙輸出に対しても同じことが言える．このような輸出先の多様化という傾向は，中国だけではなく東南アジアの紙・板紙の消費量も増加し，先進国製紙メーカーの直接投資を含め現地の製紙メーカー数が増えたためであり，現在においては，中国や東南アジアにおける製紙原料の需要が増え，古紙の価格はアジア市場においてはほとんど同じ価格帯を形成している．

以上において韓国における古紙産業の現状を検討してみた．様々な統計資料から解釈できるものは，① 国内の原紙消費量に必要な古紙の発生量があること，しかしそれにもかかわらず ② 海外からの古紙輸入が大きいこと，さらに，③ 海外と国内における古紙の価格に相当な開きがあるにもかかわらず，国内から海外への輸出が非常に少ない，ということである．以下では，韓国における古紙調達の現状を把握し，そこにどのような社会・経済的な問題が潜んでいるかを検討する．

3．韓国における古紙調達の問題——古紙の輸出による社会経済への貢献は可能か

(1) 韓国製紙メーカーおよび古紙市場の現状

製紙産業は，経済の景気変動と比例し紙の需給が左右されるため，国内のGDP水準に比例して成長するのが一般的であるといわれる．グローバルな観点からしても，製紙産業は代表的な成熟産業である．米国，日本，そしてヨーロッパの市場は停滞している反面，中国をはじめとする途上国の市場においては高い成長を見せているだけでなく，紙・板紙の消費量が先進国に比べ少ないため，更なる成長が見込まれている．

韓国の製紙産業は典型的な内需型産業として，韓国のGDPの推移と比例して成長してきた．韓国における製紙メーカーの数は，現在約80社程度であるが，市場シェアからすると実際上位10社が市場を寡占している構図である．

たとえば，現在韓国国内において印刷用紙を生産している企業は，韓国製紙工業連合会の登録を基準にして11社になるが，市場は上位4社で92%を占められている[14]．板紙生産においても同じ状況である．

表8-5は，韓国大手製紙メーカーの営業利益率を示している．韓国製紙メーカーの営業利益率は1997年から2002年まで着実な伸びを記録しているが，2003年からは営業利益率の減少が見られる．2008年からは5%台の営業利益率を記録しているのが現状である．2002年までにおける利益率の伸びは，前

表 8-5　韓国大手製紙メーカーの営業利益率

(単位：%)

	'00	'01	'02	'03	'04	'05	'06	'07	'08
大手製紙メーカー平均	9.4	9.3	13.5	8.7	5.6	5.7	4.1	2.2	5.0
大手製造業平均	8.2	6.0	7.5	8.2	9.4	7.2	6.0	6.8	6.6

（出所）　李ジョンソプ『国内古紙の需給安定化に関する方案研究』，中小企業研究院，2009 年，3 ページ（韓国語）

述した通り，中国向けの原紙の輸出から得られたものとして理解できよう．製紙産業の生産額は，2004 年に 8 兆ウォンを記録してからは現在までは減少を見せている．加価値率も 2002 年の 38.5％を記録してから，最近まで減少を続けており，構造調整を通じた収益性の回復が必要と思われる．

さて，韓国における古紙流通の特徴は以下のようになる．

前述の通り，韓国の紙・板紙市場は寡占の状況に置かれている．製紙原料市場は，木材パルプと古紙市場に分けられるが，古紙の調達においては，従前から，国内の大規模な製紙メーカーは製紙原料の購買単価について調整を行ってきた．

従前，韓国においての古紙は「ゴミを集めたもの」であり，古紙を製紙原料として生産し商品化する古紙回収者や古物商，そして古紙問屋は，古紙を製紙メーカーに運搬する流通業者として認識されていた．

韓国の古紙回収のシステムは，多様な収集商を通して製紙メーカーに消費される．図 8-8 は，古紙を含む製紙原料の発生源から製紙メーカーまでの流通過程を示したものであるが，美化員，個人古紙収集者，古物商，中間商人，古紙問屋への過程を随伴する複雑なシステムをなしている．

製紙原料である古紙の発生源から製紙メーカーまでは，1 万以上の収集業者が存在し，その中でも，図 8-8 に見られるように，個人の収集者が数多く存在する．韓国における古紙の回収は，行政による回収と民間による回収に分けられるが，民間による回収においては，個人のリヤカーをもった高齢者が家庭古紙の収集に多く携わっている．これは，製紙メーカーのいう回収システムの後

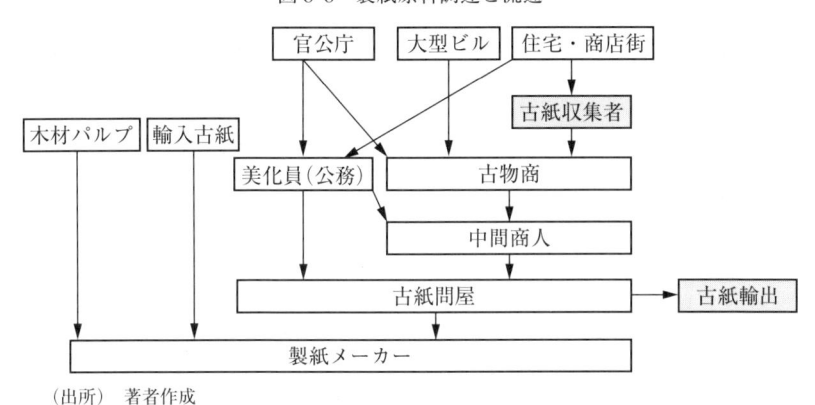

図 8-8 製紙原料調達と流通

```
                    官公庁    大型ビル   住宅・商店街
                                              │
                                         古紙収集者
  木材パルプ  輸入古紙
                    美化員（公務）    古物商
                                   中間商人
                        古紙問屋 ──────→ 古紙輸出
                         製紙メーカー
```

（出所）著者作成

進性の断面でもあるが，韓国の古紙回収システムの現状であることは重要な論点でもある．

表 8-6 は，韓国における個人古紙収集者の状況を示したものである．ソウル市の冠岳区には，32 の古物商があり，1 古物商当たり 40 人程度の老人が拾った古紙を納入している．簡単な計算で，冠岳区だけに 1,000 人以上の古紙回収者がいるということになる．さらに，ソウル市だけでも 2 万 5,000 人の古紙収集者が存在するという計算になる．

古紙収集者のほとんどは韓国の基礎生活費受給者である高齢者であり，月平均古紙販売収入は 10 万ウォン未満が 32％，10～20 万ウォンが 36％，20～30 万ウォンが 16％，30～40 万ウォンが 6％，そして 40～50 万ウォンの収

表 8-6 韓国における個人古紙収集者の状況

	ソウル市冠岳区	忠清北道清州市	京畿道水原市
個人収集者数	約 1,000 人	338 人	550 人
年齢	59 歳～82 歳	60 歳～91 歳	―

（出所）ニューシス，2011 年 2 月 2 日付の新聞記事と，冠岳政策研究所編「冠岳区リサイクル用品収集者の生活実態」，冠岳政策研究所，2010 年 11 月，を参考にして作成

集者が 5 % である[15]．

このように，社会の低所得層の人々が韓国の古紙収集の基礎をなしていることは，産業の社会的な責任と絡んで，大きな社会的イシューとなっている．

(2) 古紙輸出の是非

さて，このような製紙原料市場の状況のなか，2007 年以降，韓国からの古紙の輸出が本格化し，一部の製紙メーカーによる寡占体制であった古紙市場が大きな変化を迎えた．そして，製紙メーカーや製紙メーカーの寡占体制下に置かれていた利害関連者から強力な反発が起きている．

特に再生原紙の代表的な品目である新聞原紙を生産している製紙メーカーの強力な政治経済的な影響力により，古紙の輸出に対して古紙輸出制限策の政治的な試みが往々にして出てきている．一例として，2007 年から韓国においては，古紙輸出の制限に賛同する新聞記事が数多く見られた．ほとんどの記事は，製紙メーカーの発展のためには，製紙原料である古紙の輸出を制限しなければならないということであった．

輸出制限，あるいは輸出禁止を促すメディアの報道と軌を一にして，韓国の新聞協会は，2008 年 3，9 月と 2009 年 3 月，2010 年 3 月の計 4 回にわたって韓国の知識経済部に新聞用紙の価格安定化のため，韓国からの古紙輸出を制限するよう要請した[16]．

韓国政府（知識経済部）は，2010 年 12 月 21 日，古紙の需給を統制できる古紙共同流通法人を設立し，韓国における古紙の流通構造を管理すると発表した．さらに，輸出を制限する方案を施行すると発表した．公表された輸出入公告改正案の詳細は表 8-7 の通りである．

古紙の輸出に対する政府の立場は，① 国際的な古紙の需給不安および需給条件の急激な変化で，古紙の輸出が増加し，国内の製紙業界の安定した原料需給ができず，新聞用紙，段ボール原紙市場の不安定性が拡大した．② 特に，中国および東南アジア国家の持続的な製紙生産設備の増設で今後も古紙の輸出が持続すると予想される．これに古紙輸出関連情報の早期把握および適正水準

表 8-7　韓国政府による古紙の輸出規制案

	現行の規制内容	変更後の規制内容
1．輸出承認	輸入公告において指定，告示した物品を輸出しようとする場合，輸出承認機関から輸出承認を得なければならない． ・第21条による，戦略物資の輸出許可をもらったもの，および輸出許可なしに輸出を行ったものあるいは許可なしに輸出を行おうとするものには，報告および資料の提出を命ずることができ，必要な場合には事務所や工場などの現場を調査することができる．	〈輸出入公告における輸出制限品目〉に，古紙（HS 4707100000，4707300000，4707900000）3つの品目を追加する． ・古段ボール（HS 4707100000）：輸出申告 ・古新聞紙（HS 4707300000），その他の混合古紙（HS 4707900000）：輸出承認 ・輸出承認品目の輸出の場合，韓国製紙原料再生協同組合の事前承認を得なければならない． ・輸出申告品目の輸出の場合，知識経済部への事前申告後に輸出しなければならない．

（出所）　韓国知識経済部，経済文化委員会審査案件，議案番号第2010-366号，「輸入出公告改正案：新設，強化規制審査案」

の輸出維持を通した国内の古紙需給安定のために，古紙輸出制限策（輸出承認および輸出申告）の導入が必要である．③古紙の輸出制限制度はWTOのルールに違反することではなく，すでに台湾，マレーシアなどにおいては自国の原料需給安定のために施行されている制度である，ということであり，製紙メーカーの立場に立つものであった．

このように，政府は，製紙メーカーの主張をうけ，森林資源が充分ではない韓国において，効率のよい古紙のリサイクルを表面的な理由とし，古紙の輸出に反対する立場を発表したのである．

しかし，新聞協会や製紙メーカーが古紙輸出を禁止することを願う理由は別のところに存在する．古紙輸出を禁止することになれば古紙が国内だけに流通するので古紙調達コストを低く抑えることができる．当時の台湾の古紙価格が国際相場の半分にも達していないのが1つの例になろう．たとえば，韓国の古

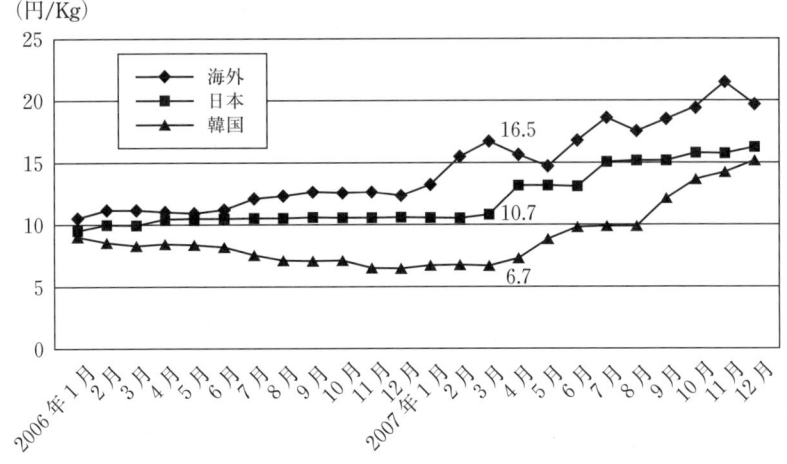

図 8-9　2006，2007年における古段ボールの価格推移

(円/Kg)

（注）　海外価格は，中国を含めたアジア市場における輸入古紙価格である．韓国古段ボールの価格は，円対ウォンの 2006 年の平均為替レート 1 円＝85 ウォン，2007 年のレート 1 円＝81 ウォンとして換算したものである．
（出所）　韓国環境資源公社編『再活用可能資源の市場動向』韓国環境資源公社，第 55 号，56 号，関東製紙原料直納商工組合のホームページ（http://kantoushoso.com/img/news/jukyuu0904CH.pdf）アクセス日 2011 年 8 月 22 日

紙が本格的に輸出される前の 2007 年 4 月の古紙調達単価（段ボール）は，図 8-9 に見るように，海外が 16.5 円，日本が 10.7 円，そして韓国が 6.7 円であった．すなわち，海外の古紙単価の半分にも満たない調達価格であった．

このように，韓国における古紙輸出制限策の試みは，製紙メーカーの恣意的な市場評価および解釈から生まれたものであると考えるべきである．製紙メーカーによる恣意的な古紙調達方式の構造づくりは，紙の生産に関係するステークホルダー，すなわち紙のリサイクルに直接関与している人々の経済効果を過小評価することから生まれるものであったと考えざるを得ない．

(3)　韓国の古紙調達における論点

以上において，韓国における古紙の輸出が社会と製紙産業にどのような影響を及ぼすか，という問題を検討してみた．以下では，韓国の古紙産業の調達に

関わる以上の議論を2つの論点として絞り，その問題点を明らかにしたい．

　2008年から2010年の間に，韓国の古紙輸出という経済的な現象に対して以下のような社会的な議論が起きていた．

　まず，国内古紙の全体回収量の5％でも輸出されると，将来的には国内古紙が「独り占め」の状態になり，国内の原紙生産は難しくなる[17]，という問題である．

　これは，国内の古紙に対する国際価格への連動を拒否するものである．すなわち，古紙の輸出が急増すると，古紙の国内調達が難しくなり，国内製紙メーカーの操業が中断される恐れがあるという主張である．

　しかし実際には，国内における古紙価格の海外古紙相場との連動は，国内の古紙市場を歪曲するものにはならない．たとえば古段ボールの場合，2007年輸出量が大幅に増えたにもかかわらず，国内の段ボール原紙生産は4.5％も増え，しかも既存の海外からの古紙輸入も減少した．つまり，国際的な古紙単価が出現し，古紙の回収に対する労働の対価が正常に支払われると，それまで回収されていなかった古紙資源も回収されるようになった．すなわち，古紙輸出が拡大すると，それによる国内製紙メーカーの操業中断はおろか海外からの古紙の輸入も減少したのが現状である[18]．

　この議論に対しては，古紙輸出に関する日本の統計が示唆するところが大きい．図8-10と8-11は，日本における古紙の輸出入の推移，そして古紙の回収率と利用率の推移を示したものである．

　日本の製紙産業は，長年にわたって古紙の再生利用（紙のリサイクル）を積極的に進めており，2007年度における古紙回収率は72.4％，古紙利用率は60.6％，2009年になると80％に近いものとなっている．この古紙回収率と利用率の数値は，世界において最も高い数値であるが，特筆すべきなのは，図8-10と8-11に見るように，日本の古紙が本格的に輸出された2000年から，古紙の回収率と利用率が向上している点である．特に，古紙の回収率においては，古紙価格の国際的な相場との連動から市場が活発化し，全体的な古紙回収量と回収率が上がってきた．さらに，製紙メーカーは，古紙の利用率を向上させるた

214 第Ⅱ部 実態編

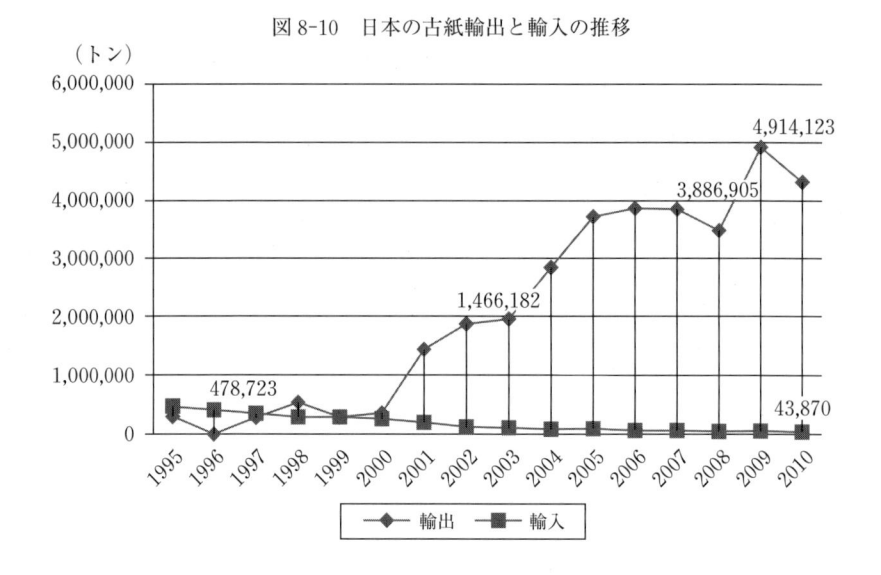

図8-10 日本の古紙輸出と輸入の推移

図8-11 日本における古紙回収率および古紙利用率

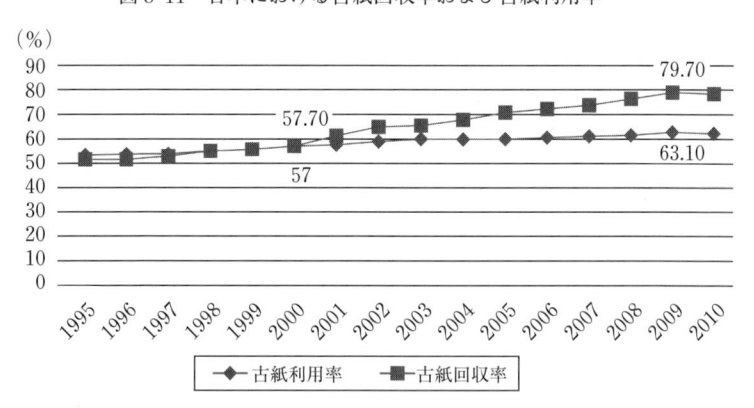

(注) 回収率（％）＝（古紙入荷－古紙輸入＋古紙輸出）／（紙・板紙払出＋紙・板紙輸入－紙・板紙輸出）
　　 利用率（％）＝古紙消費量／（国内生産の紙・板紙に使用された繊維原料合計）
(出所) 財団法人古紙再生促進センター編『古紙ハンドブック2010』，財団法人古紙再生促進センター，2011年，47ページ

めにイノベーションの努力を継続的に行った．紙の生産における工程の合理化と化学的なパルピング（pulping）技術の能力を向上させ，古紙調達におけるコストの上昇分を相殺できるようにしてきたのである．

このように，日本における古紙の輸出は，古紙産業と製紙産業に正の影響を及ぼしてきたといえる．韓国の場合においても，輸出による古紙価格の上昇は，今後における古紙の回収率を高め，さらに製紙メーカーにおける古紙利用率も向上させるであろう．

第2に，韓国の古紙産業の位置付け，そして回収システムの後進性に関する議論である．

韓国においては，製紙原料として製紙メーカーに調達される古紙が，製造されたものとして認められておらず，古紙リサイクル産業が廃棄物処理業または流通業として，製紙産業の付属的な産業として位置付けられている現状にある．

韓国の産業分類の基礎はUNが定めるISIC（国際標準産業分類）を基礎にしているが，この国際標準産業分類によると，古紙収集加工産業は製造産業（ISIC Div 371,372[19]）に分類されている．しかし，現行の韓国の産業分類には，製紙原料となる古紙のリサイクルに関わる古紙収集加工メーカーを「廃棄物処理流通業」として分類している．

このように，リサイクル産業自体が製造業として機能しているにもかかわらず，製造業として認められていない現状は，製紙メーカーの利害関係に影響され，政府の古紙産業に関わる諸政策と市場そのものが歪曲される可能性をもつといえよう．

前述したように韓国では，多くの社会的な弱者が古紙回収と製造品としての製紙原料の生産に従事している．特に，古紙回収システムにおける個人回収者，すなわち古紙回収システムのボトムに位置する労働者たちの観点からすると，古紙輸出によるそれらの人々の所得の増大は，社会的に重要な意味をもつであろう．製紙メーカーの利益のために，製紙原料になる古紙を収集するという労働そのものが低く評価されてはいけない．少なくとも，フェアな市場取引

が保障され，労働の対価が認められる体制としての取引構造が維持されるべきであろう．

2007年，韓国における古紙の輸出によって国際的なレベルにその価値が評価されるまでになった．そして，それまではリサイクルされず廃棄処分となっていた古紙資源が回収されるようになり，結果的に約120万トンの古紙が追加的に回収された．この追加回収量を金額で換算すると，約1億8,000万米ドル（07年度為替基準）になり，さらに廃棄資源の焼却埋め立て費用の公共的な費用を合算すると，約2億2,000万米ドル以上の経済的な効用が創出されたことになる．さらに，その追加的に回収された古紙の価値と，単価の値上げ分である約1兆ウォンが，労働意思がある貧困者層に配分されたという事実は，より大事なことであるのかもしれない．

古紙回収システムにおける所得の再分配が古紙輸出の活性化から生じ，単純な統計数値以上の社会的な寄与になり得たのである．

おわりに

国際貿易におけるフェアトレードは，少なくとも近代社会が成立して以降社会は公平でなければならないという認識を前提にしており，人間社会を構成する市場取引を公正にしていくことを目指しているものである．すなわち，途上国の人々の自立・生活環境改善のために生産にかかる社会的・環境的コストを織り込んだ価格を前提として行う南北間の公正な貿易であり，不公平なグローバリズム，不公正な貿易の仕組みを変えようとするものである．

韓国の古紙産業に関わる本章の事例が示すものは，国内における産業間のパワー関係から，海外市場への接近性が遮断されることであった．具体的には，古紙回収システムのボトムに置かれている人々が，国内の製紙原料価格の安定のために，製紙メーカーから貿易の機会を制限されるということであった．

貿易の機会を制限される要因の1つは，製紙メーカーの市場占有をめぐるグローバル競争の激化や，生産高と需要の不均衡拡大による供給過剰，そして在

庫の問題などにあり，結果的に，国内の川下に位置する大手企業がメーカー中心の過度な流通チャンネルの管理に発展する．つまり，過度なコスト削減に起因する市場メカニズムの管理に他ならない．これらの影響を強く受けて価格下落が生じている部門，とりわけこのような取引や貿易の構造の中でも最も問題が多く，解決が難しいとされている分野の問題点をわれわれは正しく認識すべきである．

本章では，古紙産業における古紙生産者に，自立に向けた支援を目標にして，貿易による公正な仕事の機会を提供しなければならないという上記の事例から，フェアトレードにおける認識の拡張を試みる．それは，これまでのフェアトレードの定義における途上国と先進国間のトレード（貿易，あるいは取引）関係を，国内における大企業と小規模の生産者の関係まで拡張するものである．

これまでのフェアトレード議論の範囲は海外からの調達，すなわち図8-12の④の範囲における途上国からの調達だけを論じてきた．同図の縦軸は，サプライチェーン上における1次生産者の相対的なパワーを表す．横軸は，調達の方向，すなわち海外からか，国内からかを示す．

国内の産業内においても，当然，情報の非対称性が存在し，組立てメーカーによる産業体制の構築によっては，川上に位置する企業の取引における調整コストが不当にかかる場合が存在する（同図の③）．すなわち，公正な市場取引による川上―川下の同伴者的関係形成は生まれず，1次生産者の経済的自立という視点が欠如した取引の存在である．

本稿の事例からすると，国内の大手製紙メーカーと製紙原料生産者（古紙回収業者）との関係であるが，韓国の製紙メーカーは，国内の古紙の輸出を制限し，市場のメカニズムから決定される収益以上のものを享受しようとした．これは，国内の製紙メーカーにおける戦略によるものであり，製紙原料の国際価格との連動を遮断することで，古紙回収業者における情報の非対称性を誘発させることから生じるものである．すなわち，製紙原料（古紙）の海外輸出制限という圧力を通じて生まれるものである．

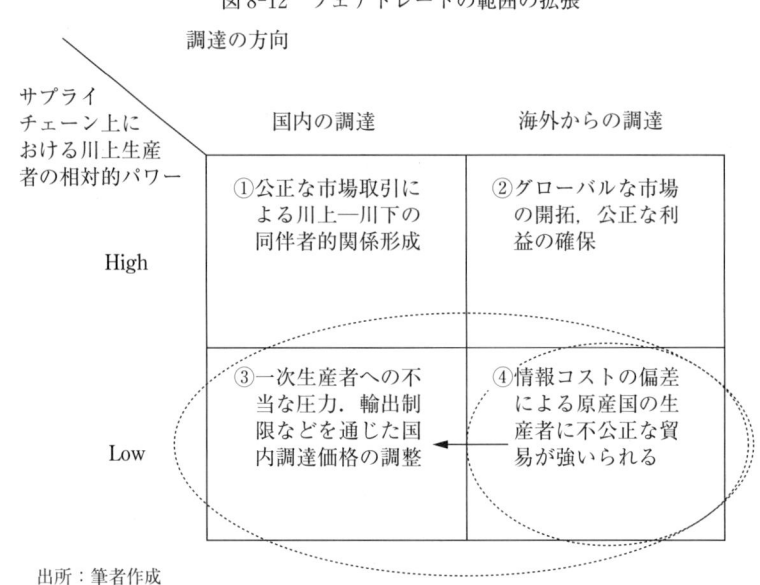

図 8-12 フェアトレードの範囲の拡張

	国内の調達	海外からの調達
High	①公正な市場取引による川上—川下の同伴者的関係形成	②グローバルな市場の開拓，公正な利益の確保
Low	③一次生産者への不当な圧力，輸出制限などを通じた国内調達価格の調整	④情報コストの偏差による原産国の生産者に不公正な貿易が強いられる

（縦軸：サプライチェーン上における川上生産者の相対的パワー／横軸：調達の方向）

出所：筆者作成

　本章の第1節において，貿易の勝者である大手企業が原材料や組立て部品などを公正に取引すること，そして，組立てメーカーが途上国から調達する原材料や部品の中に，生産者の経済的自立という視点を加味した，フェアトレード調達，すなわち，フェアな調達につながっていくサプライチェーンに関する議論を指摘した．その上で，本章の事例は，公正なトレード＝取引の観点を国内までを含むものとして考える1つの材料を提供する．

　持続可能な社会への危機感が高まる中，企業には，「啓発された自己利益」を考慮し，短期利益に目を奪われるのではなく，他者を考慮して長期的・安定的な利益を追求すべきである．特に公正な市場取引による川上—川下の同伴者的関係の形成は，フェアトレードの体制と企業の社会的な責任についての問題に対して，政府だけではなく企業の努力によって可能になる．そして，特に本章の事例が示すように，国際間だけでなく国内における情報格差を緩和するところも視野に入れなければならない．

1) 池上甲一「拡大するフェアトレードは農産物貿易を変えるか　その意義とパースペクティブ」,『農業と経済』, 2004 年 4 月号, 9 ページ.
2) 1989 年に設立された先進国のフェアトレード団体と途上国の生産者との橋渡しをする国際 NGO 組織. 55 カ国, 200 団体以上が加盟している. 2009 年, IFAT (International Fair Trade Association, 国際フェアトレード連盟) より名称変更.
3) EFTA-European Fair Trade Association (2001) "Fair Trade in Europe 2001 Facts and Figures on the Fair Trade Sector in 18 Countries," EFTA: 5.
4) 長坂寿久『日本のフェアトレード：世界を変える希望の貿易』, 明石書店, 2008 年, 4 ページ.
5) 同上書, 87 ページ.
6) 金田晃一「フォーカス：フェアトレードと CSR の関係」『JANPORA』, 32 号, 2007 年 6 月, 12 ページ.
7) J. スティグリッツ・A. チャールトン・高遠裕子訳『フェアトレード　格差を生まない経済システム』, 日本経済新聞出版社, 2007 年, が参考になる.
8) 金田晃一, 前掲論文, 13 ページ.
9) 財団法人古紙再生促進センター編『古紙ハンドブック 2010』, 財団法人古紙再生促進センター, 2011 年, 1 ページ.
10) 同上書, 29 ページ.
11) 韓国の古紙の現状を紹介するために用いられた統計は 2007 年度の統計を基準にした. それは, ① 2008 年におけるグローバルな金融危機の余波がないこと, ②その後の各比較値の変化が少なかったこと, ③資料の収集と分析が容易であったためである.
12) これは日本製紙連合会が集計している (World Trade Atlas のデータを基準にしており, 韓国の 2006 年度の回収率を 96.8％と計算している) ものとは大きな差がある. すなわち, 韓国の古紙回収率が世界的な水準にあるとはいえるが, それが世界トップレベルにあるという主張には多少無理がある. さらに, 古紙回収の過程やその他の流通過程においての水分吸収を考慮すると, その回収された古紙の数値は, さらに低くなると考えられる.
13) Old Corrugated Containers の略であり, 一般的には古段ボールと呼ばれるものである.
14) 李スング・崔ハンスン「世界製紙産業の流れと国内印刷用紙業界の動向と展望」,『韓国企業評価』, KRIR, 2011 年 9 月, 13 ページ.
15) 冠岳政策研究所編「冠岳区リサイクル用品収集者の生活実態」, 冠岳政策研究所, 2010 年 11 月, 6 ページ.
16) 毎日経済新聞 2010 年 8 月 9 日付.
17) 毎日経済新聞, 2009 年 4 月 2 日付の報道内容から, 論点を整理したものである.

18) 2007 年度にさらに回収された古紙は 2006 年に比べ約 120 万トンとして推算されている．120 万トンのなかで 50 万トンが輸出され，約 70 万トンは国内の製紙メーカーに供給された．

19) リサイクル産業の鉱・工業としての分類は，国における各税制や政策立案の基礎となるものである．

第9章　ハーレーダビッドソン社の市場戦略と文化の関係

はじめに

　現代社会の特徴を描き出す概念として，グローバリゼーションが挙げられる．グローバリゼーションとは，経済，政治，文化，環境などの様々な次元に及ぶ[1]，複合的結合性であると定義される．すなわち，「近代の社会生活を特徴づける相互結合性と相互依存性のネットワークの急速な発展と果てしない稠密化を意味する」[2]現象である．グローバリゼーションを背景に，複数国に跨って事業を営む多国籍企業は，その活動を拡大・深化させてきた．それと同時に，ヒト・モノ・カネ・情報という経営資源を地球規模で移転し，利用することによって，グローバリゼーションをさらに加速させる主要因にもなっている．

　経営学において企業と社会の関係性について考察する場合，企業の社会的責任（Corporate Social Responsibility, CSR）に関する研究が多いように思われる．本章においても企業と社会の関係性を念頭に置くものの，企業の社会的責任を論じるというよりはむしろ，現代社会において経済的側面のみならず社会的に多大なる影響を及ぼし得る多国籍企業に焦点を合わせ，その活動と文化がいかなる関係にあるかについて検討する．

　このような視点に立つ理由は，現代多国籍企業の市場戦略の中で文化的な要素が極めて重要になっているという認識に基づいている．詳しくは第1節で議論することになるが，グローバル規模で繰り広げられている熾烈な企業間競争のもとで，多国籍企業が文化的な要素を競争優位の源泉として活用しているという現実がある．同じく，第1節において詳述するように，本章では，「文化的要素」と「文化的プラットフォーム」という2つの概念を導入することによ

って，多国籍企業と文化の関係を考察していく．

　以上のことから，本章は，多国籍企業が市場戦略を遂行する中で文化をどのように活用するのか，その反対に，どのように社会の文化に対して影響を与え得るのかについて，ハーレーダビッドソン社を事例として取り上げ，考察することを目的とする．ここでいう市場戦略とは，自社の顧客は誰か，標的とする顧客をどのように創造し囲い込むか，そのために鍵となる要素はどのようなものであるか，などの一連の意思決定を意味する．

　多国籍企業の市場戦略と文化の関係を考察する上で，ハーレーダビッドソン社を取り上げる理由は，以下の3点にある．

　第1に，ハーレーダビッドソン社の主戦場である先進国のオートバイ市場は，成熟市場ないしは衰退市場であるといえる．にもかかわらず，同社の製品はカルト的な人気を博しており，顧客を強く引き付けることに成功している．このように，縮小する市場の中で成功をおさめている要因を探ることで，有効な市場戦略のあり方を考察できるからである．第2に，「文化的要素」を巧みに活用してきた点が挙げられる．すなわち，同社が顧客を強く引き付けている要因には，価格面や品質面で競争力があるという意味での優れた製品にあるというよりはむしろ，ハーレーダビッドソン社およびその製品がもつ文化的意味にあると思われる点である．第3に，そのような「文化的要素」を解釈する認識枠組みである「文化的プラットフォーム」を形成することに成功したことである．第2節以降で詳しく見るように，とりわけハリウッド映画というアメリカの強力な文化産業が，同社の「文化的プラットフォーム」の形成過程において極めて重要な役割を担ってきた．

　本章では，このような特徴を有するハーレーダビッドソン社を取り上げ検討することにより，多国籍企業の市場戦略において，いかに文化が活用されているかについて考察を行う．ただし，文化という概念がもつ性質上，必ずしも計量的に把握できるものではない．そこで本章では，統計データに加え，アニュアル・レポートや同社について書かれた文献などの各種資料，さらに経営者による著書などを主な素材とし，次節で提示する分析視角から解釈していくこと

になる.

本章の構成は以下のようになる.

第1節において,現代多国籍企業の市場戦略について触れた後,文化とどのような関係にあるかについて論じる.さらに,多国籍企業の市場戦略と文化の関係を捉えるための枠組みを提示する.

第2節および第3節では,ハーレーダビッドソン社を事例として取り上げ,同社の市場戦略と文化の関係について考察する.第2節では,同社の本国であるアメリカにおいて,そして第3節では日本においていかに市場を形成してきたか,その中で文化がどのような役割を果たしてきたかについて検討する.

第4節では,第2節および第3節で取り上げた事例について,「文化的要素」と「文化的プラットフォーム」という本研究における2つの鍵概念から,ハーレーダビッドソン社が文化をいかに活用してきたかについて考察する.

最後に,「おわりに」においてこれまでの議論を振り返り,本章のまとめを行う.

1. 現代多国籍企業の市場競争と文化

(1) グローバル市場競争の激化

現代の多国籍企業はグローバル規模での熾烈な市場競争に晒されている.そのような市場競争の激化は,様々な要因によってもたらされてきた.まず,新興経済諸国の台頭が挙げられる.世界第2位の経済大国になった中国をはじめとするBRICsなどの新興経済諸国は,近年飛躍的な経済成長を遂げてきた.それに伴い,それらの国々を本国とする企業も競争力をつけ始め,新興経済諸国発のグローバルに活躍する企業も現れ始めている[3].そのため,先進国に本拠地を構える従来の競争相手のみならず,価格競争力を持つ新興企業とも競争せざるを得なくなっている.次に,世界規模での生産体制の構築が可能になったことが挙げられる.グローバリゼーションの中で多国籍企業は,国外に工場を移転するのみならず,それらを緊密に結び付け,生産のネットワークを構築

している．また，EMS（Electronics Manufacturing Service）などを積極的に活用することによって，自社で企画・販売のみを行い，製造工程をもたないビジネスモデルも現れた．したがって，スマイル・カーブに見られるように，製造よりも企画や販売がより高い付加価値を生み出すようになるにつれ，市場戦略の重要性が増してきている．さらなる要因として，市場の成熟化も挙げられる．競争の舞台となる市場，とりわけ先進国市場の多くは成熟市場である．すなわち，停滞する市場の中で，次々と現れる強力な競争相手とは異なる競争優位が求められているのである．

その一方で，コモディティ化という現象が進行しているといわれる．コモディティ化とは，「企業間における技術水準が次第に同質的となり，製品やサービスにおける本質的部分での差別化が困難となり，どのブランドを取り上げてみても顧客側からするとほとんど違いを見出すことの出来ない状況」[4]である．コモディティ化に陥ると，商品間の差別化が困難になるため，価格競争が引き起こされる．このような価格競争から逃れるためには，他社には模倣困難な競争優位の創出が不可避となる．

模倣困難な競争優位を確立する方法の1つとして，商品への文化的な意味付けが考えられる．近年，ナイ（Joseph S. Nye Jr.）のソフト・パワー論[5]に触発される形で，各国政府が自国文化の魅力を宣伝し，文化商品の「生産，輸出，海外受容が国益を増進させるものとして，観光産業，メディア文化産業，IT産業などによる文化をとおしたナショナル・ブランドイメージの確立と浸透を目指した文化振興政策」[6]を盛んに行うようになっている．日本においても，「クール・ジャパン」を旗印に，日本の文化的魅力を世界に発信し，日本文化に対する好感を醸成することによって，日本製品の魅力を高めようとする政策が繰り広げられている．

このような認識に基づきながら，次項では，「文化的要素」と「文化的プラットフォーム」という2つの概念を軸に，多国籍企業の市場戦略と文化の関係を捉えるための枠組みを提示する．

(2) 多国籍企業の市場戦略と文化の関係

　多国籍企業の市場戦略と文化の関係には，企業が商品に文化的意味を付与する戦略と，それを受容する消費者に働きかける戦略の2つが考えられる．ここでは，前者の戦略における商品に付与される文化的意味を「文化的要素」という概念を用いて，そして後者の戦略における消費者の認識枠組みを「文化的プラットフォーム」という概念を用いて説明することを試みる[7]．

　まず，「文化的要素」とは，国籍や民族，社会階層，世代などに起因する文化的背景から選別した要素群である．そして，「文化的要素」の活用とは，それらの要素を素材として企業や商品に特有の価値観や物語を構成し，商品に付与する戦略を意味する．このことは，単なる連想や表層的なイメージとは異なり，それが事実か否かにかかわらず，文化的背景によって裏打ちされているということが重要である．たとえば，ナイキ社がアメリカの黒人文化や貧民層のバスケットボール場からイメージされる文化的背景を活用したことなどが挙げられるだろう．実際には，アメリカは多様な民族や社会階層などから構成されているが，その中から身体能力の高さを象徴し，「クール」の代名詞となっている黒人文化や，ファッションセンスに富んだ若者という要素が選別されているのである．

　したがって，たとえ同じ文化的背景を有しているとしても，そこからどの要素を選別するか，選別した要素群からどのような価値観や「神話」を構成するか，自社の製品やサービスといかに結合させるかについては，企業や商品の特性によって異なると考えられる．それゆえ，このような「文化的要素」の活用能力が，市場での成否を分ける要因になる．

　ところが，「文化的要素」の活用それ自体では，競争優位として機能しないこともある．たとえ的確に要素を選別し，自社に必要な価値観や物語を創り出したとしても，受容する消費者にとって魅力的であると認識され，彼らの生活様式の中で重要な位置を占めない限り，「文化的要素」は有効的に機能しない．したがって，商品に付加される「文化的要素」を魅力的であると解釈するような，消費者サイドの認識枠組みやライフスタイル，すなわち「文化的プラット

フォーム」の形成が重要性を帯びるようになる．

「文化的プラットフォーム」は，「文化的要素」を有効に機能させるための基盤となるものである．すなわち，商品に付与された要素を有効に機能させるためには，顧客が文化的背景を認識するとともに，文化的背景やそこから選別された「文化的要素」を魅力的であると解釈し，自己のライフスタイルの中に組み込むような下地を必要とするのである．したがって多国籍企業は，上記の「文化的要素」を活用すると同時に，それを機能させるための「文化的プラットフォーム」を形成しなければならない．

ただし，「文化的プラットフォーム」の形成は，進出先国のすべての人々に対して図られるわけではなく，標的とする顧客層に限定して行われ，しかも他の進出先国の類似する顧客層を含めて世界横断的に行われる．先ほど挙げたナイキ社の例でいえば，世界のファッションに敏感な若者という世界の顧客層を標的としていることが想定できる．したがって，自社がいかなる顧客層を標的としているのか，そして，それらの顧客層に「文化的プラットフォーム」を形成していくために，いかなる手段を講じる必要があるかを考える必要があるといえる．

次節以下では，これまで述べてきた「文化的要素」と「文化的プラットフォーム」という2つの概念を中心に，ハーレーダビッドソン社の市場戦略について検討していく．

2．アメリカにおける市場戦略と文化の関係

(1) アメリカにおける「文化的要素」と「文化的プラットフォーム」の形成

ハーレーダビッドソン社の市場戦略と文化の関係を考察するにあたり，まず同社の本国であるアメリカにおいていかに市場を形成してきたかを検討する必要がある．その理由の1つは，同社の製品の多くがアメリカで販売されていることにある．表9-1および表9-2は，ハーレーダビッドソン社の地域別の出荷

台数と販売台数を示している．この表からは，製品の6～7割が，アメリカで販売されていることが読み取れる．したがって，ハーレーダビッドソン社を取り上げるにあたり，アメリカにおける市場戦略の検討を欠かすことができない．そして，後に詳しく見るように，同社がアメリカ市場で確固たる地位を築くために，文化を積極的に活用したことが理由として挙げられる．

　アメリカにおけるハーレーダビッドソン社の市場戦略を検討するもう1つの理由は，同社が海外市場で成功している要因に，海外での成功に先立ってアメリカ市場で構築した「文化的要素」や「文化的プラットフォーム」が非常に関連していると考えられるためである．したがって，ハーレーダビッドソン社の海外市場戦略を検討する前に，アメリカ市場においていかなる戦略を採ったのか，そして，その中でどのように文化が関係しているのかについて議論しなければならない．

　したがって本節では，ハーレーダビッドソン社が，アメリカのオートバイ市場のなかでいかなる戦略をもって成功をおさめたのか，成功するプロセスにおいて文化の果たす役割はどのようなものであったのかについて検討する．

表9-1　ハーレーダビッドソン社のアメリカおよび海外における出荷台数

	2006年		2007年		2008年	
	出荷台数	割合	出荷台数	割合	出荷台数	割合
アメリカ	273,212	78.2%	241,539	73.1%	206,309	68.0%
海　　外	75,984	21.8%	89,080	26.9%	97,170	32.0%
合　　計	349,196	100.0%	330,619	100.0%	303,479	100.0%

	2009年		2010年	
	出荷台数	割合	出荷台数	割合
アメリカ	144,464	64.8%	131,636	62.5%
海　　外	78,559	35.2%	78,858	37.5%
合　　計	223,023	100.0%	210,494	100.0%

（出所）　Harley-Davidson Inc., *Form 10-K (Annual Report)*, 2008, p. 31, および同資料, 2010, p. 33 を基に筆者作成

表 9-2　ハーレーダビッドソン社の地域別販売台数

	2006 年	2007 年	2008 年	2009 年	2010 年
北米地域					
アメリカ	268,366	251,772	218,939	162,385	143,391
カナダ	13,514	14,779	16,502	11,406	10,376
北米地域の合計	281,880	266,551	235,441	173,791	153,767
欧州地域 （中東，アフリカを含む）					
ヨーロッパ	33,786	38,866	40,725	36,444	37,378
その他	2,746	3,436	4,317	3,560	3,810
欧州地域の合計	36,532	42,302	45,042	40,004	41,188
アジア太平洋地域					
日本	13,284	13,765	14,654	13,105	11,405
その他	7,744	9,689	10,595	9,884	9,582
アジア太平洋地域の合計	21,028	23,454	25,249	22,989	20,987
ラテンアメリカ地域	4,541	5,467	8,037	5,850	6,168

（出所）　Harley-Davidson Inc., *Form 10-K (Annual Report)*, 2008, p. 33, p. 39 および同資料, 2010, p. 32 を基に筆者作成

　ハーレーダビッドソン社およびその製品には，自由，アメリカの伝統と愛国心，アウトローのライダーに象徴される男らしさ，西部開拓時代のヒーローなどのイメージがあり，同時にそれがブランドとしての比類なき強みになっているといわれる[8]．いい換えるならば，日本企業や新興経済諸国企業などの競争相手に対して，同社が強力な市場競争力を保持できるのは，自由，アメリカの伝統と愛国心，西部開拓，などのアメリカ文化を巧みに活用することに成功しているからにほかならない．

　しかしながら，ハーレーダビッドソン社は，その創立当初から文化の活用を意図していたわけではない．初期の市場戦略はむしろ，製品の実用性と有用性を強調するものであった．特に，1930 年代初頭までの宣伝活動は，オートバ

イの耐久性と価格の安さ，オートバイ・レースの結果を前面に押し出し，実用性やスポーツ性を売りにしていた[9].

　ハーレーダビッドソン社の強みの1つであるとされる，アウトローの文化的イメージとの結び付きの端緒は，1947年の「ホリスター事件」にあるとされる[10]．1947年の独立記念日である7月4日に，モーターサイクル・クラブのメンバー4,000人が暴動を起こし，カリフォルニア州にあるホリスターの町を襲ったという記事が，1枚の写真とともに『ライフ』誌に掲載された[11]．実際には，逮捕者の大半が軽犯罪によるものであり，曲乗りの失敗以外には大きな負傷者がいなかったという，酔っ払いの騒ぎであった．さらに，ライフ誌に掲載された写真は，騒乱が収束しかけた頃に到着したカメラマンによるやらせ行為であったという．しかし，『ライフ』誌の記事と写真は人々に衝撃を与え，それを契機として，ホリスターという町の名前とともに，オートバイ・ライダー，とりわけ写真として掲載されたハーレーダビッドソン・ライダーを，反社会的なアウトローであると人々に強く印象付ける結果になった．

　1953年に，このホリスター事件を題材にした『乱暴者（あばれもの：The Wild One）』が制作・上映されると，人々にホリスター事件を再度想起させることになった．そして，ハーレーダビッドソンを中心とする当時のオートバイ・ライダーを，社会に対する反逆，アウトロー，喧騒，などとより強固に結び付けた．映画の中で，主演のマーロン・ブランドがイギリスのトライアンフに搭乗していたのに対し，その相手役でアウトローの悪党を演じたリー・マーヴィンたちのグループがハーレーダビッドソンに搭乗していたことも，イメージの悪化に拍車をかけた．『乱暴者』は，その1年後に公開されたジェームス・ディーンの『理由なき反抗（Rebel Without a Cause）』とともに，若者の社会に対する反抗を描いた代表作として名を残し，ジーンズやレジャージャケット，そしてオートバイを，社会から逸脱した者たちの象徴であると広く認識させた．

　1960年代に入ると，後に最も著名なモータースクラブとなるヘルズ・エンジェルズがメディアに取り上げられるようになった．ヘルズ・エンジェルズ

は，1948年にカリフォルニア州のフォンタナで発足したが，1950年代後半までは，当時カリフォルニア州に多く存在したモータースクラブの1つに過ぎず，主要な会員も数十人から200人程度であった．しかし，その中の4人のメンバーが，1964年にカリフォルニア州モンテレーで未成年の少女2人をレイプした容疑で逮捕された事件，および，その後ヘルズ・エンジェルズが起こした一連の騒乱を，『タイム』誌や『ニューズ・ウィーク』，『ニューヨーク・タイムズ』などの一流メディアが誇大に報道するようになると，ヘルズ・エンジェルズはアウトローなモータースクラブの代表的存在となり，非常に暴力的なバイカー集団とみなされるようになった．ヘルズ・エンジェルズは当初，特別な政治思想を持たなかったが，会員にベトナム戦争の除隊者が増えるようになり，同じく反体制的なヒッピーと仲違いをするようになると，愛国的精神を公に表明するようになっていった．ヘルズ・エンジェルズが保守的な思想をもつことが有名になったのは，ヘルズ・エンジェルズを組織的にまとめあげたラルフ・ヒューバート・バージャーが，記者会見の場で，ベトナム戦争に志願する公開状をジョンソン大統領に宛てて読み上げたときであった．

　ロジャー・コーマンが制作し，ピーター・フォンダが主演を務めた1966年の『ワイルド・エンジェル (Wild Angel)』は，すでに有名なアウトロー・モータース・クラブとなっていたヘルズ・エンジェルズをモデルにし，反抗する若者，破壊，略奪，暴力，ドラッグなどを中心的テーマにした映画である．ヘルズ・エンジェルズの会員は，映画の背景になるエピソードを提供する見返りに，映画のエキストラとして出演することによって，ハリウッドのプロダクションと深い関わりをもつようになった．『ワイルド・エンジェル』は商業的成功を収めたため，その後，アウトロー・バイカーを題材にした一連の映画が制作された．

　この潮流の中でもとりわけ注目すべきは，1969年に公開された『イージー・ライダー (Easy Rider)』であろう．『イージー・ライダー』では，『ワイルド・エンジェル』の主演を務めたピーター・フォンダに加え，デニス・ホッパーが出演し，社会体制に反抗し自由を求める若者が描写された．しかしながら，こ

れまでの映画で強調されがちであった暴力やグループ間の闘争ではなく，西部開拓時代のフロンティア精神，すなわち，個人の自由を追い求めるという新たなテーマが強調された．たとえば，フォンダとホッパーが務めた主役のワイアットとビリーの名は，西部劇のヒーローであるワイアット・アープとビリー・ザ・キッドから取られた．また，馬の代わりにバイクに跨って疾走する2人は，孤独なカウボーイの現代版として描かれた．ワイアットのヘルメット，バイクタンク，レザーシャツの背中には星条旗があしらわれた．

このように，1950年代および60年代を通じて，映画や新聞などを中心とする文化産業が主導的な役割を果たしながら，ハーレーダビッドソンは，粗野で暴力的なアウトローのイメージだけではなく，アメリカに対する愛国精神や自由の精神とも結び付けられようとしていた．しかしながら，ハーレーダビッドソン社の対応は，それらを利用するというよりはむしろ，嫌悪し対抗しようとするものであった．たとえば，ホリスター事件が起きた際には，全米モーターサイクル協会（American Motorcyclist Association）を通じて，事件は不幸ではあるものの，われわれとは無関係な（isolated）出来事であると非難した[12]．また，ヘルズ・エンジェルズなどの徐々に増え始めていたアウトローのバイカーを，「ワン・パーセンターズ」と名付けた．すなわち，モーターサイクリングを愛好する人々の99％はまっとうな人々であるが，世間を騒がせているアウトローたちは，わずか全体の1％の集団に過ぎないということを意味する．さらに，「ワン・パーセンターズ」が愛好した改造バイクも嫌悪した．つまり，ハーレーダビッドソン社の広告戦略は，1960年代においてもなお，オートバイのパワーやパフォーマンスを強調するものであった[13]．

(2) アメリカにおける市場戦略と文化の関係

ハーレーダビッドソン社は，戦後のアメリカ経済の好景気，および1953年に生じたライバルメーカーのインディアン社の倒産などを背景として，1950年代から60年代にかけて，好調な業績を維持していた．ところが，1960年代後半を迎える頃には，すでにアメリカの小型オートバイ市場を席巻していた日

本企業が，ハーレーダビッドソン社の中核市場である大型オートバイ市場に進出するようになっていた．そして，日本企業の製造する安価で高品質・高性能なオートバイによる猛烈な攻勢を受けたために，ハーレーダビッドソン社の業績は低下していった．業績の低迷は続き，ついに1969年1月に，アメリカン・マシン・ファウンドリー（American Machine Foundry, AMF）から買収されることになる．AMFは，鉄道車両製造を中核事業とし，ボウリング施設とビリヤード台，自転車，スキー，テニス・ラケット，ベーカリー専用設備に至るまで，多様な事業を傘下に置く，コングロマリット企業であった．ハーレーダビッドソン社を買収したAMFの方針は拡張であり，従来の約3倍に相当する年産6万台という増産体制，過度な増産体制をとったことによる深刻な品質低下，さらには，社風の衝突や労働者のストライキなどが相俟って，業績低下に歯止めがかかるどころか，さらなる低迷につながった．最終的にAMFは，ハーレーダビッドソン社経営陣によるLBOという形で同社の経営から手を引くことになった．

1980年代半ばになって，ようやくハーレーダビッドソン社の業績は回復を見せ始めるのであるが，その回復プロセスを市場戦略と文化の関係から捉えると，同社が再浮上を果たすための重要な契機を2つ指摘することができる．その1つ目は経営陣によるAMFからの独立であり，2つ目はロナルド・レーガンがアメリカ大統領に就任したこと，およびそれを市場戦略の中に取り込んだことである．

上記のように，AMFは収益の見込めないハーレーダビッドソン社に対する経営意欲を失っていた．そこで，ヴォーン・ビールズ（Vaughn Beals）を中心とする12人の経営陣は，自ら資金を捻出するとともに銀行の協力を得て，1981年にハーレーダビッドソン社を買い戻すことに成功した．このAMFからの独立を記念する行事が1983年6月に開かれた．経営陣の1人であり，当時カリスマ的なデザイナーであったウィリアム・G.ダビッドソン（William G. Davidson）は，熱心な顧客からなる集団を率いて，ペンシルヴェニア州ヨークにあるAMFの組立工場から，ハーレーダビッドソン本社のあるミルウォーキ

ーまで,「鷲は一羽で飛ぶ」というスローガンでツーリングを行った．このツーリングは，人々の記憶に強い印象を残すだけでなく，AMFからの独立という誰にも縛られない自由の精神と同時に，鷲（ハーレーダビッドソン）の復活を象徴した出来事であった．

　AMFから独立した経営者たちのもとで，ハーレーダビッドソン社は，日本企業のジャスト・イン・タイムや品質管理などの生産方式を取り入れつつ，オーナーズ・クラブであるHOGを創設するなどの改革を行った．新たな一連の改革のなかで，これまで忌み嫌っていたアウトローに歩み寄り，彼らの文化を戦略的に取り入れるようになった．たとえば，1980年に発表されたFXDBスタージス，そしてその姉妹版であるFXWGワイドグライドという新たに開発されたバイクは，チョッパーやカスタマイズなどの，アウトロー・バイカーが好んでいたスタイルを採用した．創業者の孫であり，デザイン部門を統括していたウィリアム・G.ダビッドソンも，黒革のジャンパーとブーツ，伸ばした髭，バンダナ，などのアウトローのライフスタイルを取り入れ，ハーレーダビッドソン社のライフスタイルを象徴する存在になっていった[14]．

　AMFからの独立およびアウトロー文化の取り入れに加え，ロナルド・レーガンの大統領就任は，ハーレーダビッドソン社に大きな意味をもたらした．保守主義者であったレーガンは，1960年代から1970年代にかけての合衆国としての誇りを失った時代を払拭し，西部フロンティアのイメージと，アメリカン・カウボーイの精神力，国民の誇りを呼び起こそうとした．レーガンはアメリカン・カウボーイたるべく，合衆国を再生させるための様々な政策を国内外で打ち出していく．

　このような状況下で，ハーレーダビッドソン社はレーガン政権に請願し，輸入オートバイに対する関税を引き上げさせることに成功した．レーガンにとっても，同社は日本という経済敵国によって窮地に立たされたアメリカ唯一のオートバイ・メーカーであるため，絶対に助けるべきであると国民に訴えた[15]．そして1983年に，700cc以上のすべての日本からの輸入オートバイに45％の関税を課した．この関税は1988年までの5年間撤廃されないものの，最終

には関税率が10%に引き下げられるというものであった．

　関税が掛けられている間に業績が上向いてきたハーレーダビッドソン社は，1987年に重量オートバイの特別関税の早期中止を申請した．この関税の早期中止の申し立ては，レーガンおよびハーレーダビッドソン社の両者にとって名を挙げる最高の機会になった．同年の5月，レーガンは，ヘリコプターを用いて，ペンシルヴェニア州にあるヨーク工場へ関税撤廃を祝しに行った．多くの星条旗が振られる中でレーガンは演説をし，ハーレーダビッドソンに乗ってエンジンをふかすという演技をした．ハーレーダビッドソン社の復活，そしてレーガンの演説は，アメリカ人が好むような「復活物語」であったために，『ニューヨーク・タイムズ』，『ウォールストリート・ジャーナル』『USAトゥデイ』『ワシントン・ポスト』などの一流誌に次々と取り上げられた．実際には，前年までに関税率が10%になっていたこと，さらに，ホンダやカワサキが関税を回避するためにアメリカでの現地生産を開始していたことで，もはや輸入オートバイに対する関税はそれほど重要ではなかったことを考慮すると，関税の早期中止は完全なジェスチャーであったといわれている[16]．ともあれ，ハーレーダビッドソン社の一連の復活劇は，ハーレーをアメリカの象徴であり，日本という経済的な強敵を打倒したヒーローとして強く印象付ける契機となった．

　その後，1988年のアメリカ大統領選挙において，共和党候補のブッシュも民主党候補のデュカキスも，自らの選挙演説でハーレーダビッドソン社の復活を取り上げた[17]．ハーレーダビッドソン社は，外国（日本）の企業を打ち倒し，独立，市場の奪回，成功を収めたアメリカの再興を象徴する企業として揺ぎない地位を獲得したのである．

　アメリカを代表し，アメリカ文化を象徴する戦略は，その後も続いたように思われる．湾岸戦争中には，自社の工場やディーラーの店頭に，アメリカ軍支援のポスターや垂れ幕，星条旗が展示された．さらに，砂漠の中にハーレーを1台置き，「この国は偉大な国だ」というナレーションを入れた広告を作成した[18]．

　このように，ハーレーダビッドソン社は，バイカー・ギャングのワルのイメ

ージと，独立心があって自由志向がありながらも，国家の伝統には忠実な，愛国者としてのアメリカン・カウボーイの要素を巧みに混合させた．ハーレーダビッドソンが戦略的に取り入れた西部フロンティア，愛国精神，アウトロー，タフガイなどのアメリカという文化的背景から引き出した「文化的要素」は，1990年代に入る頃には，従来のようなブルーカラーの顧客層だけではなく，リッチ・アーバン・バイカー（Rich Urban Biker, RUB）と呼ばれる新たな顧客層を引き付け，さらなる収益上昇に貢献した．

3．日本における市場戦略と文化の関係

(1) 戦前のハーレーダビッドソン社

日本に初めてハーレーダビッドソンが輸入されたのは，1913年（大正2年）のことであった．その4年後，ハーレーダビッドソンは，大倉財閥の系列会社であった日本自動車社によって公式に輸入が開始された．同社は当時，簗瀬自動車社（現．ヤナセ）と自動車販売の双璧をなしており，赤坂に社屋を構える企業であった．同社は，1917年にハーレーダビッドソンの輸入権を獲得し，自動自転車部を設立して陸軍および宮内庁に納入を行った．当時の日本では，本格的なモータリゼーションは到来していなかったものの，軍隊や警察をはじめとする官公庁や一部の富裕者層によってオートバイが使用されていた．また，1918年から1922年頃にかけて，本格的なオートレースが各地で開催されるなど，オートバイの輸入が増加する下地ができつつあった．日本は，国内で生産するほどの技術をまだ持ち合わせていなかったため，使用されるオートバイのすべてを輸入に頼っていた．当初は欧州からの輸入車が多くを占めたが，第1次世界大戦の勃発を機に，欧州車の代わりにインディアンやハーレーダビッドソンなどのアメリカ製オートバイが輸入されるようになった．ハーレーダビッドソン社は，すでに1921年の時点で世界67カ国にディーラーを置いており，日本はその中で輸入台数第2位の国となっていた[19]．

1924年にハーレーダビッドソン本社からアルフレッド・チャイルドが派遣

されると，日本自動車社の販売実績の不十分さを理由として，三共製薬へと代理店契約が移行した．三共製薬は，高峰譲吉が帰国した際に持ち帰ったT型フォードを創業者である塩原又策に譲渡したことを契機として，フォードの日本総代理店となり，自動車の輸入を開始していた．三共製薬は，1921年に資本金20万円で，自動車の部品や機械類を取り扱う興東貿易という商社を設立した．興東貿易は，すでに日本自動車とほぼ同数のハーレーダビッドソンを並行輸入・販売を行っていたため，日本自動車の後継者として指名されることになったのである．その後，アルフレッド・チャイルドは，三共製薬と共同で京橋にハーレーダビッドソンモーターサイクル販売所を設立し，ハーレーダビッドソンの輸入・販売を専門に行うようになった．三共製薬は軍用医薬品を扱っていたため，軍隊や政府との関係が深かったことに加え，ハーレーダビッドソンがもつ優れた性能によって，軍用車両に指定され，警察や逓信省に数百台を納入した．さらに，1930年には，ハーレーダビッドソン本社からサービス・マネジャーを務めていたジョー・ライアンが来日し，販売後の整備など近代的なアフターサービスを代理店に指導し，浸透させる一役を担った．

　輸入を中心に販売されていたハーレーダビッドソンは1930年代初頭に国産化されるようになる．国産化の背景には，1929年に発生した世界恐慌と，日本の軍国主義化という2つの理由があった．すなわち，世界恐慌によって，ハーレーダビッドソンの輸入価格が約2倍になったために，輸入品の販売という形態では，日本における将来的な売れ行きが落ち込むことが予想されたこと，そして，1931年の満州事変を機に，輸入品の依存度低下および産業の国産化が進展していたのである．そのため，三共から永井信二郎が1932年にハーレーダビッドソン本社と交渉を行い，完成車を輸出しないことを条件とし，ハーレーダビッドソン社に7万5,000ドルのライセンス料を支払うことで，日本で生産する権利を獲得した．ハーレーダビッドソン社にとっても，世界恐慌で財務状態が悪化していたために，ライセンス料という新たな収入源が重視された．こうして，1935年以降日本でハーレーダビッドソンが生産されることになったが，国産ハーレーダビッドソンは，後に陸王へと車名を変更し，主に軍

用のオートバイとして使用された[20]．アルフレッド・チャイルドは，陸王とは関係をもたない日満ハーレーダビッドソンを設立し，日本や韓国，満州，モンゴルなどで製品や部品を販売していたが，日本の軍国主義化がより一層進展したため，1937年に事業を終了した．

1937年には，国産ハーレーダビッドソンの生産台数が，それまでの1,000台の規模から2,000台の規模へと増加し，1940年には3,073台になった．しかしながら，敗戦が近づくにつれてその台数は減少し，終戦時には全く生産されなかった．

ここで重要なことは，軍隊や警察などで主に使用されたということからもわかるように，ハーレーダビッドソンが製品の機能や性能で販売されていたということである．先述したように，当時の日本において高価なハーレーダビッドソンを購入できるほどの所得者がほとんど存在せず，本格的なモータリゼーションが到来していなかったことにその理由がある．また，ハーレーダビッドソンが持つ馬力によって，オートレースで活躍したり，箱根の山を走破できるというように，欧州車に比べ性能面で優れていたという事実もあった．

(2) 第2次世界大戦後の日本市場における市場戦略
 1) 日本のオートバイ市場におけるハーレーダビッドソン社

第2次世界大戦を機に途絶えていたハーレーダビッドソンの輸入は，1960年に正式に再開された．輸入を担ったのは，戦前のハーレーダビッドソンの販売を手掛けていたアルフレッド・チャイルドの息子であるリチャード・チャイルドが社長を務めたバルコム社であった．その後，1989年にハーレーダビッドソン社が半額を出資し，同社の日本法人として，ハーレーダビッドソンジャパンを設立することになる．ハーレーダビッドソンジャパンは，1990年に奥井俊史氏がハーレーダビッドソンジャパンに入社し，1991年に同社の社長に就任して以降，さらなる発展を遂げることになった．

現在，ハーレーダビッドソン社は日本の輸入大型オートバイ市場において3分の2のシェアを占めており，圧倒的な存在感を見せている．また，ハーレー

ダビッドソンの最少排気量が883ccであるにもかかわらず，ナナハンと呼ばれる排気量751cc以上の大型二輪車市場において2000年以降1位であり，2007年には約3分の1のシェアを占めるようになった．さらに，2003年以降は日本の免許制度上の大型車と見做される排気量401cc以上の市場においても，約4分の1のシェアを占めている[21]．また，ハーレーダビッドソンジャパンは1985年から2008年まで23年間連続して販売台数を増加させてきた．このことは，先進諸国でオートバイ市場が停滞または衰退している現状を鑑みると，いかに同社が市場競争力をもっているかが理解できる．

　世界におけるオートバイ市場を概観すると，先進諸国と新興経済諸国との間で大きな相違が確認できる．その相違には，量的な違いと質的な違いの2つの側面がある．

　図9-1および図9-2は，1970年から2009年までの各国における販売台数を示したものである．図9-1を見てみると，先進諸国の販売台数は，近年大幅な伸びを見せることなく，低水準で推移していることがわかる．とりわけ注目に値するのが，日本の販売台数である．1960年代以降，ホンダを代表とする日本のオートバイ・メーカーが世界の同産業を牽引してきたものの，日本国内の販売台数は1982年の328万5,327台をピークとして徐々に低下していき，2009年にはわずか38万1,008台へとピーク時の約9分の1へと急激に縮小している．以上のように，先進諸国のオートバイ市場は，成熟市場，あるいは，衰退市場であるといえる．

　それとは対照的に，図9-2を見てみると，中国，インド，インドネシア，ブラジルなどの新興経済諸国は，1990年代以降急激な成長を見せており，いまや世界有数の巨大オートバイ市場を形成している．その中でも，ひときわ目を引くのが中国の成長である．すでに1993年の段階で330万台の販売台数を計上していたが，その後さらに加速度的な増加を示し，2009年の販売台数は，1,918万4,146台を記録した．図中に取り上げた国のうち，2009年の統計に限定すると，先進諸国における最大市場はアメリカであり，その国内販売台数は84万1,683台であるが，中国の販売台数はその約23倍，中国に次ぐインドの

図9-1　先進国におけるオートバイ販売台数（1970-2009年）

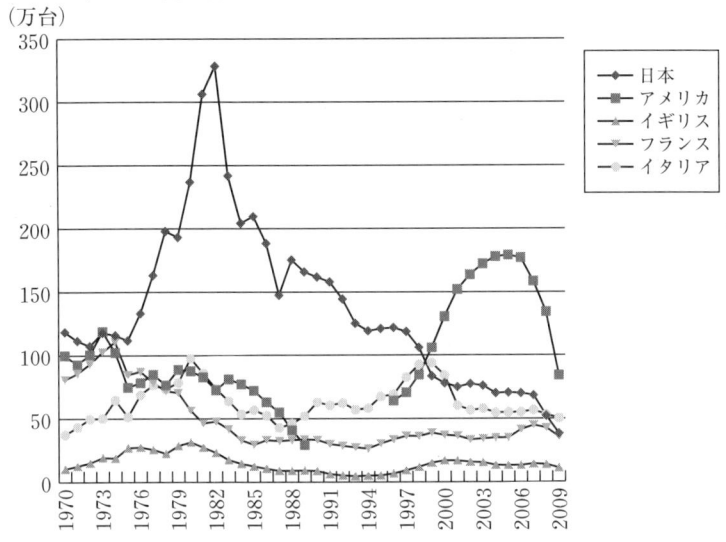

（出所）本田技研工業株式会社広報部世界二輪車概況編集室『世界二輪車概況』本田技研工業，各年版（1983～2010年版）を基に著者作成

図9-2　新興国におけるオートバイ販売台数（1970-2009年）

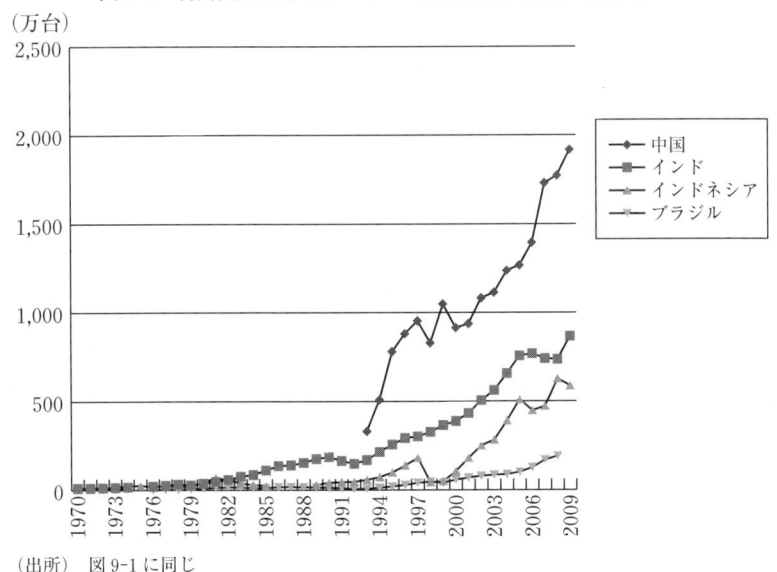

（出所）図9-1に同じ

販売台数もアメリカの約10倍である．このことからもわかるように，先進諸国と新興経済諸国では，販売量に圧倒的な差が存在する．

次に，生産台数を見てみよう．図9-3および図9-4は，1970年から2009年までの各国の生産台数の推移を表わしている．生産台数においても，先進諸国と新興経済諸国との間で，販売台数と同様の傾向が読み取れる．当該期間における先進諸国の生産台数は，ほぼ停滞であるか，減少のいずれかの傾向を見せている．日本はここでも，741万2,582台の生産台数を誇った1981年をピークとして，それ以降は急激な減少を示し，2009年の生産台数は，1981年の約11分の1であるわずか64万4,901台に留まっている．

図9-4から確認できるように，先進諸国の生産台数が伸び悩んでいるのを尻目に，新興経済諸国は一様に急激な増加を見せている．中国は，1980年にはわずか4万9,007台を生産するだけであったが，1982年以降多くのオートバイを生産するようになり，2009年には2,542万7,676台を記録した．それに続くインドは，1970年に11万3,047台のオートバイを生産していたが，2009年では，979万8,711台となっている．

したがって，販売台数と同様に生産台数においても，低水準で推移する先進諸国と爆発的増加を見せる新興経済諸国という特徴が如実に表れているといえよう．

ここまでは，オートバイ市場の量的な側面に注目してきたが，車種の内訳を見てみると，もう1つの特徴である質的な側面があることに気付かされる．すなわち，新興経済諸国では，重要な移動・輸送手段としてオートバイが位置付けられているため，移動や輸送に使い勝手の良い小排気量カテゴリーを中心として成長を遂げてきたということである．しかしながら，経済的により豊かになってくると，自動車などのより安全で天候に左右されずに使える移動手段へと移っていく．そのため，アメリカや欧州をはじめとする先進諸国においては，「移動・輸送手段というよりもむしろ，レジャーやスポーツといった趣味性の高い乗り物として位置づけられ，高性能でデザイン性に優れた二輪車が求められている」[22]．

第 9 章 ハーレーダビッドソン社の市場戦略と文化の関係　241

図 9-3　先進国におけるオートバイ生産台数（1970-2009 年）

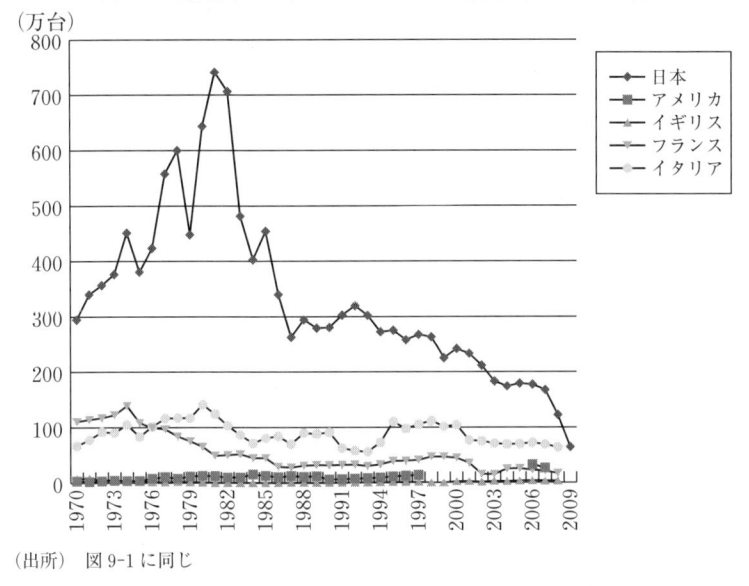

（出所）図 9-1 に同じ

図 9-4　新興国におけるオートバイ生産台数（1970-2009 年）

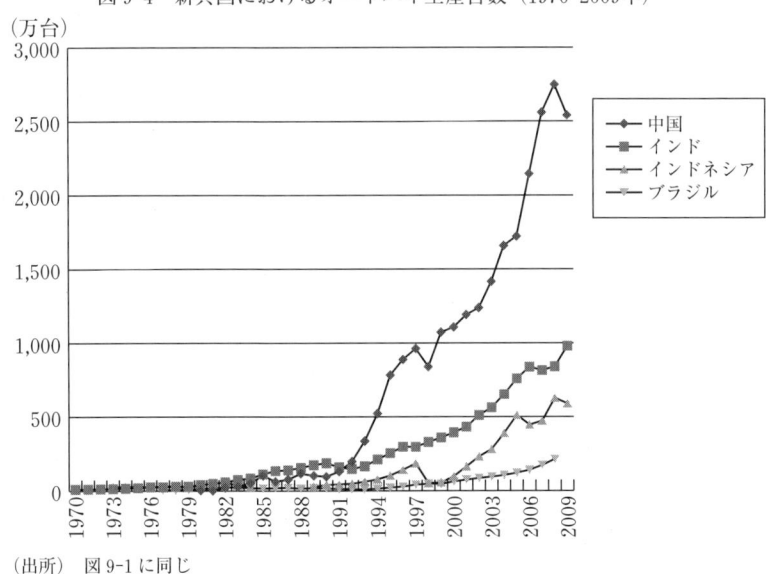

（出所）図 9-1 に同じ

図9-5　日本のオートバイ市場におけるハーレーダビッドソン社の位置付け

401cc～750cc 選択のポイント：マニュアル，走行安定性，排気量，出足・加速の良さなど． ●逆輸入車	51cc～125cc, 126～250cc 選択のポイント：耐久性，安全性，積載量，扱いやすさ，維持費，燃費など． ●ビジネスタイプ
751cc 以上 選択のポイント：ブランド，スタイルやデザイン，カスタム，高級感，大柄な車体など． ●ハーレーダビッドソン 　などの外国車	50cc 以下 選択のポイント：静粛性，コンパクトさ，価格の安さ，簡単な運転操作など． ●国内メーカー車 ●スクーター

（出所）　日本自動車工業会編『二輪車市場動向調査　2007年度』，日本自動車工業会，2008年，79-80ページを基に筆者作成

　これらを総合すると，先に見たような，停滞あるいは衰退する先進国のオートバイ市場という現象は，小排気量のオートバイ，すなわち移動・輸送手段としてのオートバイ需要の落ち込みであること．そして，先進国市場では，移動・輸送手段としてではなく，大排気量のオートバイに代表されるような趣味としての需要が高まっているといえるだろう．

　ハーレーダビッドソン社は，大排気量のオートバイを集中的に生産し，レジャーやスポーツとしてオートバイに乗る傾向の強い先進国市場を主要な標的としている．すなわち，移動・輸送手段としてではなく，非常に趣味性の強い製品を生産していることに特徴がある．たとえば，日本におけるハーレーダビッドソン社の標的市場は，図9-5のように表わされる．技術革新が見込めるわけではない安価な小排気量カテゴリーは，中国やインドなどの新興経済諸国が台頭してきた．そのため，販売台数が横ばいになった先進国の成熟市場では，趣味性の強い高価な大排気量カテゴリーにおいて，いかに収益を上げていくかが至上命題となる．

　2） **ハーレーダビッドソンジャパンにおける市場戦略と文化の関係**

　前項において，ハーレーダビッドソン社は，衰退しつつある日本市場で一貫

して販売台数を増加させてきたこと，かつ大型オートバイ市場において確固たる地位を築いていることを確認してきた．本項では，そのような同社の日本における市場競争力について，市場戦略と文化の関係から考察することにする．

　ハーレーダビッドソン社の市場競争力の源泉を考察するにあたり，先進国におけるオートバイ市場の特徴から１つの手がかりを得ることができる．先述したように，日本をはじめとする先進国の消費者は，オートバイを移動や輸送の手段としてというよりはむしろ，趣味として楽しむための手段と位置付けている．ハーレーダビッドソン社の成功も，機能としてではなく，趣味としての価値を高めたところに見出すことができる．

　ハーレーダビッドソンジャパンは，同社のマーケティングを，「モノ」を売らずに「コト」を売る「ライフスタイル・マーケティング」と表現する．すなわち，「ハーレーの歴史と文化と伝統，ライフスタイルという『顧客価値』を売る」[23]ことを重視し，「『ハーレーのある楽しい生活』という『夢』を売る」[24]ことによって，「商品のストーリー性や使用による快感，満足感といった感情的な経験から得る価値」[25]を提供することを主眼としているのである．

　ハーレーダビッドソンジャパンがライフスタイル・マーケティングを重視する理由には，上で見たような日本のオートバイ市場の現況，およびハーレーダビッドソンという製品自体の性質がある．まず，日本のオートバイ市場は，その規模が縮小しているだけでなく，製品間の差異が明確でないという特徴がある．たとえば，HY戦争と形容された1980年代初頭のホンダ社とヤマハ社による価格競争のように，価格が主要な競争要因となってきた[26]．ハーレーダビッドソンの平均価格は，日本製オートバイの２倍以上であるため，熾烈な価格競争で勝ち残ることは期待できない．さらに，ハーレーダビッドソン社の製造拠点はアメリカに存在するため，日本の消費者のニーズに適合して製品開発を行っているわけではない[27]．ハーレーダビッドソンジャパンは，アメリカのハーレーダビッドソン本社からオートバイを仕入れ，販売するという機能に特化している．そのため，ハーレーダビッドソン社の製品は大きい上に重く，小回りが利かないという特性をもっており，機能面や品質面で日本企業と渡り合え

ないという状況がある．したがって，これらの制約条件を克服するため，ハーレーダビッドソンジャパンは戦略的に，「商品に込めた思い，美しさ，質感，感情，歴史と文化などが形成する，機械を超えた存在感や感性品質の高さや，ハーレーだけに存在する独特の世界」[28] を前面に押し出し，価格や機能面での競争を回避する手段を採用していると理解できる．

ライフスタイル・マーケティングを実現するための中核的手段とされるのが，イベントである．ハーレーダビッドソンジャパンにおけるイベントは，ハーレーダビッドソンがもつ「105年に及ぶ歴史と伝統と文化という，いわばハーレーの持つ文化的意味」を顧客に伝達し，「感動体験として記憶してもらう」[29] 場として位置付けられている[30]．このライフスタイル・マーケティングや，その重要な伝達手段であるイベントにおいて，第2節で検討したような，アメリカ文化を背景とする「文化的要素」を積極的に活用していることが看取できる．

ハーレーダビッドソンジャパンでは，ハーレーダビッドソンというオートバイの楽しみ方を，10の要素に分類している．その要素とは，①「乗る」②「出会う」③「装う」④「創る」⑤「愛でる」⑥「知る」⑦「選ぶ」⑧「競う」⑨「海外交流」⑩「満足」，であるが，この中でハーレーダビッドソンに特徴的な要素として，⑥「知る」と⑨「海外交流」が挙げられる[31]．「知る」は，単にオートバイに対する知識を獲得することを意味するものではない．ハーレーダビッドソンは，世界のオートバイの中で最も古い歴史を有し，「アメリカの精神と文化」を象徴する[32] 商品であるため，それらの伝統やアメリカ文化をより深く知ることによって他のオートバイにはない満足感が得られるということを意味している．そして，⑨「海外交流」は，ハーレーダビッドソンの所有者によって組織される HOG（Harley Owners Group）を通じて，世界中のハーレーダビッドソン所有者と交流をもつことを意味している[33]．また，「海外交流」の中には，ハーレーダビッドソン生誕の地であるアメリカという「聖地」への訪問や，そこで開催されるイベントへの参加をも含んでいると解釈できる．

イベントに目を向けると，大規模なイベントとして，夏に開催される「富士

ブルースカイヘブン」や秋に開催される「長崎ハーレーフェスティバル」と並び，季節を問わず全国各地で開催される「アメリカンワールドフェスタ」がある．アメリカンワールドフェスタとは，大規模な商談試乗会であり，その場での成約が第1の目的となっている．イベントを重視するハーレーダビッドソンジャパンにおいて，地域のすべてのディーラーが参加する商談試乗会の名に「アメリカン」という名が冠されていることからも，たとえ異国の地においても，ハーレーダビッドソンとアメリカとの間に強い結び付きがあることが容易に想像できる．

さらには，イベント会場に設置される「ヒストリー館」の存在が挙げられる．奥井氏によれば，ヒストリー館とは，「1900年代初めからの，アメリカの"黄金の60年代"の繁栄を誇ったよきアメリカの生活とともにあるハーレーの絵画とビンテージ車を飾った展示館」であり，「これこそが，アメリカの歴史を背負ったハーレーというブランドの文化的意味の表現（の一部）である」と説明されている[34]．

以上のように，ハーレーダビッドソンジャパンのマーケティングの中核には，ライフスタイルを売ることや，それを明確に顧客に伝達するメディアの役割を果たすイベントの存在があることが確認できた．その中でアメリカ文化を背景とする「文化的要素」が一翼を担っていることが重要である．そして，ハーレーダビッドソン社の「文化的要素」を絶えず伝達し，改めてその魅力を伝えることで，すでに標的とする顧客が保持している「文化的プラットフォーム」を維持していると解釈できるのである．

4．ハーレーダビッドソン社における市場戦略と文化の関係

第2節で述べたように，ハーレーダビッドソン社，およびその製品であるオートバイは，アウトローのバイカー，アメリカの象徴，自由という価値観などのイメージをもつことで知られている．しかしながら，これらのイメージは，ハーレーダビッドソン社とその製品に自然と備わっているものではなく，同社

が文化的背景や文化産業を巧みに活用することによって戦略的に獲得したものである．それと同時に，それらのイメージが同社の「文化的要素」として機能することで，他社には模倣困難な競争優位を発揮することに貢献している．

まず，アウトローのバイカーという要素は，雑誌や映画などの文化産業によってハーレーダビッドソン社の製品と結合された．しかしながら，第2節で見てきたように，当初のハーレーダビッドソン社はそのようなイメージを嫌い，家族でツーリングに出かけるイメージを強調したり，オートバイの改造自粛を呼びかけたりするような広告を打った．その後，アウトローのバイカーが，市場戦略上の重要な要素になることを認識すると，オートバイのデザインに取り込んだり，経営幹部の1人であるウィリアム・G.ダビッドソンが彼らのファッションを取り入れたりするなど，積極的に活用するようになった．アウトローのバイカーは，マッチョで粗野な白人男性という男らしさを意味しながらも，それと同時に，アメリカに対する愛国心，自由な価値観への尊重という要素とも結び付いた．このことは，アメリカにおける特定の階層や民族がもつ文化的背景を積極的に活用したことの表れである[35]といえよう．

第2に，アメリカの伝統やアメリカへの愛国心という要素は，唯一のアメリカ製オートバイであるという事実からももたらされている．1953年にライバル企業であったインディアン社が倒産して以来，ハーレーダビッドソン社のみがアメリカを本国とする企業となった．しかしここでも，そうした事実に単に依存するというよりも，アメリカの象徴となるべく，同社は様々な戦略を駆使しているようにみえる．たとえば，1971年に製造されたFXスーパー・グライドは，燃料タンクが青，赤，白の3色で塗装され，星条旗を連想させるようになっている．また，製品に「ノスタルジア（Nostalgia）」や「ヘリテッジ（Heritage）」といったアメリカの伝統や古き良き時代を思い起こさせるようなモデル名が付されることもある[36]．さらに，製品を構成する部品のうちの80％はアメリカで生産されたものを使用しているといわれている[37]．表9-3は，ハーレーダビッドソン社の製造拠点の一覧を示している．この表からは，同社の製造拠点のほとんどがアメリカに設置されているというだけでなく，重要な

部品についてはすべてアメリカで造られていることがわかる．より低コストでの生産やより高品質な製品を目指すならば，アメリカ以外の国に移転するほうが理に適っているかもしれない．にもかかわらず，アメリカでの生産に拘泥する理由として，まさにハーレーダビッドソン社が「アメリカ製」としての純血性を必要としていることがあると理解できる．これらのことから，製品のうちにアメリカやその国旗である星条旗を想起させるような手法が取られているのである．さらに，消費者へのメッセージにおいても，愛国心を煽るような内容が見て取れる．第2節で見たように，アメリカの経済にとって脅威であり憎き

表9-3　ハーレーダビッドソン社の製造拠点

場　所	国　籍	事業内容
ウォーワトサ（ウィスコンシン州）	アメリカ	オートバイのパワートレインの生産
メノモニーフォールズ（ウィスコンシン州）	アメリカ	オートバイのパワートレインの生産
イーストトロイ（ウィスコンシン州）	アメリカ	Buell のオートバイ組立
トマホーク（ウィスコンシン州）	アメリカ	ファイバーグラス／プラスチック部品の製造および塗装
カンザスシティ（ミズーリ州）	アメリカ	オートバイ部品の製造と塗装．Dyna, Sportster, VRSC の組立
ヨーク（ペンシルベニア州）	アメリカ	オートバイ部品の製造と塗装．Softail, およびツーリング・モデルの組立
マヌス	ブラジル	ブラジル市場向けに選択されたモデルの組立
バレーゼ	イタリア	MV Agusta，および，Cagiva オートバイの組立
アデレード	オーストラリア	オートバイのホイールの生産

（注）　表中の Dyna, Sportster, VRSC, Softail, はオートバイのモデル名．Buell, MV Agusta, Cagiva は同社が所有するブランド名であったが，2009年に Buell ブランドの閉鎖，および MV Agusta, Cagiva 両ブランドの売却が発表された．
（出所）　Harley-Davidson Inc., *Form 10-K 2008*, p. 20 を基に筆者作成

敵である日本企業を打ち倒した称賛されるべき企業として，愛国的な政策をとるレーガン政権の旗振り役を自ら担い，メディアに取り上げられた．湾岸戦争の際には，工場やディーラーに星条旗などを掲げたり，アメリカ軍への支持を連想させるような広告を制作した．ハーレーダビッドソン社自らの戦略に加え，文化産業も重要な役割を担ってきた．たとえば，レーガン大統領によるハーレーダビッドソン称賛の演説を報道したマス・メディアや，映画『イージー・ライダー』の中で，ピーター・フォンダ扮する「キャプテン・アメリカ」が搭乗したオートバイの最も目立つ部分であるオイル・タンクおよびヘルメットに星条旗がペインティングされたことが挙げられる．

　第3に，自由や独立という要素は，まず文化産業によって形作られた．1950年代および1960年代を通じて創作されたバイカーを主題にした一連の映画は，誰にも縛られることのないアウトローのイメージとハーレーダビッドソン社のオートバイとを結合した．とりわけ『イージー・ライダー』は，束縛されることなく，オートバイ1つで気儘に旅するライダーのイメージを人々の意識に植え付けた．しかしここでも，自由や独立という要素は，ハーレーダビッドソン社の製品に体現されることを通じて，戦略的に活用されている．ハーレーダビッドソンのオートバイは，一般的にアイアン・ホース（鉄馬）と呼ばれていることからもうかがえるように，機械としてというよりはむしろ，馬であるとみなされている．扱いにくい上に故障しやすく，振動があり，空冷2気筒のエンジンからは騒音が絶えず出て，さらにそのエンジンも一度では掛かりにくいというような製品特性も，従順ではなく自らの意思をもった生き物として肯定的な評価に変わる．後ろに重心を残し，地面に近い場所に足をかけるというハーレーダビッドソン特有の乗り方も，馬に乗るカウボーイになぞらえられる．さらに，AMFから独立した際には，顧客とともにAMF本社からハーレーダビッドソン社の本拠地であるミルウォーキーに帰るというツーリングを行ったことからもわかるように，自由や独立といった要素をイベントの中に組み込んでいるのである．

　なぜハーレーダビッドソン社は，成熟し衰退する二輪車市場において，顧客

を魅了することができ，成長を遂げることができたのであろうか．いい換えるならば，同社の市場競争力は，いかなる点に求められるのであろうか．この疑問を解く１つの方法は，ハーレーダビッドソン社の成功を支えているとされる要因，または，同社が再建に取り組む中で取り入れた要因を比較・検討することによって，その中で最も機能していると思われるものを抽出することであろう．

　ハーレーダビッドソン社は，1980年代前半に，ジャスト・イン・タイム，協調的な労使関係，統計的な生産プロセス管理などの日本的な生産管理手法を取り入れることによって，作業の効率化を推し進めつつ，大幅に品質を向上させることに成功した[38]．製品品質の向上は，故障しがちなオートバイに不満があった顧客層や，自ら修理を行う技術をもたない顧客層に対して，大きな訴求力をもった．品質向上に注力した時期の前後を比べてみると，ハーレーダビッドソン社の製品につきものであったオーバーヒートやオイル漏れなどの故障が激減し，顧客獲得の一助となったことは確かであるといえるだろう．ところが，競争相手である日本企業と比べてみると，日本企業のオートバイは，加速性や静寂性，電子機器，付属品などの点においてハーレーダビッドソン社の製品よりも勝っているようである[39]．したがって，同社の成功にとって品質の向上は必要条件ではあるものの，日本製のオートバイから買い替えさせたり，信奉者ともいえる顧客を作り出したりする要素とみなすには，不十分であると考えられる．

　ハーレーダビッドソン社の成功を支えるもう１つの重要な要因として，1980年代前半に公式に創設されたHOGと呼ばれる会員組織が挙げられる．この会員組織は，創設の６年後には９万人の会員を，2000年には全世界で50万人以上の会員を集めた，多数の顧客からなる大規模組織である．HOGは，会員に対する特典の付与，会員報の発行，ツーリングやラリーの企画，経営陣による企画の参加などを積極的に行っており，顧客の忠誠心を高める重要な手段として取り上げられてきた．しかしながら，いみじくもホルトが指摘しているように，会員組織（顧客のコミュニティ）があるために顧客を引き付けるのではなく，

むしろ「ブランドが人々を引き付ける強力な神話を持ち，人々が互いに交流してその神話をさらに強めようとするとき」[40]にコミュニティが生まれるのである．さらに，他社も類似の会員組織をもっていることを考慮すれば，ハーレーダビッドソン社にとってHOGは重要であるものの，顧客のコミュニティそれ自体が顧客を引き付ける要素であるとは考えにくいだろう．

　先に述べた3つの「文化的要素」は，相互に影響を及ぼし合いながら，ハーレーダビッドソン独自の文化的意味や神話を形成している．しかしながら，3つの要素が歴史の中で自然に結び付き，独自の価値観を形成したのではない．映画やマス・メディアをはじめとする文化産業がハーレーダビッドソンというオートバイと「文化的要素」を強く結び付けた後，その重要性に着目したハーレーダビッドソン社によって，戦略的に活用されたという点が重要である．

　ハーレーダビッドソン社の検討を通じて明らかになったことは，まず「文化的要素」の素材となり得る魅力的な文化，すなわち，同社にとってのアメリカ文化という文化的背景の存在が必要とされるということである．次に，アメリカ文化の中から，製品に付与可能でかつ顧客を引き付けられるような素材が「文化的要素」として選別される．ハーレーダビッドソン社におけるそれは，アウトローのバイカー，ブルーカラーの白人男性，アメリカの伝統や愛国精神，星条旗の尊重，自由や独立の精神といったものであった．さらに，文化産業やハーレーダビッドソンを乗りこなす有名人などに支えられながら，ハーレーダビッドソン社は，アメリカ文化の中から選別されたそれぞれの「文化的要素」を結合させ，特有の価値観を形成したのである．

　そして，これらの要素の活用と同時に，消費者の認識枠組みや価値観，ライフスタイルを意味する，「文化的プラットフォーム」の形成が必要であった．アメリカという文化的背景の魅力を人々に再認識させ，ハーレーダビッドソン社の製品と分かち難く結び付いていることを消費者に理解させなければ，いくらハーレーダビッドソン社が「文化的要素」の活用に傾注しようとも，意図したようには機能しなかったであろう．ハーレーダビッドソン社の場合，映画やマス・メディアなどの文化産業が中心的な役割を果たしながら，文化的背景や

「文化的要素」の魅力を認知させ，ハーレーダビッドソン社のオートバイがその魅力を体現するものであるという認識を形成したと考えられる．構成された物語や価値観が消費者に受け入れられて初めて，「文化的要素」は競争優位として機能し，標的とする顧客層を強く引き付け，そのことによって市場を切り開き確保する競争力になるのである．

また，日本市場においても，ハーレーダビッドソンジャパンによって，アメリカ文化を背景とする要素が活用されていることを，第3節を通じて見てきた．ハーレーダビッドソン社の日本法人であるハーレーダビッドソンジャパンは，日本製のオートバイや他の輸入車と競争するために，オートバイの価格や機能ではなく，ハーレーダビッドソンが保持する文化や伝統，ライフスタイルなどの要素に注目し，それを積極的に顧客に訴求するという戦略を遂行している．そして，アメリカ文化は，ハーレーダビッドソンに乗る楽しみを伝達する手段として，あるいは，イベントにおいてハーレーダビッドソンのもつ価値を具現化する手段として，大いに活用されていることをわれわれは確認してきた．

ここで重要なことは，ハーレーダビッドソンとアメリカ文化を背景とする要素の結び付きが，単に企業（ハーレーダビッドソンジャパン）によって活用されているというだけでなく，それを受容する顧客にとっても重要な価値をもつように意図されているという点である．第3節でも取り上げた，「ヒストリー館」の存在や，イベントにアメリカにちなむ名前を冠していることは，顧客にアメリカ文化という文化的背景やそこから選別された「文化的要素」を絶えず再認識させ，刷新する役割を担うものであると位置付けられる．したがって，ハーレーダビッドソンジャパンでは，文化的背景や「文化的要素」を魅力的であると解釈し，自らのライフスタイルに取り込むような「文化的プラットフォーム」を形成しているというよりはむしろ，一度形成したそれを維持していると考えられる．たとえ日本企業がハーレーダビッドソンに類似する大型オートバイを製造したとしても，それがイミテーションの域を超えないのは，まさにハーレーダビッドソンにしかない価値，すなわち文化を顧客が体感しているから

である[41].

　以上のことから，ハーレーダビッドソン社が日本をはじめとする高品質かつ低価格なオートバイを製造する企業に勝る点とは，消費者に魅力的に映り，引き付ける力として機能するような，製品にビルド・インされた「文化的要素」であるといえる．そして，アウトローのバイカー，アメリカの象徴，自由なカウボーイなどの複数の要素を機能させるために，ハーレーダビッドソンの価値を受け入れ，自分のライフスタイルに深く浸透させるような顧客の「文化的プラットフォーム」の形成に成功したことである．これらの要因を通じて，他社には模倣困難な競争優位を構築していると考えられるのである．

おわりに

　本章では，「文化的要素」と「文化的プラットフォーム」という2つの概念を軸として，ハーレーダビッドソン社の事例を検討することによって，多国籍企業の市場戦略と文化の関係について考察してきた．

　第1節では，多国籍企業のグローバルな市場競争について概観するとともに，「文化的要素」と「文化的プラットフォーム」という2つの概念を提示した．あえて単純化するならば，前者は，商品に付与される文化的な要素群であり，後者は，それを受容する消費者の認識枠組みやライフスタイルである．

　第2節では，ハーレーダビッドソン社の本国であるアメリカにおける市場戦略と文化の関係を検討した．まず，戦後のアメリカで映画産業などの文化産業を中心として，ハーレーダビッドソン社の製品とアメリカ文化を背景とする「文化的要素」が結び付けられ，消費者の認識を形成した．1980年代以降は，ハーレーダビッドソン社が先導的な役割を果たしながら，「文化的プラットフォーム」をより強化しつつ，文化産業が創り出した「文化的要素」を積極的に同社の市場戦略の中に取り込むことが試みられた．

　第3節では，戦前および戦後の日本市場における市場戦略と文化の関係を見た．日本市場におけるハーレーダビッドソン社の活動は，第2次世界大戦を境

第 9 章　ハーレーダビッドソン社の市場戦略と文化の関係　253

に区分できるが，とりわけ戦後はハーレーダビッドソンジャパンの「ライフスタイル・マーケティング」の中に，本国で確立した「文化的要素」を取り込んでいることが確認できた．

　第 4 節では，第 2 節および第 3 節で取り上げたハーレーダビッドソン社の事例について，「文化的要素」と「文化的プラットフォーム」の 2 つの概念を用いて解釈することを試みた．

　「おわりに」では，これまでの議論を整理しつつ，本章の事例分析を通じて明らかになったことをまとめたい．まず，ハーレーダビッドソン社における市場戦略では，アメリカ文化を背景として生起する ① カウボーイの独立心と自由性，② 西部開拓などのアメリカの伝統，③ アウトローのライダーに象徴される男らしさ，などの「文化的要素」が活用されていた．これらの要素は，単にハーレーダビッドソン社の製品に付け加えられただけでなく，製品の設計思想にまでビルド・インされていたことが重要であった．同社の製品を愛用する人々は，ハーレーダビッドソンを「アイアンホース」と形容することからもわかるように，オートバイとしてではなく，まるでカウボーイが乗りこなす馬という生き物としてみなすようになっている．また，これらの「文化的要素」は，本国であるアメリカ市場においてのみ機能したのではなく，日本法人であるハーレーダビッドソンジャパンによって，ライフスタイル・マーケティングや，イベントにおいて積極的に活用され，顧客をつなぎとめたり，新規顧客を獲得したりする際の重要な手段となっていた．

　ハーレーダビッドソン社が活用した「文化的要素」と同社製品とを結び付け，それらの要素を受け入れる下地，すなわち「文化的プラットフォーム」を築き上げる際に重要な役割を果たしたのは，主に映画やマス・メディアなどの文化産業であった．当初は，文化産業が中心となり，ハーレーダビッドソン社のオートバイが，男らしさやかっこよさを意味し，カウボーイが乗りこなす馬を表すものであるという消費者の認識枠組みを築き上げたのである．その後，ハーレーダビッドソン社がその価値に気付くことで，自らの製品のなかに取り込んでいき，さらにアメリカの象徴となるように，マス・メディアなどを活用

し，消費者に働きかけていった．

最後に，これまでの検討を通じて得られた，多国籍企業における市場戦略と文化の関係を示すことで結びとしたい．すなわち，多国籍企業が，①背景となる文化から自社にとって必要な要素を選別すること，および②それらの要素を単に商品のイメージや味付けとして付与するのみならず，製品やサービスの本質にまでビルド・インすること，という「文化的要素」の活用とともに，③それを受容する消費者の認識枠組みや価値観，ライフスタイルを創造したり，変容させたりする「文化的プラットフォーム」の形成を，市場戦略の中に取り込んでいることである．

1) Held, David, *A Globalizing World?*, The Open University, 2000（中谷義和監訳『グローバル化とは何か』法律文化社，2002年，18-19ページ）．
2) Tomlinson, John, *Globalization and Culture*, Polity Press, 1999（片岡信訳『グローバリゼーション』，青土社，2000年，15ページ）．
3) ボストン・コンサルティング・グループ（BCG）によれば，「世界中の新興国・急成長地域」において成功を収め，急成長している「グローバル・チャレンジャー」企業上位100社のうち，その大半が中国，インド，ブラジル，メキシコ，ロシアに本拠地を置いている．また，あらゆる業種にわたってそのような企業の存在が確認できるという（Srkin, L. Harold, James W. Hemering, and Arindam K. Bhattacharya, *Globality: Competing with Everyone from Everywhere for Everything*, Business Plus, 2008．水越豊監訳，中山宥訳『新興国発超優良企業』，講談社，2008年，39-40ページ）．
4) 恩蔵直人『コモディティ化市場のマーケティング論理』，有斐閣，2007年，2ページ．
5) ソフト・パワー論については，Nye, S. Joseph, *Soft Power: The Means to Success in World Politics*, The Perseus Books Group, 2004（山岡洋一訳『ソフト・パワー―21世紀国際政治を制する見えざる力―』，日本経済新聞社，2004年）を参照されたい．
6) 岩淵功一『文化の対話力 ―ソフト・パワーとブランド・ナショナリズムを越えて―』，日本経済新聞社，2007年，20-21ページ．
7) 2つの概念の理論的根拠については，瀬口毅士「多国籍企業の市場戦略における文化の活用」，日本比較経営学会編『比較経営研究』，第33号，2009年，142-161ページを参照されたい．

8) Aaker, A. David, *Building Strong Brands*, The Free Press, 1996（陶山計介他訳『ブランド戦略の優位―顧客を創造する BI の開発と実践―』，ダイヤモンド社，1997年，176-181 ページ）．
9) Wright, K. David, *The Harley-Davidson Motor Company*, Patrick Stephens Publishing, 1987（高齋正訳『ハーレーダビッドソン 80 年史』，グランプリ出版，1988 年，298-300 ページ）．
10) Holt, B. Douglas, *How Brands Become Icons*, Harvard Business School Press, 2004（斉藤裕一訳『ブランドが神話になる日』，ランダムハウス講談社，2005 年，256-257 ページ）．
 Yates, Brock, *Outlaw Machine*, Little, Brown and Company, 1999（村上博基訳『ハーレーダビッドソン伝説』早川書房，2001 年，42-54 ページ）．
 Davidson, G. William, *100 Years of Harley-Davidson*, Bulfinch Press, 2002（白倉三紀子，須田明子訳『100 Years of Harley-Davidson 日本語版』，ネコ・パブリッシング，2003 年，113-115 ページ）．
11) ホリスター事件は，『ライフ』誌のアメリカ版のみならず，国際版にも掲載された．詳しい記事に関しては，*Life*, July 21, 1947, p. 31，および，*Life International Edition*, August 4, 1947, p. 19 を参照されたい．
12) Scott, Missy, *Harley-Davidson Motor Company*, Greenwood Press, 2008, p. 69.
13) *Ibid.*, p. 81.
14) Wright, 前掲訳書，176 ページ．
15) Holt, 前掲訳書，273 ページ．
16) Conway, A. John, "Harley Back in Gear," *Forbes*, 20 April, 1987.
17) 香山知子編『ハーレーダビッドソン物語』，グリーンアロー出版社，1993 年，158 ページ．
18) 竹内弘高「顧客が『信者』に変わる時」（嶋口充輝，竹内弘高，片平秀貴，石井淳蔵編著『マーケティング革新の時代① 顧客創造』有斐閣），372 ページ．
19) 『ハーレーダビッドソンの 100 年―1903-2002―（ヤエスメディアムック）』，八重洲出版，2001 年，91 ページ．
20) 打田稔編『グレイテスト・ハーレー 1903-2008（ヤエスメディアムック 210）』，八重洲出版，2008 年，114 ページ．
21) 奥井俊史『ハーレーダビッドソンジャパン 実践営業革新 ―「顧客価値を売る」真実―』，ファーストプレス，2008 年，2 ページ，174-175 ページ．
22) 本田技研工業株式会社広報部世界二輪車概況編集室『世界二輪車概況 2008 年版』，本田技研工業株式会社，2008 年，4 ページ．
23) 奥井俊史，前掲書，4 ページ．
24) 同上書，22 ページ．

25）同上書，5ページ．
26）同上書，19ページ．
27）同上書，199ページ．
28）同上書，25ページ．
29）同上書，152ページ．
30）このことは，奥井俊史氏による以下の発言からも裏付けられる．
「新たな顧客接点をどうしようかというテーマがありました．我々の業界は新しい流通資本が入ってくるほど魅力があるわけではありませんから，店舗だけだと接点魅力がない．店舗から拡大する接点をいかにつくるかということで，アメリカン・ワールド・フェスタ，キスポ，カーニバル，トライディングといったイベントをやり，これに全部ディーラーを動員するんです．」（牧田正一路『ハーレーダビッドソン ライフスタイル・マーケティング』，東洋経済新報社，2003年，166ページ）．
31）奥井俊史，前掲書，22ページ．
32）同上書，22ページ．
33）同上書，22ページ．
34）同上書，153ページ．
35）この点に関して，イェイツは次のように述べている．「人気トレンドの多くは，社会の最上層か底辺からはじまり，中間からは出ないといっていいのではないか．たとえば，外国車や北欧家具，有機食品などの健康ブームは，金持ちのあいだではじまった．一方，ロックンロール，カントリー・アンド・ウェスタン，ピックアップ・トラック，メキシコ料理，黒人ファッションは，まずプロレタリアートのあいだで広まった．底辺もその最下層にいたのが，もっとも疎外された一群，バイカー・ギャングで，新ハーレー教の中核をなすのは彼らだった．その姿はあまりにも激烈で，他のだれにも，なかんずく日本には，到底まねのできることではなかった．」（Yates，前掲訳書，206ページ）．
36）竹内弘高，前掲書，372ページ．
37）牧野正一路 前掲書，143ページ．
38）ハーレーダビッドソン社の復活をこの側面から分析したものとして，Teerlink, Rich and Lee Ozley, *More than A Motorcycle*, Harvard Colledge, 2000（柴田昌治，伊豆原弓訳『ハーレーダビッドソン経営再生への道―トップダウンから全員参加型経営へ―』，翔泳社，2001年）や，Reid, C. Peter, *Well Made in America : Lessons From Harley-Davidson on Being the Best*, McGraw-Hill, 1990 などがある．
39）Aaker，前掲訳書，180ページ．
40）Holt，前掲訳書，288ページ．
41）この点について，イェイツによる主張は示唆に富む．イェイツは，ヨーロッパか

らアジアに至るまで，世界各地のハーレー・ライダーにインタビューを行った上で，以下のように結論付けている．少し長くなるが，引用したい．

「ハーレーダビッドソンの，この世界規模での魅力に，なにかひとつ簡単な理由があるとしたら，きっとそれは，その触知されるパワーと，ヤンキーのふてぶてしさをあらわす意匠の内にある．アメリカの外交政策，商慣行，はてはテーブル・マナーまでがけなされても，ハーレーダビッドソンだけは好ましい目で見られている国が，世界にはどれほどあるかしれない．"醜いアメリカ人"のイメージはいまなお生きていて，ハーレーの魅力がよってきたるところも，その文脈の内でである．この伝統もマシンは，それをつくる人々に似て，大きな図体をして，騒々しくて，生意気で，冒涜的で，しばしば行儀の悪い，ハックルベリー・フィンの善良性の下に危険を隠したカントリー・ボーイである．自由闊達で，笑みを絶やさず，だが危険このうえもない，奔放たる独立心をもって行動するガンファイター．そのイメージは根強く，いつまでも世界の隅々にまでのこる．ダラス・カウボーイズのロゴ入りジャケットやＴシャツが売れるのは，……チームがアメリカの神話という文脈であらわすもののためだ．同様に……カントリー・アンド・ウェスタンのスターは，歌とライフスタイルを通じて大いなる西部の伝説の薄れゆくイメージをとどめようとしているのだ．ハーレーダビッドソンもおなじで，二十世紀の疾駆する野生馬は，乗り手がインドネシア人であれスウェーデン人であれ，最後のカウボーイたちが西部を支配した，いまや靄のたちこめる往時の領域へ連れて行ってくれるのだ．」
(Yates，前掲訳書，301 ページ．なお，下線部は引用者による)．

第10章　労働慣行の改善に向けた多国籍企業と国際機関の取り組み
——ナイキ社の事例から——

はじめに

多国籍企業のCSR (Corporate Social Responsibility:「企業の社会的責任」) 活動は，現在様々な分野で展開されている．なかでも，途上国の労働者に対する活動は，環境と並び注目を集めてきた．国連グローバル・コンパクト (United Nations Global Compact) においても，企業経営内に取り込んでほしいものとして，人権，労働，環境，そして腐敗防止分野における10原則を掲げている[1]．このグローバル・コンパクトは社会的責任に関わる世界最大のイニシアチブであり，2011年8月の報告によると，6,263社もの企業がこの10原則に賛同を表明している[2]．

企業の主に生産面を低賃金で支える途上国の労働者に関する責任に，企業や消費者等の注目が集まるきっかけは，1990年代初頭に起こったナイキ (Nike) 社における児童労働問題であろう．この問題の発生源の1つは，同社のサプライチェーンの構造にある．生産は，中国やベトナム，インドネシアといったアジア圏にある契約工場に任せてコスト低減を図り，研究開発やマーケティング，販売は先進国の拠点で行うという形態である．労働問題を取沙汰されたナイキ社も現在，なお700以上の工場と契約を結んでいる[3]．契約工場の1次，2次下請けなどまで含めれば，多国籍企業のサプライチェーンは巨大かつ複雑なものになっていよう[4]．

このようなサプライチェーン内におけるグローバルな配置は，競争が激化す

る中で，多国籍企業がとる有効な戦略の1つであろう．本章で中心的に取り上げるナイキ社が属しているスポーツ・アパレル産業は寡占状況にあり，競争環境は厳しく，OEM（Original Equipment Manufacturer：「相手先商標製造会社」）を用い，生産コストを削減することは，正しい選択肢の1つである[5]．同産業における製品の流行の移り変わりは激しく，契約工場を活用することは，柔軟な生産を行う上で重要な役割を果たしている．

他方で，その生産体制に組み込まれている契約工場の労働環境や人権に関する責任が，生産を委託する側の多国籍企業に責任があるのかどうかということは，ナイキ社のみならず，多国籍企業の責任範囲をめぐる重要な論点の1つとなってきた[6]．

ナイキ社の問題が1990年代に取り沙汰された際，同社は独立した下請け業者の行動について，同社が責任を問われるのは，心外であるという反応を示した[7]．当時の状況として宮坂氏は，「アパレル・フットウェア産業に属するアディダスやナイキはマーケティングに特化しブランド商品を世界各地に点在する『下請け』工場に委託している．それ故に，はじめの頃は，請負工場で働く労働者たちは多国籍企業にとってはそのサプライチェーンを構成するものとして位置づけられておらず，そのような労働者および労働条件の配慮は優先度が低いか全く欠けており，義務の範囲を超えるものであると理解されていた」[8]と記している．大きな批判を浴びた1990年代初頭においても，現代においても，ナイキ社から見て契約工場は法的にも経済的にも他社であることに変わりない．ナイキ社とその工場は，生産契約を結んでいるだけの関係である．

しかしながら，先進国を母国とする多国籍企業（発注側）と途上国の契約工場（受注側）の力関係を考えると，両者の契約関係を，対等な契約関係に基づく「公正なビジネス」として，捉えるわけにはいかないのではないだろうか[9]．多くの場合，多国籍企業の母国と比較すると，契約工場のある途上国の法的インフラストラクチャーは十分ではなく[10]，労働環境についての規制は厳格でないため，十分に自国の政府から保護されているとはいい難い．また，次節にて詳述するように，多国籍企業から生産を受注するために，契約工場がか

なりの負担を負うことからも，両者が対等な条件で契約を結んでいるわけではない．したがって，工場に生産を委託する多国籍企業の側の責任もまた，全面的にというわけではないにしても問われることとなるのではないだろうか．

ただし，多国籍企業がこうした責任を果たすにあたり考えなければならないことの1つは，発注元である彼らが現実的に，膨大な数の企業や工場，それも，自社のものではないものをどこまで管理できるのかという点である．ボーゲル（David Vogel）は，多国籍企業のCSR活動に児童労働の減少などを一定の成果を見出しつつも[11]，途上国における工場の「遵守状況を有効に監視する体制を構築することが重要な挑戦課題である」と指摘し，そこでの「最も明白な問題」として「契約企業の数が多いこと」を挙げている[12]．また，その「有効な監視システムや検査を維持するコストは高く，ブランド企業なら直接的または間接的に数千人の検査官を雇用しなければならないだろう」[13]といった限界も併せて論じている．

グローバルな競争に晒されている多国籍企業がCSR活動として，自社のサプライチェーンにある莫大な数の契約企業，工場を把握し，その監視に莫大な費用をかける．そこには，ボーゲルがいうように，限界が生じるだろう．ただし，CSR活動によって可能になる範囲を費用によってのみ固定してしまうのではなく，少しでもその範囲を拡大させる上で，国際機関やNGO（Non Governmental Organization：「非政府組織」）との関係を考慮してみる必要がある．なぜなら，多国籍企業のCSRが問われるきっかけとなったナイキ社が，世界的なバッシングを受け，経営慣行の改善を行っていったプロセスには，こうした組織が関わっているためである．

冒頭に述べたナイキ社の児童労働問題に関しては，NGOやマスコミの存在が，同社の姿勢を変化させるのに役立ったことは事実であろう．しかし，この「メディアを取り込んで，大衆感情をひとつに作り上げ，さらに企業から説明責任を無理にでも引き出そうとする戦略」[14]には，広く議論を呼び起こすことができる一方で，「大企業を叩きながら，消費者へ情報提供，啓発活動を続けるという構図に対して，消費者が問題あるブランド企業の商品を避けながら

『倫理的意識を持った買い物（Ethical Consumerism)』を行えば事態は改善される，とするのは甘すぎる」[15]という批判も的確なものである．

　第3節で詳述するように，ナイキ社が契約工場に対する慣行を改善していく過程には，国際機関や地元の大学との協力があった．これが，どのように作用したのかという点は，検討する意義があるのではないだろうか．ナイキ社の一連の問題に関しては，どのような経過を経たのかという点については，労働環境をめぐって様々な観点から取り上げられている．たとえば，宮川氏は，オルーク（Dora O'Rourke）やルシビク（Robert J. Liubicic）の研究を取り上げながら「多国籍（アパレル）企業は，海外の契約工場の労働条件に責任をもつのか」という問いにYesという立場から同社の一連の問題を整理しなおしている．しかし，宮川氏をはじめとする既存の研究においては，問題に関する一連の動向については記されているものの，その改善活動の過程に国際機関や大学などが関わったことについて，決して多くは触れられていない．

　そこで本章では，途上国における労働環境をめぐる問題が取り上げられるようになったきっかけとなったスポーツ・アパレルメーカーであるナイキ社の経営改善に向けた取り組みを追うことで，国際機関やNGOとの協力関係にどのような成果と限界があったのかを検証する．

　まず，次節において，同社がどのような経営環境に置かれているのかを，主に産業特性および生産面から整理する．続いて，1990年代初頭に発生した問題に対し，同社がどのように対処していったのかを概観し，その成果について工場の格付け評価を基に検討する．

1．ナイキ社の競争環境と戦略の特徴

　現在，この産業は，アメリカを母国とするナイキ社とアディダス（Adidas）社，プーマ（Puma）社のドイツ勢，そしてアシックス（Asics）社，ミズノ（Mizuno）社という日本勢による寡占状態にある．もともとは，1948年創設のアディダス社およびプーマ社が先行していた市場である[16]．しかし，1972年

創設という後発のナイキ社は「……1994年には4,000万ドル規模だった売り上げは，今や（2006年）15億ドル規模にまで伸びている．特に2002年からの4年間は売り上げを倍増させており，世界市場におけるシェアは歴史的な市場リーダーと比べても遜色ないものになった」[17]というように急成長し，現在も下記の表10-1，10-2のように，同社は着実な成長を遂げている．

同社の経営を特徴づけるのが，大々的な宣伝広告への莫大な投資と契約工場の活用による低コストでの生産である．

まず，前者については，同社に限らずこの産業において以下の言に例示されるように一般的に行われているブランド構築方法の1つといえる．

「4年に1度のビッグイベントであるW杯は，サッカービジネスにとって最大のショーケースである．ここで自社のロゴマークを身につけたチームや選手

表10-1　ナイキ社の財政　　　（単位：100万ドル）

	2010	2009	2008	2007	2006	2005	2004
歳入	19,041	19,176	18,627	16,353	14,955	13,740	12,253
売上総利益	8,800	8,604	8,387	7,161	6,587	6,115	5,252
売上総利益率	46.3%	44.9%	45.0%	43.9%	44%	44.5%	42.9%

（出所）　ナイキ社ホームページ（http://invest.nike.com/phoenix.zhtml?c=100529&p=irol-ir Home），2011年8月31日現在

表10-2　2010年における競合他社の財政（単位：100万ドル）

	アディダス社	プーマ社
歳入	11,990	2.706
売上総利益	5,730	1.345
売上総利益率	47.8%	49.7%

（出所）　アディダス社ホームページ（http://www.adidas-group.com/en/investorrelations/financial_data/default.aspx）
プーマ社ホームページ（http://about.puma.com/wp-content/themes/aboutPUMA_theme/media/pdf/PUMA_Group_Development.pdf），ともに2011年8月31日現在
なお，アシックス社およびミズノ社については，決算を他社とは異なり「円」単位で出しているため，本章では記載を省略する

が活躍することで，メーカーはその技術力やイメージをアピールし，ブランド価値を上げていく．」[18]

その「ショーケース」はW杯に留まらずオリンピックも例示されようがこの産業の企業は，「ケース」の管理者であるFIFAやオリンピック委員会，クラブ・チーム，およびそこに関わる選手を広告として莫大な金額を費やしている．具体例としては，スター選手との契約に基づくマーケティングが挙げられる[19]．ナイキ社が2006年に更新したJFA（日本サッカー協会）との契約は8年間で160億円（推定）とされている[20]．

この莫大な費用を支えるのが，OEMを活用したグローバルな生産システムである．ナイキ社自身はマーケティングや研究開発に特化する一方，労働集約的な生産は，生産コストの低い途上国の契約工場に委託するという構図である[21]．一部の製品は米国の自社工場で生産されているが，大部分は途上国にある契約工場に外部委託し生産している[22]．同社の海外生産の分布を示したのが，下記の図10-1および表10-3である．

図10-1におけるその他とは，アルゼンチン，ブラジル，インド，イタリア，南アフリカの契約工場を指し，ここで生産されたものは，主としてその国で販売されている．

近年，靴に関しては，図10-1のように中国，ベトナム，インドネシアとい

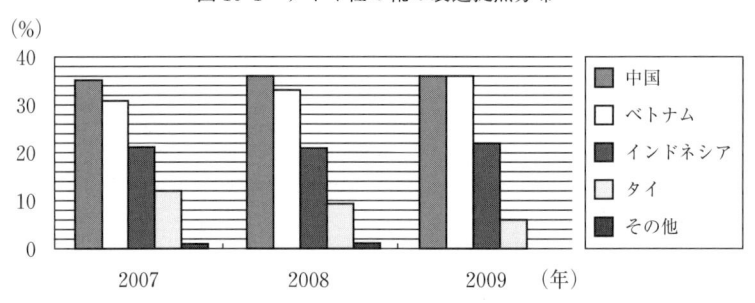

図10-1　ナイキ社の靴の製造拠点分布

（出所）　Nike Inc., *Corporate Responsibility Report FY07 08 09*, p.12

表 10-3　ナイキ社のウェアの生産拠点

2007 年	2008 年	2009 年
36 カ国	34 カ国	34 カ国
生産の多い順に中国，タイ，インドネシア，マレーシア，トルコ，ホンジュラス，スリランカ，メキシコ，台湾，カンボジア，インド，バングラディシュ	主に中国，タイ，インドネシア，マレーシア，ベトナム，トルコ，スリランカ，ホジュラス，メキシコ，台湾，イスラエル，カンボジア，インド，バングラディッシュ	中国，タイ，インドネシア，マレーシア，ベトナム，トルコ，スリランカ，カンボジア，台湾，エルサルバドル，メキシコ，インド，イスラエル

（出所）　Nike Inc., *Corporate Responsibility Report FY07 08 09*, p. 12

ったアジア圏での生産が中心になっている．その一方で，表 10-3 に見られるように，ウェアについては，34 または 36 カ国で生産するなど，非常に多くの国で生産が行われていることがわかるが，いずれも低コストでの生産が可能になる地域である．

このような契約工場では，以下の表 10-4 に示すように，膨大な数の労働者が働いている．2009 年度ナイキ社の従業員数は 32,800 人であるが[23]，契約工場の労働者は 823,026 人にまで及んでいる．特にアジア圏での雇用者数は，2006 年から 2009 年の間で見ても他の地域をはるかに上回っていることがわかる．

表 10-4　契約工場における労働者数

	2006 年	2007 年	2008 年	2009 年
Americans	49,734	52,771	49,100	51,604
EMEA	29,858	30,788	26,765	24,367
N.Asia	422,255	444,741	500,850	490,670
S.Asia	270,254	263,288	258,046	256,385
Total	772,101	791,561	834,761	823,026

（出所）　Nike. Inc., ホームページ（http://nikebiz.com/crreport.content），2010/11/03 現在

このような生産体制付随して発生する問題は，同社同産業だけのものではない．なかでも，契約工場の労働者の雇用や労働環境に関するものは，数多く指摘されてきた．澤田氏は，OEMを活用した生産体制について，以下のように述べている．すなわち，「……途上国のサプライヤー側に常に雇用不安の状況を生み出すことをも常態としていった．発注企業側が途上国サプライヤーの受注企業側との契約を破棄すれば，現地での雇用喪失は避けられず，こうした事態は既に現実のものとして顕在化している．このようなリスクを避けるためには受注企業（工場）側はより多くの下請け工程，OEM生産の受注を勝ち取らねばならず，下請け企業側にも法令順守，環境基準のようなCSRだけでなく，先進国消費地での需要変化に迅速に対応した情報インフラの完備，多品種小ロット生産，納期の短縮化が生産過程で求められることになる」[24]．

　途上国で生産を行っているのは，契約工場であり自社工場ではない．したがって，発注する側の多国籍企業は，より安い工場での生産を選択することができる．澤田氏は，下請け企業側にも法令順守や環境基準が求められるとしているが，多国籍企業の母国とは異なり法的インフラも十分ではなく，ステイクホルダーの目も十分に育っていない地域において，どこまでCSRの実施が保証されるのか，あるいは，実施の費用をそうした下請け企業が負担できるのか，といった点について解決されているとはいい難い．

　他方，ナイキ社に焦点を絞ると，同社は上記のような問題を発生させやすい生産体制を築いているのに加え，フューチャー・オーダー・システムという制度を採用している．朴氏によれば，これは以下のように説明される．

　「このシステムは，計画的な生産のため半年前に注文を取り，追加生産を一切せず，しかも返品は受け付けない仕組みである．96年からは，従来の春夏，秋冬の2シーズン制を改め，4シーズン制を開始した．世界中のナイキのセールスマンは年に4回，6カ月後に販売する予定の新製品の情報を本社から受け取り，そして受け持ちの販売店と，どの製品がどれくらい売れるか相談し，納入量を決める．発売6カ月前に注文した販売店には5％の値引きを提供する．ナイキはこれを集計し，全量をアジアの委託工場に発注する．出荷量があらか

じめ決まるため，ナイキは無駄のない生産ができる．」[25]

朴氏が指摘するように，このシステムは，ナイキ社にとって競争優位になる一方，小売側に重い負担を強いるだけではなく，アジアでの残酷な労働をも強いることになる[26]．

OEMを活用する生産体制は，ナイキ社をはじめとするスポーツ・アパレル産業にのみ見られるものではないが，グローバルな競争が激化するなか，低コストでの生産を可能にするこの体制はグローバルに活動する企業にとって戦略の1つである．しかし，それは常に途上国における労働問題を併発させやすい土壌の上に成り立っている．

同時に，スポーツ・アパレル産業においては，低コストとはいい難いスター選手を用いた大々的な宣伝，マーケティング活動がブランド構築に欠かせない要素となっているため[27]，必然的に消費者から注目を集めやすい産業であるといえる．このことは，1990年代初頭，同社がNGOから多大な批判を浴びたことと無関係ではない．

2．ナイキ社による改善活動

(1) 問題発生時の動向

1990年代初頭，ナイキ社がスウェットショップ問題で，マスコミやNGOから大きな批判を受けた[28]．しかしながら，第1節でも取り上げたように，同社は当初，契約工場の労働者に関しては責任の範囲外であると反発した[29]．

確かに問題となった工場は，ナイキ社の管理下にある子会社でも工場ではなく，同社が生産契約を結んでいるだけの工場であった．したがって，ナイキ社の反応は当然のものであるという見方もある一方で[30]，同社のその主張は，結果的に世論の批判を煽ることとなった[31]．競合他社であるリーバイス（Levi's）社やリーボック（Reebok）社は，ナイキ社と似た生産体制を築いていたにもかかわらず，ナイキ社とは対照的に，契約工場における，特に児童労働について，いち早く取り組んでみせたことも[32]，ナイキ社の対応の悪さを露呈させ，

この後も多くの非難を浴びることとなった．これにより，この時期のナイキ社の国内市場における（米国）売上は低下し，大学との契約も取り消されたが，同時期のヨーロッパ，アジアにおける売上は，大きな影響を受けることなく堅調な伸びを見せた[33]．

そこで，同社は当初，リスク管理の観点から，ILOの労働基準を基にした自社行動指針を作成し公表したり，自社による契約工場のモニタリングとそれに基づく格付けを行ったりするようになる[34]．モニタリングについては，1997年から自社のものだけでなく，ILO（International Labour Organization）のCore Standardを基にしたFLA（Fair Labor Association）承認の外部モニタリングを年に一度行っている[35]．また，透明性の確保として，スポーツ・アパレル産業としては初めて，契約工場のリストを2005年から公開するようになった[36]．

現在でも，契約工場に対するモニタリング，それに伴う格付けは行われているものの，同社がこれに取り組み始めてから，2つの問題点が指摘されてきた．

① 低い格付けを受けた工場には，契約解除による失業が起こり得ること[37]．
② 10年間余りモニタリングを行ってきたが，スポーツ・アパレル産業においては，モニタリングを行っても問題の多くが再発してきたこと．

特に②から，モニタリングだけでは，問題解決にならないことが明らかになったということを，同社自身が指摘している[38]．すなわち，内部，外部のモニタリングの結果を基に工場を格付けし，格付けが低いところは契約を解除するという当初の方法だけでは，契約工場がナイキ社の要求するコンプライアンス目標や指針に違反するケースを絶てず，際限なく問題が発生したのである．

(3) GAを通じた取り組み

そこで，ナイキ社は自社によるモニタリングのシステムの精度を高める一方，1999年以降これに並行して，GA（Global Alliance for Workers and Communities）およびBW（Better Work）を活用し，工場労働者の健康や教育，労働条件に関する調査を行い対処したり，訓練を行ったりするようになった．以下に示

すように，GA，BW は ILO と世界銀行（World Bank：以下世銀を略称する）が関連したパートナーシップである．

まず，GA とは，グローバルな製造のサプライチェーンに関わる工場労働者についての関心や窮地に応えようとするマルチ・ステイクホルダー・パートナーシップである[39]．1999 年に始まった GA には，ナイキ社の他，ギャップ（Gap）社，世銀，ペンステート（Penn State）大学，セントジョーンズ（St. John's）大学等が参加している．なお，GA 自体も国連グローバル・コンパクトの参加団体として登録されている NGO であり，創設にあたりナイキ社は 780 万ドルを拠出している．

GA の目標は，グローバルな生産に関わる労働者の生活を向上させることであり，具体的には次の通りである．
① 労働者やコミュニティのニーズを図ること．
② ①のニーズに応じるプログラムの実行とプログラムの向上させること．
③ 活動内容を公開すること[40]．

次に，BW とは，IFC（International Finance Corporation：「国際金融公社」世銀グループの中の 1 つ）と ILO のプロジェクトで，2007 年に開始されている．ILO，IFC 両機関のもと，多国籍企業，地元企業（工場），政府，労働組合が参加し，労働条件と競争力を高める取り組みである[41]．同プロジェクトは，企業が ILO の Core international labour standards と各国の国内労働法の履行するサポートを行うものである．ナイキ社は同プロジェクトの buyer principle に同意し，フォーラムにも参加している[42]．

ここで，Nike 社と協力することになった ILO と IFC という国際機関側の目的を確認しておく．まず，ILO が掲げている 4 つの目標のうちの 1 つが，「基準並びに労働における基本的原則及び権利を推進し，実現すること」である．労働に関する公的国際機関としてあまたのノウハウやネットワークを有している同機関は，目標達成のため，政府や労働団体とパートナーシップを組んできた[43]．しかし，GC を通じ企業と協力する中で，社会的な保護が十分でない，

あるいは無い地域に存在する中小企業へ ILO がアクセスするには，大企業のサプライチェーンを活用することが効果的であると考えていることを明らかにしている[44]．ナイキ社は前記したように，途上国にある多くの契約工場を自社のサプライチェーンに配置しているため，ILO の目的にかなっていた．

他方，世銀，そのグループの 1 つである IFC は，企業が開発途上国にて操業する際，資金の提供役を担うことがある．彼らは，開発途上国の民間セクター・プロジェクトを対象に，様々な金融商品とサービスを幅広く提供している．それは以下の使命（mission）に基づいて実施されている．

「世銀の一環である IFC は，世界規模の投資家であり助言の提供者として，加盟途上国に経済的便益をもたらし，しかも財務面，商業面で健全で，さらに環境面，社会面においても持続的に進めていけるようなプロジェクトの奨励に力を注いでいます．

IFC では，健全な経済成長を促すことこそ貧困削減のカギであり，起業家を育て民間投資を成功させる基盤となるうえ，民間投資を活性化し人々の生活水準を向上させるためには事業環境の整備と普及がぜひとも必要であると確信しています．」

そこで，企業に対し，開発途上国の発展に関わるプロジェクトに関して，単に資金を供給するだけでなく，民間セクターだけでは負いきれない既知のリスクを負担したり，プロジェクトの呼び水としての効果と触媒的な役割を最大限に活かして，フロンティア諸国や未開発のセクターで率先して機会を開拓するとしている[45]．

このように，ILO，世銀（IFC）はそれぞれの使命のもと，ILO は指針やノウハウを，世銀は資金等を企業に提供した．ナイキ社は，自社のもつ世界的なサプライチェーンに属する労働者に対する管理の改善に，これらを活用していった．ただし，本章では，紙面の関係上 GA を通じてナイキ社がどのような活動を行ったのかに焦点を当て進めることにする．

GA を通じた労働慣行の改善の柱は，インタビュー調査と訓練である．労働者のニーズを聞き出す際に指揮をとるのは，地元の大学をベースとしたグルー

プである．インタビュー項目は約80にも及ぶが，その主な内容は安全衛生や各自の要望，コミュニティのニーズについてである[46]．GAを通じインタビューは，1999年から2004年までの間に16,000人以上に対して実施された[47]．

労働者に対する訓練については，たとえば表10-5，表10-6のような結果が報告されている．

また，ILOとは，以下のような形でも関わることとなった．

「2000年，BBCはナイキ社がカンボジアで児童労働を行っている証拠があると報じた．問題の労働者たちが仕事に応募してきた際に証明した年齢が正しいのか，カメラの前で証明した年齢が正しいのか，当社には不明であった．しかし，カンボジア政府は，調査の後，彼ら全員法的に就労可能な年齢であり，

表10-5　2004年度訓練実績

訓練の種類	参加者数
工場労働者，経営者	計16,590
・環境，安全・衛生訓練	2,137
・労働関連訓練	14,453
外部監査	119
ナイキ社の従業員	72

（出所）　Nike Inc., *Corporate Responsibility Report FY04*, p. 30

表10-6　GAによる訓練と労働者の成長に関するプログラムの参加者数

	中国	インド	インドネシア	タイ	ベトナム	合計
Management Training	2,953	228	1,553	808	812	6,354
Project Team member training	796	34	90	178	—	1,098
Interperspnal relationship	—	2,400	—	—	—	2,400
Health Training	890	5,842	372	1,643	212	8,959
Health Fair	4,000	—	—	—	14,000	18,400

（出所）　*Ibid*, p. 31

働き続けられると主張した．この問題と一連のコンプライアンスに関わる問題から，当社はその工場との契約を取り消した．以来，カンボジアにおいて当社はILOのモニタリング・プログラムに参加している工場でない限りはビジネスを行わないことを決定した．」[48]

　これは，ナイキ社がモニタリングだけでは，問題が再発すると述べていた際の根拠となったケースの1つでもある．年齢の証明が無い，あるいは信頼できない国での操業は，Nike社単独では手に負えず，ILOの保証を介し操業することが，問題を回避する手段として用いられていた．

3．改善状況と結果の検討

　ナイキ社の生産に関わる契約工場における労働環境は，GAやBW，ILOのモニタリングなどを通じた取り組みによって，どこまで改善されたのだろうか．ここでは，主に工場の格付け結果を基に検討する．同社は前記したようにモニタリングに基づき，工場の格付けを行っている．モニタリング方法の若干の変化はあるが，少なくともその結果が公表されているようになった2004年以降については，主に工場における労働時間，賃金と福利，労働関係，不満申し立てのシステムに関して，A-Eの5段階で，格付けを行っている．各段階の意味は，簡単にまとめると以下の通りである．

　A：十分に遵守できている．
　B：ほぼ，遵守できており，進歩が見られる．
　C：遵守できておらず，進展が見られない．
　D：遵守できておらず，ナイキ社の指針が無視されている．
　E：遵守に関する十分な情報がない[49]．

　CおよびDの場合，同社は契約を解除するのではなく，「パフォーマンスの向上に向け，協力する」としている[50]．

　測定方法の若干の変化や，年によっては，たとえばカンボジアにおけるILO監査による違反が発見急増した[51]といった要素を鑑みると，以下表10-7およ

び図10-2が工場の状況を厳密に示しているとはいい難いかもしれない．しかし，同社や各団体から公表されている資料の中では，最も工場の状況を表しているものの1つではないだろうか．下記表とグラフが示されているCSR報告書は，FLAをはじめとする第三者機関の認証を得ているものではある．

表10-7は，契約している工場がどれくらいあり，それらがどのような評価を受けているのかの内訳をまとめたものである．その表を基に作成したのが，図10-2である．図10-2は，各評価を受けた工場が全工場数の何％を占めているのかを示すとともに，各評価が2004年から2009年までの間でどのように推移したかを表している．そこから，以下の点が導出される．

表10-7　ナイキ社における工場数とその格付け

	2004年	2005年	2006年	2007年	2008年	2009年
A	90	140	190	555	250	458
B	270	210	290	977	858	889
C	100	165	160	543	559	579
D	38	85	40	132	139	98
E	25	35	30	499	794	540

（出所）　Nike Inc., *Corporate Social Responsibility report FY01, 04, 05-06, 07-09*における各monitoring resultのページ

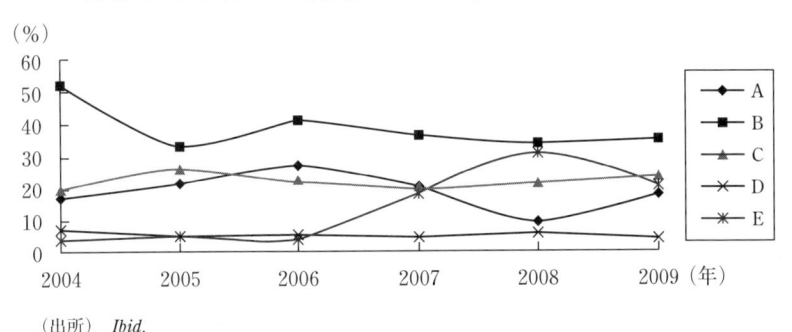

図10-2　ナイキ社の工場格付けにおいて各評価が占める割合の遍歴

（出所）　*Ibid.*

・B評価を受けた工場が常に最も多いこと．
・遵守しているというA・B評価を受けた工場数の合計は，C・D評価を受けた工場数を上回っていること．
・Cランクが減少していないこと[52]．
・2007年以降E評価が増加したこと．

2004年以降A・B評価が右上がりに伸びているわけではないが，B評価が常に最多であることや，A・B評価がC・D評価を上回っていることは，成果として捉えることができる．また，決して良好な評価ではないDについても，2005年の13.4％を除き，10％未満を保っている．

他方，C評価を受けた工場数が減少していない点については，改善できていない問題点の1つである．さらに，同社は評価するにあたり十分な情報がない工場をEと評価しているが，このE評価は，2008年にその年の約31％を占めているだけでなく，その前後の年も，18.5％，21.06％と高い割合である．同社によれば，この増加は，オリンピックに向けた生産が増加したためである[53]．生産の増加に合わせて，新たな工場と契約したため，モニタリングに関する十分な情報を得ることができない工場が増加したということであろうが，モニタリングができない工場が全体の約5分の1を占めるということもまた問題点の1つである．

このように問題は抱えているものの，当初の児童労働の問題を抱えていた時期，そして続く問題が発生した工場の契約は解除するという姿勢を見せた時期と比較して，その後のGAを通じた改善を行った以降は，契約工場の労働環境に一定の改善も見られる．

次に，改善活動に際し，国際機関や大学と協力したことの意義について，モニタリングや格付けにかかる社会的責任のコストと，事業の外部保証の観点から考察を加える．そもそも，表10-7や図10-2のような結果の背後には，前節で述べたような訓練やインタビューなどを実施するための，国際機関や大学と構築した仕組みが存在している．この仕組みを，ナイキ社は単独で，構築し実施することが果たしてできただろうか．つまり，ナイキ社がILOやその他国

際機関，NGOや大学などと協力せず，自社単独でモニタリングや調査，訓練の仕組みを作り，工場労働者に対する慣行を現状と同じだけ改善できただろうかという点が国際機関との取り組みの意義に大きく関わるところである．

ボーゲルは，モニタリングにかかる費用を問題視し，CSRでこうした途上国の労働者の状況を改善するには，コスト面から考えて，限界があるとしている[54]．すなわち，「生産に責任をもてばもつほど生産が高くつくことになるが，その追加的なコストは欧米の企業か海外下請け業者のいずれかが負担しなければならない．確かに，どのような企業であれ，追加的コストを負担できるかどうかという能力は，そのコストの大きさと企業の収益率の両方に依存している」[55]という指摘である．

確かに，ナイキ社に一定の収益がなければモニタリングや格付けの仕組みを作ることができないばかりか，GAで実施されるプログラムも活用することはできない．たとえば，GAにおいて，同社は当初800万ドルを，特に東南アジアの製造に関するプログラムに投資している[56]．ただし，その額は，表10-1に見る同社の売上の伸びと比較して，決して同社の経営を圧迫するような大きさではない．特にブランドイメージが重要である同社にとって，1990年代初頭の問題に端を発した悪いイメージを払拭するためならばなおさらである．つまり，ナイキ社に一定の収益がなければ，大規模なモニタリングや格付けといった作業もできなかったであろうが，1企業単独で取り組むよりも，国際機関等の協力することで，「社会的責任にかかるコスト」を減らし，一定の成果を上げることができたのではないだろうか．

国際機関と協力する意義は，こうしたコストに関連する部分だけではない．冒頭に述べたように，低コストを目的とした途上国へのサプライチェーンの拡大は，先行するアディダス社に対抗するためナイキ社にとっては避けられないものであった．しかし，その結果，同社の経営は，世界約82万3,000人の労働者に影響を及ぼすまでに拡大することになった．1990年代初頭はもちろん，現在においても，アメリカにある同社の管理部門は，現実的に，特に途上国に展開される契約工場の労働者を責任もって把握し管理することができるのだろ

うか。

　前節において、同社のカンボジアでの操業について若干取り上げたが、ナイキ社がILOの力を借りることなしにカンボジアで操業し続けていたら、同社は低コストで生産できる反面、引き続き児童労働のリスクを抱え込むことになる。同時に、再び問題が生じた際、新たな工場契約の解除、それに伴う失業が起こることにもつながる。カンボジアにおいて、ナイキ社の管理に問題があったのは事実であろうが、同時に、このケースは、1企業の手にあまる問題でもあったことも事実であろう。

　そこで、外部の、それもできるだけ社会的信頼のある組織による事業の監視や保証が、グローバルな、特にアジアを中心とした途上国関する事業には、不可欠になってくる。それは、カンボジアにおける操業について、モニタリングをILOに任せるといったことだけではない。前節に述べたような、国際機関との関係においては、必然的に国際機関や大学の目が事業内に向けられることになる。本社の目が行き届かない部分に関して、正統性の高い外部組織から保証を得ることは、同社とってだけではなく、特にブランドを重視する企業にとって意義のあることなのではないだろうか。

おわりに

　本章では、多国籍企業のCSR活動において、国際機関が一定の役割を果たすことをナイキ社の事例を基に示した。同社の途上国における契約工場を活用したサプライチェーンは、同社にとって戦略上不可欠なものであった。同時に、先進国にある多国籍企業と途上国にある契約工場の関係から、工場労働者の労働環境は多国籍企業の低コスト生産のしわ寄せを受けやすい状況にあった。ただし、同社が、長らく世界的な批判を浴びるようになったのは、そうした生産体制だけに要因があるわけではない。同社はスポーツ・アパレル産業における代表的な企業であり、同産業において欠かせない大々的な広告・宣伝活動は、非常に消費者の注目を集めるものである。したがって、必然的にNGO

やマスコミの標的になりやすかったことも指摘しておかなくてはならない．

　児童労働を発端に同社は多大な批判を受け，いくつかの取り組みを実施するが，本章ではその中でも，特に国際機関や大学との関係に注目し，具体的に GA を取り上げその成果と問題点について簡単にまとめてきた．GA に参加する以前はもちろん，2004 年以前のモニタリング状況に関して公開されていないこと，つまり GA 以前と以後を同じ表で比較できなかったが，工場の格付けから一定の成果を読み取ることができた．

　Nike 社に改善を促したのは，確かに世論の批判であるが，実際の改善を行っていくプロセスでは，同社は国際機関や地元の大学の力を借りた．単にノウハウやネットワークだけではなく，国際機関の正統性も「借りた」ことは指摘しておくべき点である．

　同社は具体的に，GA を通じたインタビューや訓練，ILO によるモニタリングを活用したことを示した．また，ILO の示す労働基準を基に作成された自社行動基準を掲げ，これが遵守されているかどうかを基準に作られているモニタリング・システム，格付け，それに伴う改善活動を行っていった．

　宮川氏は見通しのレベルとして「より業界ないし公的・国際的な統一・共通のアプローチを求める／受け入れる素地は高まっている」と指摘しているが，ナイキ社は，すでに国際機関と途上国の契約工場における労働環境の問題に取り組み始めてから約 10 年が経過しているだけでなく，2007 年からは BW に参加し，協力体制は強化されつつあり，一定の成果をあげているものと考えられる．

　もちろん，表 10-7 や図 10-2 に見るように劇的な改善効果が表れたわけではない．今なお，同社の生産をめぐっては批判する NGO もある．しかし，現在非常に大きな影響力をもつ多国籍企業に対し，経営慣行の改善を促すきっかけとなった NGO の動向や，具体的に改善活動に国際機関や大学が関わったという点は，企業と社会の関係を変化させるきっかけの 1 つとなる可能性を有しているのではないだろうか．

1) 国連グローバル・コンパクトホームページ（http://www.unglobalcompact.org/AboutTheGC/）2011 年 8 月 28 日現在．
2) 同上ホームページ（http://www.unglobalcompact.org/NewsAndEvents/UNGC_bulletin/2011_08_01.html）2011 年 8 月 28 日現在．
3) ナイキ社ホームページ（http://www.nikebiz.com/responsibility/workers_and_factories.html#active_factories）2011 年 8 月 31 日現在．
4) Ans Kolk and Rob van Tulder, "Effevtiveness of Self-Regulation : Corporate Codes of Conduct and Child Labour", *European Management Journal*, June 2002, p. 268.
5) OEM やその問題点については以下の文献を参照されたい．夏目啓二「現代多国籍企業のオフショア戦略」，『経済』，No. 108，2004 年 9 月，96-110 ページ．秋野晶二「EMS の現代的特長と OEM」，『立教ビジネスレビュー』，Vol. 1, 2008 年 6 月，82-97 ページ．山崎光弘『増補版 現代アパレル産業の展開 挑戦・挫折・再生の歴史を読み解く』，繊研新聞社，2007 年，30-36 ページ．Suzanne Berger and the MIT Industrial Performance Center, *How We Compete : What Companies Around the World Are Doing to Make it in Today's Global Economy*, Currency Books, 2005（楡井浩一訳『MIT チームの調査研究によるグローバル企業の成功戦略』，草思社，2006 年，95-115 ページ）．
6) たとえばブレイスウェイトとドラスは（Breithwaite, Drahos）国家と企業の行動可能範囲の違いから，「1990 年代の間に，相当な規制の空白地帯が現れている」と表現し，多国籍企業の行動に警鐘を鳴らしている．スチュワート（David Stewart）は，「該当する進出先の法律や行動基準を満たしていても自社の基準に従っていれば起きなかったような事故が発生した時，会社は責められるべきなのか」という問題提起を行っている．仔細は以下の文献を参照されたい．J. Braithwaite, P. Drahos, *Global Business Regulation*, Cambridge University Press, 2001. David Stewart, *Business Ethics*, McGraw-Hill, 1996（企業倫理グループ訳『企業倫理』，白桃書房，2001，239-240 ページ）．
7) David Vogel, *The Market for Virture : The Potential and Limits of Corporate Social Responsibility*, Brookings Institution, 2005（小松由紀子・村上美智子・田村勝省訳『企業の社会的責任（CSR）の徹底研究』，一灯社，2007 年，143-144 ページ）および Philip Rosenzeig, "International Sourcing in Athletic Footwear : Nike and Reebok" Harvard Business School case N-394-289. July 14, 1994, pp. 6-7.
8) 宮坂純一『道徳的主体としての現代企業』，晃洋書房，2009 年，5 ページ．
9) 日高克平「グローバル化時代の多国籍企業経営論」，『グローバリゼーションと多国籍企業 中央大学企業研究所研究叢書 23』，中央大学出版部，2003 年，292 ページ．
10) 土井一生「多国籍企業の CSR と企業倫理」，江夏健一・大田正孝・藤井健編著

『国際ビジネス入門』，中央経済社，2008年，63ページ．
11) ボーゲル，前掲邦訳書，140ページ．
12) 同上書，166ページ．
13) 同上書，169-170ページ．
14) Noreena Hertz, *The Silence Takeover : Global Capitalism and the Death of Democracy*, New York, 2001（鈴木淑美訳『巨大企業が民主主義を滅ぼす』早川書房，2003年，154ページ）．
15) 宮川準「アパレル産業における搾取工場問題の展開と総括―問題表面化から10年を経て」，『日本経営倫理学会誌』，2010年，第17号，133ページ．
16) 創設年度については，各社ホームページより．
17) 茂木宏子「ブランド進化論 Case06：アディダス vs ナイキ」（『日経ビジネス』，2006年7月3日）78ページ．（ ）は筆者が加筆したもの．また，この発言は，茂木氏がNike社社長チャーリー・デンソンの言を引用したものである．
18) 同上，79ページ．
19) ボーゲル，前掲邦訳書，143ページ．朴根好「企業のグローバル化と企業倫理―グローバル経営戦略の落とし穴―」，田島慶吾編著『現代の企業倫理』，大学教育出版，2007年，194-195，200ページ．
20) 茂木，同上，79ページ．また，競合他社のブランド構築やマーケティングに関してはたとえば，以下の文献を参照されたい．Barbara Smit, *Drei Streifen gegen Puma*, Campus Verlag GmbH, 2005（宮本俊夫訳『アディダス VS プーマ もうひとつの代理戦争』，ランダムハウス講談社，2006年）．
21) 秋野，前掲論文，84ページ．澤田貴之「アパレルのグローバル生産・調達と途上国サプライヤー―グローバル競争下におけるビッグサプライヤーとリトルサプライヤーの相克」（『名城論叢』，2005年7月，第6巻第1号），18ページ．
22) Nike Inc., *Corporate Responsibility Report FY07-09*, p. 12.
23) *Ibid*, p. 10. およびナイキ社ホームページ（http://www.nikebiz.com/responsibility/workers_and_factories.html）2010年11月18日現在．
24) 澤田，前掲論文，19-20ページ．
25) 朴，前掲論文，205ページ．
26) 朴，前掲論文，205ページ．
27) ナイキ社のブランド構築に関しては，たとえば以下の文献を参照されたい．J. B. Stresser and Laurie Becklund, *Swoosh : Nike Unauthorized Story and the Men Who Work There*, Harcourt, 1992（白土孝訳『スウィシュ― Nikeの裏社史 挑戦と危機と革新の真実』，祥伝社，1998年）．
28) 当時の一連の動向については，以下の文献に詳しく記載されている．Rob Van Tulder and Alex van der Zwart, *International Business –Society Management : Linking*

corporate responsibility and globalization, Routlege, 2006, pp. 279-288. ボーゲル，前掲邦訳書，143-153 ページ．
29) Philip Rozenzeig, "International Sourcing in Athletic Footwear : Nike and Reebok" Harvard Business School case N-394-289, July 14, 1994, pp. 6-7.
30) ボーゲル，前掲邦訳書，139 ページ．
31) 朴，前掲論文，209 ページ．および Klein Naomi, *No logo : Taking aim at the Brand Bullies*, Vintage Canada, 2000（松島聖子訳『ブランドなんか，いらない』，はまの出版，2001 年）337-338 ページ．
32) 朴，前掲論文，209 ページ．
33) Rob van Tulder, Alex van der Zwart, op. sit, pp. 280, 284.
34) ナイキ社ホームページ（http://www.nikebiz.com/）2010 年 11 月 16 日現在．およびNike Inc., *Corporate Responsibility Report fy 04*, p. 16.
35) 朴，前掲論文，210 ページ．
36) ナイキ社ホームページ（http://www.nikebiz.com/responsibility/workers_and_factories.html#active_factories）2011 年 8 月 31 日現在．
37) Dora O'Rourke, "Outsourcing Regulation : Analyzing Nongovernmental Systems of Labor Standards and Monitaring" *Policy Studies Journal*, Vol. 31, No. 1, 2003, p. 11.
38) Nike, *FY07-09*, p. 36.
39) ナイキ社が GC に提出しているケースより．ケース名：Global Alliance for Worker and Communities（http://www.unglobalcompact.org/case_story/369）よりダウンロード可．2011 年 8 月 31 日現在．
40) 同上ケースより．
41) 宮川，前掲論文，127 ページ．
42) Better Work ホームページ（http://www.betterwork.org/EN/Pages/newhome.aspx）2010 年 11 月 16 日現在．
43) ILO 駐日事務所ホームページ（http://www.ilo.org/public/japanese/region/asro/tokyo/about/ilo.htm）2010 年 11 月 19 日現在．
44) The United Nations Global Compact, Joining Forces For change, United Nations Global Compact Office, 2007, p. 17.
45) IFC ホームページ（http://www.ifc.org/japanese）2010 年 11 月 18 日現在．
46) 前出ケースより．
47) Nike, *FY04*, p. 30.
48) Nike , *Corporate Responsibility Report 01*, p. 27.
49) Nike, *FY07-09*, p. 44.
50) *Ibid*, p. 43.
51) 宮川，前掲論文，129 ページ．

52) 宮川，前掲論文，129 ページ．
53) Nike, *FY04*, p. 45.
54) ボーゲル，前掲邦訳書，166-179 ページ．
55) 同上，202 ページ．
56) 前出ケースより．ただし，このような拠出によって，同社が社会的イメージを買ったという批判を免れることはできない．

第11章　日本企業における女性従業員の処遇問題

はじめに

　企業における女性従業員の処遇問題は，「雇用機会均等法」[1]の施行（1986年）や改正（1999年），さらに「男女共同参画基本法」（1991年），「改正育児・介護休業法」（2002年）などの法的整備も進み，働く場で生じている男女差を積極的に改善しようという傾向が強まっている[2]。さらに，少子化問題の打開策の1つとして，仕事と家庭の両立支援が唱えられ，スウェーデンやデンマークなどの，北欧型男女共同参画社会を参考にしつつ，日本独自のあり方を模索しようとする動きも，地方自治体で見られるようになっている[3]。こうした環境の変化により，企業にも女性従業員の処遇問題を解決する取り組みが求められ，2000年前後から，女性従業員の処遇問題は，「企業の社会性[4]」の1つとして位置付けられるようになってきている[5]。

　今日，日本企業における女性従業員の処遇問題を考察するためには，男女共同参画施策や均等施策などの「差別をなくすべきである」という人権問題の視点からだけではなく，「企業の社会性」として取り組むことによる意義や新しい展望，そして解決への新しい理論的アプローチの提起が課題である．

　本章では，以上のことを前提にして，まず現在の企業における女性従業員の処遇問題[6]について，さらには企業の取り組みについて検討した上で，女性従業員の処遇問題が生じるその原因となる理論的アプローチを行う．そして上記の課題について検討しながら，これからの「企業の社会性」が求められる環境における，企業の女性従業員の処遇問題の取り組みのあり方について考察する[7]．

1. 先行研究における日本企業の女性従業員の処遇問題に関する課題

　日本企業における女性従業員の処遇問題に関する先行研究は，「女性労働」あるいは「女性雇用」の範囲で論じられることが多い．特に「女性労働」の視点からの先行研究については，主に社会政策的視点や労働経済ないしジェンダーという社会学の視点から考察されており，考察の観点は次の 6 つが挙げられる．

　第 1 の観点は，日本の女性労働の特色である M 型就業[8]から捉えたものである．明治以降の女性労働についての特徴を踏まえた上で，均等法以後の問題点，均等法施行の影響を総合的に考察し，M 型就業の意味を日本の雇用慣行や制度・政策的な視点から捉え[9]，均等法施行以後も労働力率の M 型曲線傾向が維持されているのは，依然として家庭の責任が女性に課せられていることによるとされている．

　第 2 の観点は，日本型企業社会と家族問題から捉えたものである[10]．従来の日本型企業社会の構造を支えてきた性別分業が，その構造の変化とともに性別分業構造の解体が迫られているとし，日本の労働市場で差別されてきた女性問題を，日本型企業社会のパラダイム転換に伴っていかに取り扱うべきかという課題を投げかけている．また，家族問題に関連させて，生活という視点から労働のあり方を模索する研究も現れている[11]．いわば，労働時間から生活のあり方を探求し，「より人間らしい生活」に向けて「仕事と家庭」の問題に焦点を合わせたものであり，労働面に生活概念を投影させた研究といえる．

　第 3 の観点は，就業観，就業意識から捉えたものである[12]．労働意識について，日本的雇用慣行，日本の産業社会における分配原理および生活意識の 3 要素から勤労意識について分析し，終身雇用と年功制を支持する層と自己啓発型の能力開発を支持する層の二極化に分岐することが論じられている．均等法施行後の女性労働について，実態とその影響や効果の点に焦点を置いた研究である．

第4の観点は，経営史の立場から捉えたものである[13]．女性労働の実態や企業での問題的状況を，戦前から戦後の高度成長期を通じてバブル崩壊後の時代に至るまで，社会・経済，産業構造の変化を背景に分析研究している．均等法については，結論として均等法が女性の労働条件の改善・解決に期待するほどの効果が得られず，むしろ労基法改定やコース別管理の導入によって，仕事と家庭の両立の困難さや職場の人間関係の問題などが発生し，同時に，就業の多様化を進展させているとしている．

　第5の観点は，能力主義管理の導入とともに，グローバリゼーションの進展も女性労働に影響を与えると捉えたものである[14]．従来の女性労働を取り巻く日本の特性と問題点の指摘に傾倒している部分が多く，ややイデオロギー的色彩が濃いが，今後の研究課題としての余地は大きい．

　第6の観点は，女性労働の主要な課題でもある仕事と家庭の調和から捉えたものである[15]．仕事と家庭の調和を実現するための政策的観点を提示している．

　以上のように，均等法施行以後の女性労働に関しては，その研究視点は，施行以後の女性雇用への影響と問題点の究明に向けられているといえる．近年の能力主義的な働き方が注目される中で，法整備の時代を迎え，女性の働く場での活躍の機会や働きやすさが，明確な形で実現されつつあるか，というと疑問を抱かざるを得ない．先行研究もこの疑問の解明に注力しているものと思われる．

　そして，これらの先行研究から以下のような，重要な課題が挙げられる．社会政策やジェンダーといった社会学視点と比較して，経営学や労務管理の枠内で女性労働について取り上げられる例は多いとはいえない．経営学や労務管理の枠内では男性を対象とするのが一般的であり，女性労働をテーマとして取り上げる例は少ない．女性労働を「経営学的フレーム」での分析，考察の例は少なく，あってもほとんどが1990年代後半の成果である[16]．しかし，日本における女性の地位や立場は，働く場，すなわち職場において最も顕著に浮き彫りにされるところから，今日の企業経営において女性労働の能力の活用が要請さ

れていること，また，女性従業員への処遇が「企業の社会性」の1つとして位置付けられるようになってきていることから，この視点からの女性従業員の処遇問題の分析・考察は歴史的必然性をもつものといえる．

2．日本企業における女性従業員を取り巻く環境の変化——実態

本節では，実態レベルでの課題を把握するために，日本企業における女性従業員を取り巻く環境を検討する．

均等法が施行（1986年）されてから25年が経過した．この間，女性従業員を取り巻く環境は大きく変化し，職域の拡大など様々な分野で女性の進出が図られている．その大きな変化として次の5点が挙げられる．

まず第1の変化は，女性が労働市場に進出するようになり，日本企業の人事システムのもとで，周辺労働者として位置付けられてきた女性の人数が増加したことである（図11-1）．そして，企業は，周辺労働者としての位置付けをそのままにして，女性を活用するようになっている．その活用とは，まず非正規従業員としての正規従業員並みの活用である．次に正規従業員としての活用で

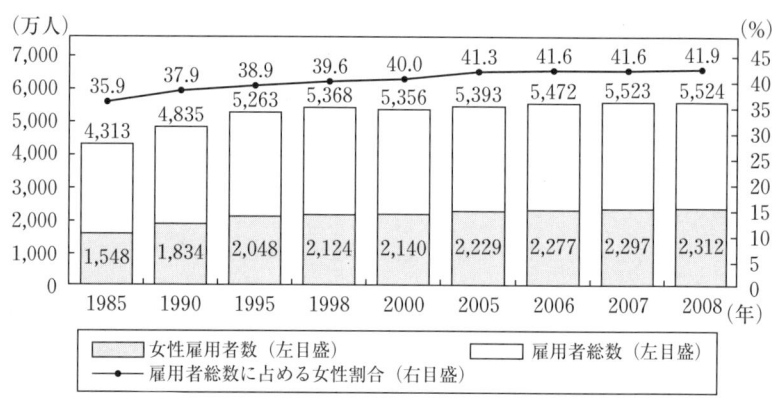

図11-1 雇用者数および雇用者総数に占める女性割合の推移

年	雇用者総数（万人）	女性雇用者数（万人）	女性割合（%）
1985	4,313	1,548	35.9
1990	4,835	1,834	37.9
1995	5,263	2,048	38.9
1998	5,368	2,124	39.6
2000	5,356	2,140	40.0
2005	5,393	2,229	41.3
2006	5,472	2,277	41.6
2007	5,523	2,297	41.6
2008	5,524	2,312	41.9

（出所）総務省統計局『労働力調査』

ある．正規従業員としての活用の方法には次の2つの方法が存在する[17]．第1の方法は，女性の能力を引き出そうとするが，賃金を従来のままにしておくものである．そのため，女性に教育・訓練や配置転換を施したり，単純作業以外にも責任のある仕事を任せたりする．女性従業員の側としても，責任を任されるとやる気をもって仕事に臨めるので，こなす仕事量は活用しない場合より増え，しかも長期勤続になる傾向になる[18]．第2の方法は，女性を男性と同じ処遇にするというものである．すなわち，女性に男性と同様に教育訓練や経験を積ませ，同じ処遇にすることによって，男性と同じだけの生産性を求めるということである[19]．

次に，第2の変化は，家族形態，人口構成，教育の変化である[20]．まず，これまで企業が前提としてきた家族形態に変化が現れてきた．企業が前提とする家族とは，男性が一家の長となり，専業主婦とその子供を扶養する家族である．1965年には雇用者世帯の73.8%がこのような専業主婦をもつ世帯であった[21]．しかし，共働き世帯の割合が増加し（図11-2），また単身赴任の増加，晩婚化・未婚化，離婚の増大によって単身世帯が増えてきたというように，家族の形態が変化してきた．次に，出生率が低下し，高齢化社会を迎えて人口構成が変化してきた．このことによって，若年労働者が減少，つまり，企業は従来のように新卒者のみを対象とした採用を行うことが困難になる．また少子化により，子供1人当たりの親の介護の負担が多くなり，介護を必要とする親を持つ中年の従業員に対し，企業が全面的な就業を求めることが難しくなっている．さらに教育が変化している．1つは女性の高学歴化であり，もう1つは国連の「女子差別撤廃条約批准」[22]に伴う男女家庭科共修である．このことにより，性別による役割分業意識が減少するものとされている．これら教育の変化は時間はかかるが労働力の変化に現れる可能性がある．

第3の変化は，ライフサイクルや個人の意識の変化が挙げられる．それは平均寿命の伸長，女性の高学歴化と就職率の高まり（表11-1），雇用労働者化によってもたらされている[23]．また同じ女性労働者でも，就職経験の有無，結婚・出産の有無による立場の違い，正規従業員か非正規従業員か，正規従業員

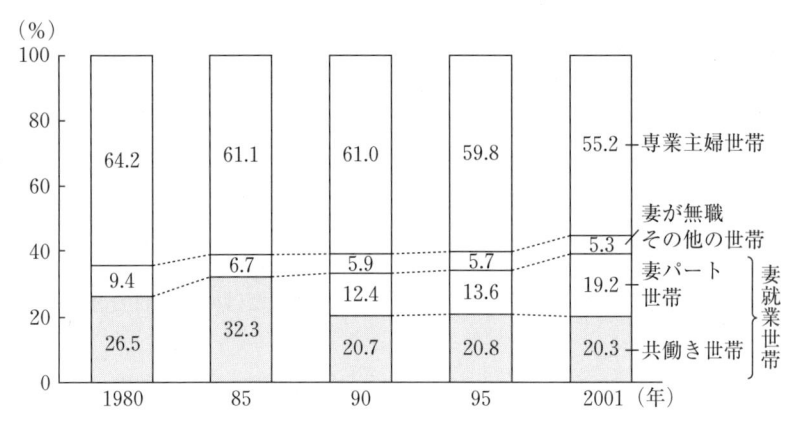

図 11-2 共働き世帯と専業主婦世帯

	1980	85	90	95	2001（年）
専業主婦世帯	64.2	61.1	61.0	59.8	55.2
妻が無職その他の世帯					5.3
妻パート世帯	9.4	6.7	5.9	5.7	19.2
			12.4	13.6	
共働き世帯	26.5	32.3	20.7	20.8	20.3

（妻パート世帯と共働き世帯は妻就業世帯）

（注）1．総務省「労働力調査」により作成．
2．夫がサラリーマン（正社員＋パート・アルバイト）の世帯の妻の働き方の推移．
3．1985 年以前は，妻就業世帯の内訳は不明．
4．対象は学生を除く 15 ～ 34 歳の既婚女性．

（出所）『平成 15 年版 国民生活白書』(http://www5.cao.go.jp/sekatsu/whitepaper/h15/honbun/html/15311040.html) より．2011 年 8 月 26 日アクセス

でも活用されているか否かによる働く形態の違いによって，意識は様々である[24]．企業はこうした多様な女性労働者に対応しなければならない．

　第 4 の変化は，日本の女性労働の環境を特徴付ける M 型曲線についてである．M 字のボトムにあたる年齢階級（20 代後半〜30 代半ば）が，1980 年代半ばから底を上げる傾向にある[25]．家庭および子供をもつ女性が働くことを選択することが常態になっているが，その反面，依然として非正規社員としての女性の増大や均等法や労働基準法の改正などの法的整備の進展，および能力主義的管理の強化と非正規社員の急増の動向が，社会的，文化的，生理的存在としての女性へ与える影響が大きくなっている．

　第 5 の変化は，法律面での変化である．女性が働くにあたっての環境を整備するというもので，「男女雇用機会均等法」，「育児休業法」，「介護休業法」の 3 つが挙げられる．それに伴い，企業は雇用において男女差別をしないためのコース別雇用管理制度，男女を対象にした育児休業制度，介護休業制度の導入

表 11-1　大学卒業予定者の就職内定状況の推移

(単位：%)

	10月1日現在の内定率		12月1日現在の内定率		2月1日現在の内定率		4月1日現在の内定率	
	女子	男子	女子	男子	女子	男子	女子	男子
1996年度 (1997年3月卒)	61.1	73.9	76.0	87.0	86.2	93.2	92.2	95.6
1997年度 (1998年3月卒)	67.3	76.4	78.8	87.6	87.5	92.5	90.5	94.6
1998年度 (1999年3月卒)	59.2	71.3	73.5	83.5	84.7	90.7	89.2	93.2
1999年度 (2000年3月卒)	57.7	66.4	68.8	77.3	77.1	83.8	89.5	91.9
2000年度 (2001年3月卒)	59.7	66.0	71.0	77.7	79.7	83.9	91.2	92.3
2001年度 (2002年3月卒)	60.6	67.6	73.6	78.6	80.5	84.3	91.5	92.5
2002年度 (2003年3月卒)	60.1	67.0	73.6	79.0	80.9	85.4	92.2	93.2
2003年度 (2004年3月卒)	59.1	61.1	72.4	74.4	81.2	82.8	93.2	93.0
2004年度 (2005年3月卒)	59.2	62.9	72.9	75.3	81.5	83.5	93.8	93.3
2005年度 (2006年3月卒)	62.9	68.1	75.5	78.9	84.0	87.3		

(出所)　厚生労働省・文部科学省「大学等卒業予定者就職内定状況等調査」

が求められている[26]．

　これらの制度の導入の背景には，企業がヒトを資源とし，こうした環境の変化があるからこそ，企業は女性従業員の処遇のあり方を考え直さなくてはならない，という考え方がある．こうした中で企業はごく一部の女性だけに男性と同等に働く機会を与えた．その狙いは，第1に，女性を活用しようとする施策

の一環であり，第2に，国際的に迫られている男女差別の是正を示すことである．実際に導入したのがコース別雇用管理制度であり，基幹的な業務と補助的な業務といった業務内容の違い，転居を伴う転勤の可否，昇進・昇格の可能性を組み合わせて，従来男性が行ってきた業務を総合職，女性が行ってきた業務を一般職に明確に区分したのである．そして，男性は全員総合職に，女性はごく一部を総合職に，その他の多くを一般職にした[27]．

コース別雇用管理制度は，主にそれまで男女分業型の職場形態をとってきた企業で，均等法を契機に大卒女子に門戸を開いた大企業を中心に導入された[28]．この制度によって，優秀で男性並みに働ける少数の女性のみを総合職にすることによって，性別による差別がないことを企業は示せる．また男性並みに働ける女性なら，人材不足を補える利点をもつ．さらに，優秀な女性によって男性が刺激されるという人材および組織の活性化にもつながる可能性があるものと期待された．しかし，近年，経済不況に伴う女性の就職難の深刻化と職場での男女の処遇の平等化が予想に反して進んでいない[29]という問題が指摘され，コース別人事制度の問題点を指摘し，さらに論者によってはこの制度の廃止まで求める，あるいはその方向へ進むという主張[30]もなされている．

以上のように，均等法が施行されてから25年が経過したが，この間，女性従業員を取り巻く環境は大きく変化し，職域の拡大など様々な分野で女性の進出が図られている．少子高齢化の進展が見込まれる中，コア人材層の拡充に向けて，女性社員の活用や登用が重要になると考えられる．しかし，実態をみると，雇用者総数に占める女性の割合が41.3％[31]ある一方，管理職に占める女性の割合は部長で1.8％，課長で3.0％[32]にとどまっており，欧米と比較するならば，依然として日本企業において女性の活用・登用は遅れているといわざるを得ない（図11-3）．また，日本女性の労働力率は，依然としてM型曲線は変わらない状況にある[33]．

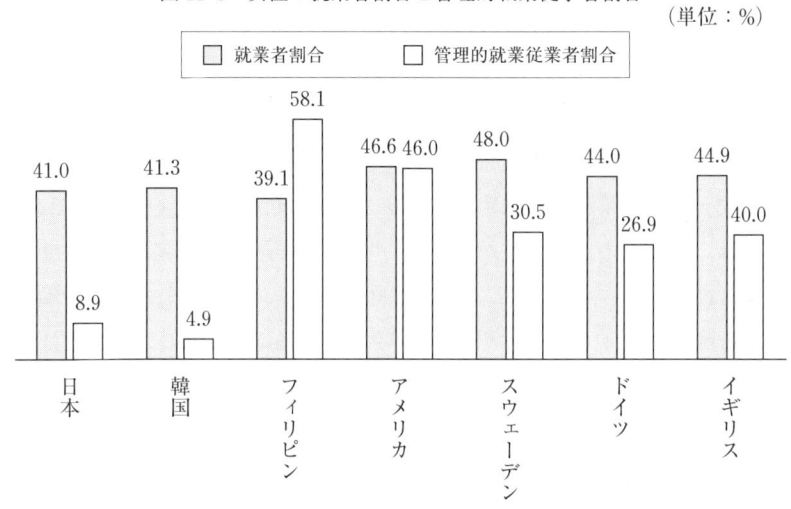

図 11-3　女性の就業者割合と管理的職業従事者割合

(単位：%)

□ 就業者割合　　□ 管理的就業従事者割合

	日本	韓国	フィリピン	アメリカ	スウェーデン	ドイツ	イギリス
就業者割合	41.0	41.3	39.1	46.6	48.0	44.0	44.9
管理的就業従事者割合	8.9	4.9	58.1	46.0	30.5	26.9	40.0

(注)　韓国は 2000 年, 日本は 2001 年労働調査, その他の国は 2001 年データ.
(原出所)　ILO「Yearbook of Labor Statistics」, 2002 年
(出所)　金谷千慧子,「女性と CSR」谷本寛治編著『CSR 経営』, 中央経済社, 2004 年, 100 ページ

3．日本企業における女性従業員の処遇に対する取り組み――事例

　本節では，前節までに検討したように，日本企業においてなかなか改善されない女性従業員の処遇に対して，日本企業が採ってきた施策を検討する．

　企業の取り組みについては個別企業で様々であり，制度を設けていても機能しているかは外部からは判断しにくい．しかし，ファミリー・フレンドリーと男女均等に対する取り組みについては，それを実施しているかどうかを基準にして，厚生労働省および都道府県が，仕事と家庭の両立について「ファミリー・フレンドリー企業表彰」を，雇用機会均等について「均等推進企業表彰」を 1999 年度より実施している．2007 年度からはこの 2 つを統合し，「均等・両立推進企業表彰（ファミリー・フレンドリー企業部門，均等推進企業部門）」として実施している．「ファミリー・フレンドリー企業表彰」は 2006 年度までに

270の企業[34]が,「均等推進企業表彰」は337の企業[35]が,「均等・両立推進企業表彰」は2011年度までに127の企業[36]が表彰されている.これらの企業が,表彰された制度について,それぞれ企業6社の事例と国が定めた表彰基準の内容とを関連させて検討する.

ファミリー・フレンドリー企業部門表彰の基準[37]は,第1に,法を上回る基準の育児・介護休業制度を制定しており,実際に利用されていることである.たとえば,出産者のほぼ全員が取得し,男性の取得実績もある制度(花王)などがこれに相当する.第2に,仕事と家庭のバランスに配慮した柔軟な働き方ができる制度をもっており,実際に利用されていることである.たとえば,小学校就学まで短縮勤務ができる制度(東部百貨店,阪神百貨店,NEC)や,さらに小学校就学後も,子供が学校に適応するかどうかに配慮して,半年取得できる制度(富士ゼロックス)などである.第3に,仕事と家庭の両立を可能にするその他の制度を規定しており,実際に利用されていることである.たとえば,家庭の事情で転勤できなくなっても,勤務地の選択とポストがリンクしていないため,キャリアの中断にならない制度(イトーヨーカドー)などが挙げられる.第4に,仕事と家庭との両立がしやすい企業文化をもっていることである.たとえば,残業や休日出勤をすぐに命令する上司を意識改革するために,もし従業員に不必要な過剰労働を命じたら,すぐに業務命令を出した上司に警告するシステムが導入されている(イトーヨーカドー)(表11-2).

他方,均等推進企業部門表彰の基準[38]は,女性労働者の能力発揮を促進するための積極的な取り組み(ポジティブ・アクション)を行っているかどうか,具体的には「採用拡大」,「職域拡大」,「管理職登用」,「職場環境・職場風土の改善」のうち,いずれかの取り組みを実施している企業を対象としている.たとえば,社員の女性比率や管理職比率の目標値を掲げ,それらが増える取り組みを実施する(日本IBM),女性社員がトップへ進言できる制度(住友3M),意図的に女性店長を作り出す(ジャスコ),そして,男性管理職にポジティブ・アクションの必要性を説明,理解させる(ニチレイ)などの制度が導入されている(表11-3).

表 11-2　ファミリー・フレンドリー表彰企業の特徴

企業名（表彰年度）	制度の特徴	内容
東武百貨店 （2000年度東京都労働局長賞受賞）	家庭に配慮した育児休業制度と勤務制度	育児休業中でも，賞与のみ35％支給．さらに小学校就業まで短縮勤務．
	家庭とキャリアの両立可能な再雇用制度	結婚・出産・育児・介護を理由に退職し（勤続3年以上満23歳以上），その社員が希望すれば，在職時と同職種に採用される資格認定が受けられる．期間は10年間有効．
NEC （2001年度厚生労働大臣優良賞受賞）	育児短時間勤務制度	小学校就学まで，1日に6時間の短縮勤務．
	ファミリーフレンドリー・ファンド	新たに子どもを出産した場合に60万円を支給する．
イトーヨーカドー （2002年度東京都労働局長賞受賞）	役職や職種とリンクしない勤務地選択制度	家庭の都合で転勤できなくなっても，ポストの変更は無用．
	クロックインシステムによる休日・労働時間の管理と時間短縮の取り組み	新休日出勤や基準以上の残業が続くと，上司にその日のうちに代休の指令や改善のアラームペーパーが届く．
阪神百貨店 （2002年度大阪府労働局長賞受賞）	育児短時間勤務制度	小学校就学まで短縮勤務．2コースあり，実労働時間が1日6時間15分で年290の場合は給与に減額なし．
	再雇用制度	結婚・出産・育児を理由に退職する場合，本人の希望により正社員やパートとして優先的に雇用．
富士ゼロックス （2002年度厚生労働大臣優良賞受賞）	妊娠に配慮した制度	通勤ラッシュを避けるために出社時間を1時間ずらしたり，健康診断のために有給半日休暇をあてたりすることができる．診断費用も補助．
	子どもの学校への適応に配慮した短時間勤務制度	原則として4歳までだが，半年を小学校入学後に取得できる．
花王 （2004年度厚生労働大臣優良賞受賞）	家庭に配慮した育児休業制度	出産者のほぼ全員が取得し，男性の取得実績もある．さらに，育児報告書によって会社とのつながりをもつ．取得者全員が復職．
	家庭に配慮した転勤	従業員の転居を伴う異動の場合は，育児や介護の家族状況への配慮を徹底．

（出所）　志野澄人「企業におけるジェンダー問題とCSR」，『商学研究』，第46巻第3号，2005年，95ページを参考に筆者作成

表 11-3　均等推進表彰企業の特徴

企業名（表彰年度）	制度の特徴	内容
日本 IBM （1999 年度労働大臣努力賞受賞，2003 年度厚生労働大臣優良賞受賞）	数値目標を掲げたポジティブ・アクション	社員の女性比率および管理職比率の目標値を掲げて，取り組みを計画・実施．その結果，2003 年に，女性社員比率 15.7％，係長 290 人，課長 67 人，部長 85 人，役員 3 人となっている．
	旧姓使用	社内業務に関しては旧姓の使用を認めている．
ジャスコ （2000 年度労働大臣努力賞受賞）	女性の店長へ登用	経営トップの方針で実施．女性の店長候補をリストアップし，積極的に登用．
	ジャスコ大学	学歴，年齢，性別による制限のない自由応募制．コース修了資格が希望職種への登用に結び付く．
旭化成工業 （2001 年度厚生労働大臣努力賞受賞）	1993 年に EO（イコール・オポチュニティー）推進室を設置	女性配置職種，事業領域の拡大，女性個人の育成・能力向上支援，上司，職場の意識改革，セクシャルハラスメント等，就業環境悪化要因の排除など．
	基本給の 3 分の 1 を占める職務給制度	上司は部下の職務給が高くなるように職務拡大や職務充実を指導しなければならず，この制度が女性社員を育成する具体的な指導となっている．
大丸 （2002 年度厚生労働大臣努力賞受賞）	社内公募制や抜擢登用	株主総会でトップが女性を登用していくことを発言．その結果，制度との相乗効果で，ライン部長が 2002 年に 2 人誕生．
	女性が働きやすい職場風土の形成	母性健康管理の職場理解や，セクシャルハラスメント対策の徹底．
ニチレイ （2002 年度厚生労働大臣努力賞受賞）	女性管理職登用優遇制度	管理職に占める女性比率に注目し，男女間の格差を是正することを目的．
	女性支援の風土づくり	リーダー研修の中で，男性管理職に対しポジティブ・アクションの必要性や自社の取り組み内容について説明を行う．
住友 3M （2003 年度厚生労働大臣努力賞受賞）	プロジェクト Eve21	女性社員が経営トップへ提案することを目的とした社員参加型プロジェクト．2000 年からの「女性活性化計画」の 1 つ．
	管理職候補女性のサポート	管理職候補女性をリストアップし，個別育成計画に基づき育成する他，メンタリングプログラムを導入．

（出所）　志野澄人，前掲稿，95 ページを参考に筆者作成

以上の取り組みを実施した大半の企業では，女性社員の活用・登用を進めるために，トップ方針として推進されている．これらの企業がこうした制度に取り組んだ目的は，次の4つが考えられる．第1に，消費者のニーズの把握である．女性は情報の中にきめ細かさがあり，品揃えの改善につながる．第2に，これからの少子化の時代に人材の確保という観点から，男性中心の職場を変えていくことが必要である．第3に，企業のグローバル化の時代において欧米から見て，女性が人権侵害されていると思われるとイメージダウンにつながり，ビジネスに支障がでる．第4に，女性社員のモチベーションの向上である．パートタイムや契約社員も含めて，女性従業員にキャリアのイメージを植え付けて，定着率を高めつつ，やる気を引き出すためである．このように，女性社員の活用・登用を進める制度は，企業戦略の1つとしての取り組みといえる．

　このことに関連して，厚生労働省が設置した「女性の活躍推進協議会」が2002年4月に取りまとめた「ポジティブ・アクションのための提言」では，ポジティブ・アクションの必要性とその効果について，次の4点を指摘している．「① 労働意欲，生産性の向上：性にとらわれない公正な評価により活力を創出，② 多様な人材による新しい価値の創造：多様な個性による新たな発想，③ 労働力の確保：労働者に選ばれる企業へ，④ 外部評価（企業イメージ）の向上：人を大切にするというイメージの獲得」である[39]．このように，ポジティブ・アクションは企業経営にメリットをもたらすことが強調されている．実態を見ると，これに取り組んでいる企業は規模計で29.5%，5,000人以上規模では74.0%に上っており[40]，特に大企業でその必要性や効果が認識されているようである．

4．日本企業における女性従業員の処遇問題と「企業の社会性」──考察

　日本企業における女性従業員の処遇問題への取り組みは，ファミリー・フレンドリー表彰企業や均等推進表彰企業などの事例で見る限り，制度作りや運用

も充実しているといえる．しかしながら，そうした企業はごく一部であり，第2節の統計で見る限り日本企業における女性従業員の処遇問題は未だ解決されてはいない．

本節では，女性従業員の処遇問題が解決されないその理由を2つの「差別の理論」（①「統計的差別の理論」，②「カンターの理論」）から検討し，処遇問題が生まれるプロセスやそれに基づく矛盾とその根本的な解決のための課題と対応策を，「企業の社会性」の概念から考察する．

(1) 「差別の理論」

従来から経済学では「統計的差別の理論」が，企業における男女間格差を説明する有力な理論となって提示されてきた．それによると，いくつかの属性をもつグループがあれば，平均値の優秀なグループAの方を優先し，平均値の優秀でないグループBに不利な扱いをする．それによって優秀でないグループBに属している能力の高い人は，個人的に差別を受けることになるという説である[41]．これは，企業が様々な属性によって人材をスクリーニングすることにより，採用コスト，教育コスト，評価コストを減らそうとする経済的な行動から生じたものである．さらにその方が，優秀な人材を採用できる確率も高くなるというものである．

日本企業における女性従業員の処遇問題の場合は，グループAが男性，グループBが女性ということになる．これは，結婚して家事や育児もしながら，男性並みに働く意欲と能力のある女性にとっては，差別であり，不利益を被る．「女性はいつでも辞めるかもしれない」という属性で見た統計の平均値により差別される．その結果，女性の地位が低くなり，処遇問題が改善しない土壌が作り上げられていく．これが統計的差別が生まれるプロセスである．

統計的差別は，企業が利益や効率，経済性などのために行動した結果である．よって啓発や教育では解決できないとされている[42]．そのための方法として考え出されたものが，ファミリー・フレンドリー施策などの女性配慮施策の数々である．たとえば，ファミリー・フレンドリー施策は，政策的，制度的に

女性に配慮，優遇することによって，女性のハンデを少なくし，統計的差別をなくする試みである．また均等施策の数々も，法的な圧力によって女性を保護し，グループAからの不当な差別をなくしていくことを目的としている．

他方，組織論においては，「カンター理論」が有力な理論として取り上げられている．これは女性に限らず，なぜ少数派が差別されてしまうのか（あるいは，差別意識を感じてしまうのか）という考え方を説明している．それによると組織の中で，ある集団が多数派になると，それ以外の集団に対して「ウチ」意識をもつようになる．その結果，多数派は少数派をよそ者扱いして，少数派は差別意識をもつようになる．疎外感を感じ，発言も少なくなり，自らの自信もなくしてしまうという説である[43]．これは，雇用機会均等によって正社員の女性が増えても，女性の管理職が増加しない原因を説明する場合に使われ，また企業における女性を活性化させる方法として，ポジティブ・アクションを推し進める根拠にもなっている．ただし，ここでも少数派である女性の割合であるが，それは30％とされているが，統計的に実証されていない．また，差別意識という主観的部分に焦点が当てられている点にも疑問が残る．

以上の2つの理論を根拠に，1999年から男女共同参画が推し進められている．しかし日本企業における女性従業員の処遇問題が未だ改善されていない．その原因は2つあると考えられる．第1の原因は，ファミリー・フレンドリーなどの施策では，企業の利益や効率，経済性の追求を第1とする，企業の価値観や企業の論理の前には，あまり効果を得られないという点が指摘できる．すなわち，国や企業が考える仕事と家庭の両立施策では，女性のハンデが相殺できないのである．その結果，キャリアのためには，自分の家庭を作らないという選択も，女性にとって合理的かつ戦略的判断となり得る状況である．

第2の原因は，男性にとってポジティブ・アクションを受け入れることができないので，女性は少数派であり続けるという点が指摘できる．男性の側から見てポジティブ・アクションを実施すると，職やポストを奪われるという危機感も生じるだろう．実際，IT化によって男女の能力差は，男性の体力面を除き縮まりつつある．したがって，企業にとって明確なメリットがなければ，女

性を優遇することに対する，男性の反発が生じることもある．その結果として，セクハラやパワハラなどの土壌が発生するとも考えられるのである．

(2)「企業の社会性」の概念の導入と女性従業員の処遇問題

1990年代からグローバルに広がってきた「企業の社会性」を求める潮流は日本の企業社会にも大きな影響を与え，社会性のある企業のあり方について本格的な議論が始まっている．これまで日本の社会経済システムにおいて，企業に期待されてきた役割・責任は，「雇用を維持し，豊かな社会づくりに貢献すること」にこそあり，企業はそれに応えてきたという自負もある．しかし，その体制を支えてきたシステムの構造が近年大きく変わっており，グローバリセーションの進展とともに，企業社会のあり方自体が問い直されている．さらに，近年，社会的に責任ある企業に投資する社会的責任投資（SRI）が広がり始めたことで，企業の価値は財務面のみならず，社会・環境面を含めてトータルに評価され，格付けされるようになってきた[44]．「企業の社会性」を採り入れた社会的に責任ある企業になるためには，ステークホルダーから支持され信頼される関係を作っていくことが重要である．企業は，株主・投資家，消費者・顧客から信頼され，有能な人材を引きつけ，コミュニティから支持されることで，そのトータルな価値を高めていくことが可能なのである．

したがって，企業の社会的役割が変化している今日，「企業の社会性」という観点から女性の登用を検討する時期になっている．企業にとってはこれまでは直接収益につながらないと考えられていた環境や「企業の社会性」への配慮が，逆に他社との「違い」として競争力になる時代である．この「企業の社会性」には，安全な商品やサービスの提供をはじめ，従業員の働きやすい環境の整備や情報公開，不正の回避，地球環境・社会への貢献などが含まれるが，特に近年，「企業の社会性」の1つに少数派としての女性の登用（能力発揮）や雇用の男女「平等」が込められている[45]．女性の職場での「平等」を含んだ「企業の社会性」を追求している企業が評価される市場になれば，企業も企業を取り巻く人々も幸せになるということである．

「企業の社会性」の概念については，定義付けや範囲について定まっていないが，おおよそ次の2点から捉えられる[46]．第1に，経済性ばかりでなく，社会性も企業活動にとっては重要であるという視点である．企業にとっての社会性とは，コンプライアンスや人権，倫理，環境への配慮など様々な活動が含まれるが，端的に述べると利益や効率，生産性の追求ばかりが，企業の論理ではないという見方である．経済性は社会性と対立するという見方や，社会性の一部であるという見方など見解は分かれている．いずれにしても，従業員に対しては，労働生活以外の社会生活に対しても尊重しなければ企業の社会性は評価されないという視点である．

第2に，ステークホルダーへの配慮の視点である．ステークホルダーには，金銭的な利害関係の発生する消費者や株主ばかりでなく，地域住民，官公庁，研究機関，金融機関，そして従業員など企業を取り巻くあらゆるものが含まれる．それらと共存共栄しながら協力し合って企業活動を営み，経営のあり方を模索していく視点である．たとえば，消費者や地域住民の安全性に配慮した製品づくりなども，ステークホルダー配慮の経営活動であろう．また，育児や介護経験のある従業員に配慮することで，子供や高齢者にやさしい製品づくりへのアイデアが生まれる可能性が高くなるといえる．

この「企業の社会性」の概念が，前項で検討した「統計的差別の理論」と「カンターの理論」に対して次の視点を導入できる．第1に，従業員の能力を測る場合に，生産性や効率だけではなく，社会性も能力として図る必要が出てくるという点である．なぜならば，「企業の社会性」の実行には，「従業員の社会性」が必要となってくるからである．もし能力としての社会性を測ったならば，男性と女性の能力差についての別の見方が必要となってくる．社会性とは職場のチームワークばかりでなく，個人の家庭生活や地域生活なども含めた総合的な見方である．たとえば，それによってサービス残業は組織の経済性には貢献するが，社会性としてはマイナスであるという価値観が職場に共有され，さらにファミリー・フレンドリー施策は男女にかかわらず，より影響力を持ち，社会性を高めることが企業のブランドイメージやSRIの評価も高めて，結

果的に企業の経済性に貢献する形につながっていくという可能性が生じる．「企業の社会性」の視点は，仕事優先の生き方ばかりでなく，家庭と仕事の両立や育児をしている従業員も尊重しつつ，経済性と社会性のバランスの取れた企業経営へと変革し得るのである．

第2に，男性のポジティブ・アクションへの理解が深まるという点である．ステークホルダーへの配慮が「企業の社会性」にとっては重要課題であるが，日本の社会においては，ジェンダーによる役割分担によってステークホルダーが構成されているという[47]．たとえば，毎日の買い物や地域活動を担っているのは，女性である場合が多い．男性の多くが，平日に地域，繁華街やスーパーで何が起こっているのかを知りようがないし，子どもが何をして遊び，家族の者が何を考えているかも把握しにくいとされている[48]．したがって何をどうすることが，ステークホルダーにとって望ましいのか判断することが難しい．これは男性が仕事に専念し，女性がそれ以外の活動を担当してきた結果といえる．それを回避するために，女性をポジティブ・アクションによって，正社員や管理職に積極的に活用していくことは，ステークホルダーの視点を企業内部に導入することにつながるし，企業の戦略上のメリットもある．また，ファミリー・フレンドリーのような，仕事と家庭の両立施策によっても，同じような効果が得られるであろう．それによって，「企業の社会性」の評価が高まるならば，女性の活用こそが，ステークホルダーへの配慮という「企業の社会性」の目標を達成するための道の1つといえよう．

おわりに

女性の労働市場への進出が増大するに伴って，雇用環境におけるジェンダー的視点から見た場合の問題は依然として存在するものの，先行研究の焦点は，女性の労働力化への認識の高まりの考察と女性労働に期待する姿を描くところに当てられつつある．

少子化，高齢化による労働力の減少，さらにはIT化の進展など，労働・社

会構造の大幅で急激な変化と均等法以後の男女共同参画社会への傾斜は，女性労働に新たな局面を期待されたが，女性活躍推進の取り組みは，業種や企業によって，その力の入れ方にはまだかなりの強弱の差があるのが実態である．しかし，今後，若年労働力が減少していく中で，業種・企業の違いを問わず，女性の活用は進めていかなければならないであろう．

　これまで女性労働問題は，国が推し進める人権問題対策として扱われてきた．しかし，企業にとっては，人権問題のような「べき論」として扱われるのではなく，戦略として扱われる．その結果，女性従業員の処遇問題の対策は後まわしか，制度だけ作っておいて放置されるかもしれない，逆に正社員の女性への配慮が，戦略上プラスならば，企業は女性従業員の処遇問題対策を，優先的に取り組むかもしれないが，それは個別企業の戦略にかかっている．いずれにせよ，ステークホルダー全体の共生を図る経営に向けた経営システムを追求する時期にきている今日，「企業の社会性」の一環として女性従業員の処遇問題に取り組むことは，その一歩となり得るといえよう．

1) 正式名称「雇用の分野における男女の均等な機会および待遇の確保等女子労働者の福祉の増進に関する法律」1985年成立，1986年施行，以下「均等法」と略する．
2) 堀眞由美「女性労働の実態と就業形態の変化に関する先行研究」，『白鴎大学論集』，第17巻第2号，2002年，73ページ．志野澄人「企業におけるジェンダー問題とCSR」，『商学研究』，第46巻第3号，2005年，84ページ．
3) 志野澄人「企業におけるジェンダー問題とCSR」，『商学研究』，第46巻第3号，2005年，84ページ．
4) 「企業の社会性」とは，「民主主義や人間性原理を企業経営の中に取り入れる」ことである．民主主義の発達した社会では，人に対する考え方は企業経営の決定的・原理的要素となる．たとえば，民主主義の発展の違いは，企業の社会的責任に対する考え方，企業と行政との関係，労働組合に対する考え方の違いを生みだすのである．具体的には，地球環境の保護に対する，文化活動の支援や保護に対する企業行動は，国の違いや時代の違いによって異なっている．製造物責任や労働時間，および雇用における男女差別などに対する考え方においてもしかりである．林正樹『日本的経営の進化』税務経理協会，1998，22ページ．
5) たとえば，いくつかの企業では「企業の社会性」の1項目として，女性従業員の

処遇問題に取り組んでいる．トヨタ自動車，マツダ，日立製作所では，本社地区内に従業員向け保育施設を開設し，勤務しながら出産・育児をする女性が働きやすい環境の整備を進めている．資生堂では，男女共同参画推進活動をCSR活動の1つの柱に位置付け，「ジェンダーフリー委員会」を設置し，男女を問わず能力を発揮することができる企業風土づくりに向け，具体的な解決策を検討・実践している．同じく東芝でも，男女共同参画を推進する専任組織「きらめきライフ＆キャリア推進室」を設置し，多様性を尊重する風土づくり，ワーク・ライフ・バランス，女性のキャリア形成への支援，男性の育児への参画推進，能力意欲に応じたチャレンジングな仕事の実現など，従業員1人ひとりの個性と能力を発揮することができる職場環境づくりを実施していこうとしている．志野澄人，前掲稿，84ページ．

6) 本章では，企業における女性従業員の処遇問題（女性の仕事と家庭の両立，女性の正社員比率，管理職比率など）を，「企業の社会性」として取り組むことの意義と効果について考察する．

7) 志野澄人，前掲稿，84ページ．

8) 日本の多くの女性は，初めの就職はフルタイムで一般事務職につくが，20歳代の後半に結婚・出産や子育てで初職を去る．その後子育てが一段落し，再度働く女性は増加する．30歳代に谷ができ，労働職率はM字カーブを描く．これをM字型就業形態という．金谷千慧子「女性とCSR」，谷本寛治編著『CSR経営』，中央経済社，2004年，100ページ．

9) たとえば，大森真紀『現代日本の女性労働』，日本評論社，1990年，80-90，187，228ページ．

10) たとえば，安川悦子「日本型企業社会と家族問題」，『日本型企業社会と社会政策』，啓文社，1994年，23-50ページ．

11) たとえば，田中洋子「企業に合わせる家庭から家庭にあわせる企業へ」，『日本型企業社会と社会政策』，啓文社，1994年，51-81ページ．

12) たとえば，今田幸子「働き方の再構築」，『日本労働研究雑誌』，日本労働研究機構，第42巻第6号，2006年，2-13ページ．今田は，女性労働に限定してはいないが，勤労意識の視点から女性労働に対する諸制度，支援策のあり方の展開について示唆している．

13) たとえば，藤井治枝『日本型企業社会と女性労働』，ミネルヴァ書房，1996年，208-218，236-246ページ．

14) たとえば，川口和子「グローバリゼーション下の女性労働」，『グローバリゼーションと日本的労使関係』，労働運動総合研究所編，新日本出版社，2000年，123-140ページ．

15) 前田信彦『仕事と家庭生活の調和』，日本労働研究機構，2001年，9-23，132-143ページ．

16) 藤井治枝・渡辺峻編著『現代企業経営の女性労働』, ミネルヴァ書房, 1999 年, 2-3 ページ.
17) 大内章子・藤森三男「日本の企業社会」, 『三田商学研究』, 第 37 巻第 6 号, 1995 年 2 月, 4 ページ.
18) 女性を補助的仕事でのみ活用している企業では女性の定着率が低く, 女性にも教育訓練や配置転換を実施している企業では定着率が高まるという. 樋口美雄『日本経済と就業行動』, 東洋経済新報社, 1991 年, 277 ページ.
19) これは早くからは, 昭和 27 年に男女同一の給与体系, 人事考課制度を導入した高島屋をはじめとした百貨店などの流通業界, 昭和 50 年代後半以降技術系専門職として大卒女子を採用しているメーカーで導入されてきた. 氏原正治郎『ワーキングウーマン』, (社)社会経済国民会議, 1986 年, 69 ページ. 岩田龍子「マネジメントへの影響」, 花見忠・篠塚英子編『雇用均等時代の経営と労働』, 東洋経済新報社, 1987 年, 125 ページ.
20) 大内章子・藤森三男, 前掲稿, 5-6 ページ.
21) 総務庁統計局『就業構造基本調査 (昭和 46 年)』, 106 ページ.
22) 条約は正式には, 「婦人に対するあらゆる形態の差別の撤廃に関する条約」であり, 日本はこの条約の批准によって, 男女雇用平等法の制定, 国籍法の改正とともに, 1993 年より中学校, 1994 年より高校で家庭科の男女共修を実施することになった.
23) 4 年制大学卒業者の就職率は, 1965 年の男子学生 67％, 女子学生 67％から, 女性のそれが高まり, 1991 年, 1992 年の女性の就職率は男性を上回るほど (約 80％) 男子学生と変わらなくなった. 文部省「学校基本調査」.
24) 大内章子・藤森三男, 前掲稿, 6 ページ.
25) 熊沢誠『女性労働と企業社会』, 岩波書店, 2000 年, 2-14, 46 ページ, 49-50 ページ.
26) 大内章子・藤森三男, 前掲稿, 6 ページ.
27) 同上稿, 6-7 ページ.
28) 労働省「女子雇用管理基本調査」, 平成元年度および平成 4 年度. 脇坂明『職場類型と女子のキャリア形成』, お茶の水書房, 1993 年, 2 ページ.
29) 八幡成美・橋本秀一・福原宏幸「労働調査研究の現在」, 『日本労働研究雑誌』, 420 号, 1995 年, 11 ページ.
30) たとえば, 脇坂明『職場類型からみた女性のキャリアの拡大に関する研究』, 岡山大学 (経済学研究叢書) 1993 年. 中村恵「女子管理職の育成と総合職」, 『日本労働研究雑誌』, 415 号, 1994 年. 大沢真知子「短大・大卒女子の労働市場の変化」, 『日本労働研究雑誌』, 405 号, 1993 年. 冨田安信「女性の仕事意識と人材育成」, 『日本労働研究雑誌』, 401 号, 1993 年.

31)「労働力調査　平成 17 年」．
32)「女性雇用管理基本調査　平成 15 年度」．
33) 堀眞由美，前掲稿，73 ページ．
34) 厚生労働省ホームページ（http://www.mhlw.go.jp/general/seido/koyou/family/kigyo.html）より．2011 年 8 月 27 日アクセス．
35) 厚生労働省ホームページ（http://www.mhlw.go.jp/general/seido/koyou/kintou/jyusyou.html）より．2011 年 8 月 27 日アクセス．
36) 厚生労働省ホームページ（http://www.mhlw.go.jp/general/seido/koyou/kintou/jyusyou07.html）より．2011 年 8 月 27 日アクセス．
37) 厚生労働省ホームページ（http://www.mhlw.go.jp/general/seido/koyou/amily）より．2011 年 8 月 27 日アクセス．
38) 厚生労働省ホームページ（http://www.mhlw.go.jp/general/seido/kintou/koubo.html）より．2011 年 8 月 27 日アクセス．
39) 厚生労働省ホームページ，女性の活躍推進協議会「ポジティブ・アクションのための提言」，(http://www.mhlw.go.jp/houdou/2002/04/h0419-3.html) より．2011 年 8 月 27 日アクセス．
40)「平成 15 年度（2003 年度）女性雇用管理基本調査」．
41) 志野澄人，前掲稿，97-98 ページ．
42) 同上稿，98 ページ．
43) 同上稿，98-99 ページ．
44) 谷本寛治編著『CSR 経営』，中央経済社，2004 年，1 ページ．
45) 金谷千慧子，前掲書，13 ページ．
46) 志野澄人，前掲稿，100 ページ．
47) 同上稿，101 ページ．
48) 同上．

第 12 章　中小企業金融における情報利用と顧客特性

はじめに

　近年，中小企業金融における貸し手と借り手との親密な関係や，そのような関係を通じて入手できる定性的な情報（「ソフト情報」）の重要性に着目した研究が数多く著されている．このような銀行取引は一般に「リレーションシップバンキング」[1]と総称されている．わが国では，特に金融審議会報告書「リレーションシップバンキングの機能強化に向けて」（2003年）が出されて以来盛んに議論されるようになり，また，同年4月以降，リレーションシップバンキングの強化が信用金庫および信用組合（以下，信金・信組）[2]，地方銀行（以下，地銀）など「地域金融機関」における共通の目標となった[3]．

　しかし，これまでのところ，本来リレーションシップバンキングの眼目であるはずの，金融機関にとって有益なソフト情報とは何かという問題や，それをいかに取得し活用するかという問題が，十分深く掘り下げられてきたとはいいがたい．本章の課題は，日本におけるリレーションシップバンキングの代表的な担い手である信金・信組が利用している情報と，これらの金融機関における情報収集の体制，および顧客特性という三者の密接な関係を明らかにすることを通じて，これらの金融機関が下記のような意味で社会に「埋め込まれた（embedded）」存在であり，またそのことが中小企業金融の円滑化にとって積極的な意義をもっていることを具体的に示すことである．

　一般に，企業活動の結果生じる経済取引は，人間関係やコミュニティ（＝同一の地域に住んでいることや同一の学校を卒業しているなど，何らかのアイデンティティを共有する人間の集団的結び付き）と無関係には行われず，常にそれらの社会

的文脈から影響を受けるという意味で，それらの社会関係に「埋め込まれて」いる．特に中小企業は取引先や従業員などのステイクホルダーや，工場・事業所などの生産手段が特定の地域に集中し，限定されていることが多いため，社会的な「埋め込み」の度合いは一層強い．このことは信金・信組など限定された営業地域で活動する銀行にもあてはまる．また，銀行取引においては，貸し手による融資の可否や条件の判断に際して，借り手についての情報が決定的な意味をもっているが，とりわけ信金・信組のような中小企業金融専門機関はこれらの情報を，純粋な経済的取引関係だけでなく，それを超えた人格的な関係を通じて取得している．このような意味でも，金融機関は社会に「埋め込まれた」存在である．

　以下，第1節では，理論的な立場の異なる2つの潮流における情報の捉え方の特徴を，やや大雑把に整理する．その上で，第2節では信金・信組が中小企業向け融資において用いている情報を分類し特徴付けた上で，これらの金融機関の主要な顧客である小零細企業への融資判断にとって，ソフト情報が特に重要な意味をもつことを明らかにする．さらに第3節では，信金・信組が借り手企業についてのソフト情報を取得する過程を分析し，これらの金融機関が顧客との間に構築する親密な人間関係がソフト情報を得るための基礎的なインフラであることを指摘する．

1．主流派経済学と経済社会学における情報観の相違

　本節では，新古典派経済学，および「新しい経済社会学」あるいは「埋め込みアプローチ」と呼ばれる社会学者のグループ[4]という2つの理論潮流における（中小企業向け貸出に用いられる）情報の捉え方を比較する．そのために，それぞれピーターセン＆ラジャン（Petersen and Rajan, 2002），ピーターセン（Petersen, 2004）[5]，およびウッジ（Uzzi, 1999），ウッジ＆ランカスター（Uzzi and Lancaster, 2003）を取り上げる．

　一般に，長期的で親密な関係を通じて銀行に蓄積される定性的な情報は「ソ

表 12-1　貸出手法と情報の性質の対応関係

貸出手法	利用される情報の特徴
リレーションシップ貸出	時間をかけて蓄積された，曖昧さや主観性を含む非定型的・定性的情報
	預金・貸出取引だけからでなく，事業主，仕入・販売先，コミュニティからも収集される
	事業主の約束履行実績
トランザクション貸出	財務諸表貸出　実績・予想財務諸表に基づく財務分析
	資産準拠貸出　売掛金や在庫のキャッシュフロー化の可能性
	クレジット・スコアリング　信用情報機関から入手した事業主の個人信用情報，企業の信用情報，企業の財務諸表

（出所）　由里（2003），46ページの表を基に作成

フト情報」と呼ばれる[6]．リレーションシップバンキングにおける貸出[7]の際に利用される情報の特徴をまとめたものが表12-1，融資行程の特徴を示したのが図12-1である．

　情報の区別は，どちらの理論潮流においても基本的な点で共通している．たとえばピーターセン（2004）はハード情報とソフト情報を次のように捉えている．ハード情報は量的な情報であり，非人格的な手法で伝達しやすく，その内容は収集過程から独立している．これに対して，ソフト情報は完全に数値化するのが難しい情報であり，その情報の内容とそれが収集される文脈や情報収集者とは一体であり分離できない[8]．また，ウッジ＆ランカスター（2003）における情報の分類基準は，標準化されている，第三者によって実証できる，誰にでも入手できる，という3点であり，基本的に異なるところはない（ただし，ウッジらはハード情報とソフト情報を，それぞれ「公開（public）情報」と「非公開（private）情報」と呼ぶ）．

　しかし，両者の情報観には大きな違いがある．まずは新古典派経済学から見ていきたい．ピーターセン＆ラジャン（2002）によれば，一般的に，企業の資金利用可能性は，その企業がどの程度情報を開示しているか，あるいは金融市

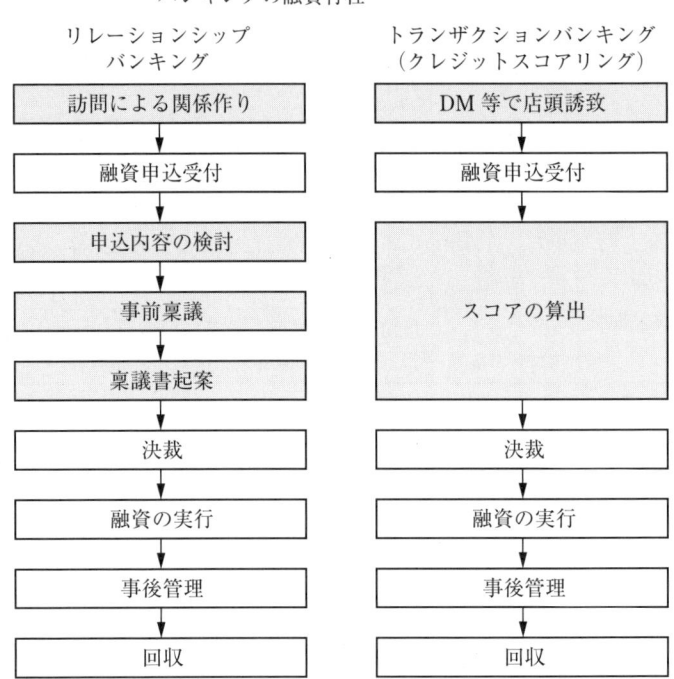

図 12-1　リレーションシップバンキングとトランザクションバンキングの融資行程

リレーションシップバンキング	トランザクションバンキング（クレジットスコアリング）
訪問による関係作り	DM 等で店頭誘致
融資申込受付	融資申込受付
申込内容の検討	スコアの算出
事前稟議	
稟議書起案	
決裁	決裁
融資の実行	融資の実行
事後管理	事後管理
回収	回収

（出所）　高橋俊樹（2006）『融資審査』，189ページの図などを参考に筆者作成

場が企業についてのハード情報をどの程度もっているかによって決まる．したがって，情報開示の程度が低い小規模な企業ほど「信用割当」（＝選別融資）に直面している．また，それがソフト情報を入手し利用することに長けている銀行に，小規模な企業が一層依存する理由である．しかし，情報技術の発展に伴い企業の情報開示が促進され（たとえば定型化された記録を管理するなど），利用可能なハード情報の量が増えるほど，銀行はコストをかけて顧客と直接接触してソフト情報を入手する必要はなくなる．その結果，銀行は支店から遠い借り手に対して貸出が可能になり，中小企業向け貸出市場の競争度は強まり，企業への融資が是認される可能性が高まる．

　ここには，ソフト情報が基本的にハード情報によって代替可能であるという

認識が貫かれている．そのような認識は，ピーターセン (2004) の「ソフト情報のハード化 (the hardening of soft information)」という言葉に象徴されている．すなわち，情報技術の発展に伴うコミュニケーション手段の変化は，金融取引におけるソフト情報に比べたハード情報への大きな依存，すなわちソフト情報のハード化の進展をもたらしている．彼によれば，「ある程度は，文章はスコアにできるし，ソフト情報はハード化できる」(6 ページ，脚注 1)．また，他の箇所ではより直接に，「……情報の性質は外生的に決定されてはいない．……実際には，情報の性質は変化させることができる」(15 ページ) と述べ，ソフト情報のハード情報への代替可能性を強調している[9]．

これに対して，ウッジ (1999) は，銀行取引が社会関係の中に「埋め込まれて」おり，その社会関係が独自に中小企業における資金の利用可能性やコストに影響を与えるという，主流派経済学とは異なる理論的枠組みを強調する．彼によれば，主流派経済学は銀行と顧客間のリレーションシップの価値を正しく評価していない．ハード情報とソフト情報は相互補完的に用いられているし，相互補完的に用いられたときに，最も（中小企業における資金の利用可能性やコストにとっての）有用性を増す．

また，これらの情報は，銀行職員と企業経営者との間に形成される人間関係（社会的紐帯）を通じて取得される．親密な人間関係は「埋め込まれた紐帯」と呼ばれる．これに対して，ビジネスライクな人間関係は「アームスレングスな紐帯」と呼ばれる．この銀行職員と企業経営者との間に形成される「埋め込まれた紐帯」は，ソフト情報（「非公開情報」）[10]の流れを促進する．また，「アームスレングスな紐帯」はハード情報（「公開情報」）の伝達を促進する（表 12-2，ウッジ＆ランカスター (2003)）．

このように，新古典派経済学がソフト情報およびリレーションシップがハード情報に代替されて行き，それにつれて中小企業金融市場の効率性が高まるという見方をするのに対して，経済社会学においては，両者の相互補完関係，およびそのことが持つ経済的効果が強調されている．このような相違は，中小企業金融におけるソフト情報およびリレーションシップの本質的な重要性の評価

表12-2 ウッジ&ランカスター (2003) における情報とネットワークの対応関係

情報の種類	情報の性質		ネットワーク(紐帯)の種類	ネットワーク(紐帯)の性質
公開(public)情報	標準化されたハード情報.第三者(情報を収集し,それを市場に報告するために標準化する人間)を通じて実証可能.請求すれば誰にでも入手可能な情報.それだけに,限定的な目新しさしかもち得ない.	↔対応	アームスレングスな紐帯(arm's length tie)	相手に対して社会的な親密さおよび親しみをもっていない関係.そっけない,人間味がない,原子論的な,主体が機械的な利益追求によって動機付けられているような関係
非公開(private)情報	標準化されていないソフト情報.第三者によって実証できない.悪用しないという信頼のある取引相手との間に固有であり,当人達以外は利用不可能な情報.その意味で常に新しい.	↔	埋め込まれた紐帯(embedded tie)	相手に対して社会的な親密さ,および親しみをもっている関係.信頼関係,協同的な行動を相手に期待する関係.

(出所) Uzzi and Lancaster (2003) より筆者作成

に関わると考えられる.次節では,日本におけるリレーションシップバンキングの主要な担い手である信金・信組の現場を念頭に置き,そこで利用される情報を具体的に分析することを通じて,この問題を考えてみたい.

2. 中小企業金融におけるソフト情報の重要性

(1) 情報の分類

1) ハード情報とソフト情報

まず,信金・信組において意識的に取得され,利用されている情報を,その性質に即して分類する.

図12-2 は融資担当者が利用する情報を,「制度化」と「共有化」という2つの軸で分類したものである.縦軸の「制度化のレベル」は,情報が制度化に向

第 12 章　中小企業金融における情報利用と顧客特性　311

図 12-2　情報の分類

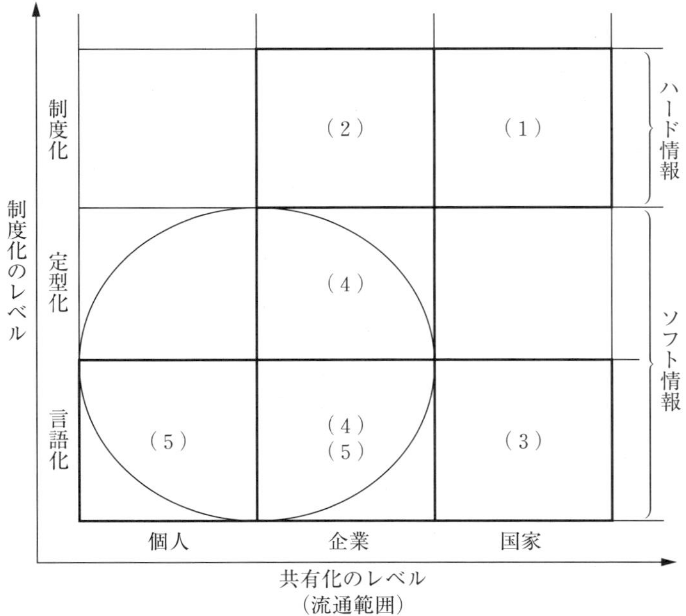

	（1）	（2）	（5）
ハード情報	格付.財務諸表（上場企業）等	財務諸表（中小企業）	金融機関職員が見聞きした情報（経営者や社員の人格・能力、技術力、事業所内の様子等）
ソフト情報	（3）雑誌・新聞記事等の出版物	（4）決済口座の出納記録（注3）、借り手企業の内部資料（領収書、社内の文書や記録、帳簿等）等	

共有化のレベル
（流通範囲）

個人　　企業　　国家

制度化
定型化
言語化

制度化のレベル

（1）
（2）
（3）
（4）
（4）（5）
（5）

(注)　1. 左図と右図の番号は対応している。
　　　2. ◯はソフト情報のうち、本稿で主として扱う範囲を示す。
　　　3. 決済口座の出納記録は、決済システムの運営という預金取扱金融機関に固有な業務を通じて得られる独特な情報である。この情報の独自の意義と限界については今後の分析課題としたい。

(出所)　筆者作成

かう際の質的な段階を示したものである．言語化は制度化の最も原始的な段階であるが，無形式なだけに自由度が高く，様々な具体的な内容を包含することができる．制度化の段階が高くなるにつれて，情報が包含する内容は具体性を失う．しかし，その一方で，その形式について知る人なら誰にでも体系的な情報を伝えることができるようになる．その典型が企業の経営活動の結果を体系的に示す財務諸表である．

このことは，横軸の「共有化のレベル」（情報が流通している範囲）と関係があるが，同じではない．たとえば，制度的に定型化された財務諸表は，一国レベルで流通可能であるが，中小企業の財務諸表は金融当局を通じて公開する義務がないため，通常は税務当局に提出する以外，その流通範囲は企業内部に留まる．

ここでは，ハード情報を制度的に定型化（制度化）された情報と定義し，それ以外の制度化されていない情報をソフト情報と定義する．ただし，制度化されていない情報のうち，リレーションシップバンキングの文脈で問題になるものは，公開されておらず，流通範囲が個人や企業レベルに留まっている情報（図12-2の○で囲まれた部分）である．したがって，以下ではソフト情報という場合，この部分を指して用いる．

表12-3 ハード情報とソフト情報の意義と限界

	ハード情報		ソフト情報	
		特　徴		特　徴
体系性	○	企業の全体像を把握しやすい．	×	企業の全体像を把握しにくい．
伝達しやすさ	○	伝達しやすい．	×	伝達しにくい．
具体性	×	企業の質的な側面を把握できない．	○	企業の質的な側面を把握できる．
将来性を示す性質	×	結果，過去の実績だけを示す．	○	経営者の人格や能力など，将来性を示す情報を含む．

（出所）　筆者作成

情報は，制度的に定型化されることによって，体系的かつ伝達しやすいという性質をもつ．他方でそれは抽象的になり，過去の結果だけを示すようになる．この基準に照らして見れば，ソフト情報は逆の性質をもっている（表12-3）．したがって，ハード情報とソフト情報は，その性質上一方の意義が他方の限界を相互に補い合う関係にある．

2) 2種類のソフト情報

次に，信金・信組において，ソフト情報がどのように用いられているかを具体的に見ていきたい．通常，ソフト情報の具体例として，経営者や従業員の能力・人格，地域における評判，個人的な資産，企業の資金繰りの特徴，取引関係の特徴，後継者などが挙げられる[11]．実際に信金・信組が融資判断に用いるソフト情報には無数の種類があると考えられるが，筆者のヒアリング調査によれば，次のように大きく2種類に整理できる[12]．

第1に，借り手企業の返済原資を把握するための情報である．返済の原資となるのは，①定期的なキャッシュ・フロー（売り上げ，給料，家賃収入など），②企業の保有する資産，③経営者の個人資産および保証人になってくれる親戚や友人などの人間関係である．これは，中小・零細企業におけるハード情報の不完全性を補う形で用いられる．すなわち中小・零細企業の財務諸表（決算書）は不完全で信憑性が低いため，担当者は借り手企業が提出した決算書の数字と，自分の目で確認した情報や面談で聞き出した情報とを付き合わせ，実際の数字を推計する（たとえば現物の契約書などを見て売上を確認するなど）．

第2に，借り手の将来性（＝将来利益を上げて返済してくれるかどうか）を判断するための情報である．具体的には，技術力，経営者やその妻および従業員の能力，人柄，信念などである．これらは，保有している特許，取引先，製品，産学連携への参加の有無，職場の雰囲気や活気，整理整頓の度合い，面談日や書類提出日などの約束の履行状況，独自の経営努力など，様々な形をとって現れると考えられる[13]．

(2) 中小企業金融におけるソフト情報の重要性

　適切な融資判断が行われるためには，ハード情報とソフト情報を両方の意義を活かしながら用いることが望ましく，実際に銀行が融資の可否や条件を判断する際に，両者はどちらか一方ではなく，相互補完的に利用されていることは経験的に知られており，そのこと自体は企業規模によらない[14]．しかし，2種類の情報の相対的な重要性には大きな違いがある．すなわち，大企業のリスク評価が主としてハード情報に基づいて行われるのに対して，中小企業のリスク評価は主としてソフト情報に基づいて行われる（図12-3）．この違いはどこから来るのだろうか．

図12-3　借り手企業の規模による情報の相互補完関係の相違

(1) 大企業向け融資における情報の相互補完関係

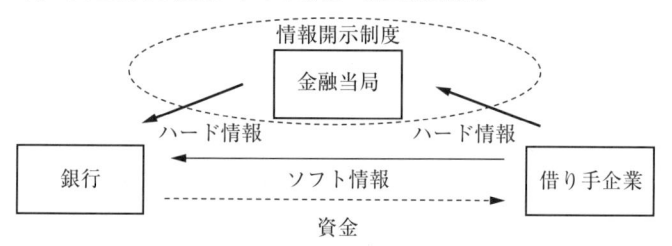

(2) 中小企業向け融資における情報の相互補完関係

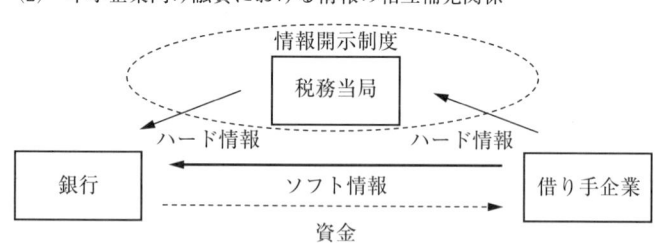

（注）1.　□は主体を，（⋯）は制度を表す．また，実線の矢印は情報の流れを，破線の矢印は資金の流れを表す．実線の矢印の太さは，情報の有用性を表す．
　　　2.　ここでいう情報開示制度とは，企業が自社の決算書（財務諸表）を提出する税務当局や金融当局，およびその際の準拠法（法人税法，所得税法および有価証券取引法）を指す．

（出所）　筆者作成

中小企業金融においてこれらのソフト情報が特に重要である理由として，次の3点を指摘したい．第1に，ハード情報自体の信憑性に関わる問題である．大企業においては，会計制度，情報開示制度，監査制度，および格付け機関や情報機関，信用データベース等により良質なハード情報の生産や伝達の環境が整っている．そのため，誰でも容易にその企業の良質なハード情報を入手することができる．これに対して，中小企業においては，このようなインフラは非常に不十分である．その上，中小企業は記帳や会計に割ける人的資源が乏しいため，大企業に比べて情報開示能力が低い[15]．また，中小・零細企業の財務データはその経営実態以上に脆弱であることが多く[16]，大企業と同じ基準を適用するとリスクが過度に高く評価されてしまうという問題もある[17]．

第2に，情報の体系性，伝達しやすさ，および具体性に関わる問題である．ソフト情報は一面的，断片的な知識であるため，大企業のような大規模で複雑な組織全体のリスクについて知るという目的には適していない．また，それは伝達しにくいため大規模で複雑な組織の中を通過する間に内容が失われやすく，金融機関が得ることのできるソフト情報の量と質には自ずと限界がある[18]．しかし，小規模で比較的単純な組織構造をもつ中小企業についてのソフト情報は，金融機関職員が見聞きした情報や，企業の内部資料などの一面的・断片的な情報でも，場合によっては当該企業の本質的な側面を把握することが可能であり，はるかに有用性が高い．また，中小・零細企業は個別性・多様性をもっており，類型化が困難であるため，抽象的なハード情報だけではリスク評価ができない．

第3に，ソフト情報における将来性を示す性質に関わる問題である．大企業と比べて，中小企業の経営は環境変化に対して脆弱であり，財務諸表などの過去の経営活動の結果・実績からは将来を予測しにくい．また，中小企業経営は大企業に比べて個人の能力への依存度が高い．したがって，将来性を示唆するソフト情報，特に経営者や従業員の資質など，個人に関わるソフト情報が重要な役割を果たすと考えられる．

以上の3点から，中小企業向け融資の際のリスク評価においては，ソフト情

報はより積極的な役割を果たす．また，大企業向け融資においてはハード情報がより積極的な役割を果たす．情報技術の革新が進み，各種ハード情報のためのインフラが整備されたとしても，ソフト情報自体の重要性は変わらないことを示唆している．今後も中小企業金融においてソフト情報が重要であり続けるとすれば，伝達しにくいソフト情報をいかに伝達して利用するかという問題も，金融機関にとって重要な問題であり続ける．

3．ソフト情報の伝達経路としての親密なネットワーク

(1) ハード情報とソフト情報における伝達経路の違い

　企業の生産現場などで用いられている種々の特殊的な知識（=「現場の知識」）を，社会的にいかに利用するかということについて，早くから有意義な議論を展開したのはハイエク（Hayek, 1945）（訳書，1986）である．彼によれば，そのような「現場の知識」[19]は，統計などの形式で組織し，伝達することができない．つまり，「現場の知識」は基本的に定型化して利用することが不可能であり，したがって第三者による利用は困難である[20]（表12-4）．

　このことから，ハイエクは「現場の知識」を経済活動に利用するためには，中央当局による計画[21]とは異なる仕組みが必要であることを強調し，そのような仕組みとして価格メカニズムだけが有用であるという．

　しかし，筆者の考えでは，現実の経済はそれほど単純ではなく，価格メカニズム以外にも「現場の知識」を伝達し利用するための様々な「非市場的」な仕組みが存在している．そのような非市場的な仕組みを経済システムの構成要素として積極的に認知することが，中小企業金融を理解する上で非常に重要である[22]．ハイエク自身も述べているように，「現場の知識」を所有者以外が利用する場合，「かれの積極的な協力」が必要である．リレーションシップとは，金融機関と借り手企業の間に成立するそのような協調関係に他ならない．

　すでに述べたように，前掲のウッジ＆ランカスター（2003）は，金融機関と借り手企業との間の「埋め込まれた紐帯」が「非公開情報」の伝達を促進する

表12-4 ハイエク（1986）における情報の分類とそれらの性質

情報の種類	定　義	性　質	望ましい利用主体
「科学的知識」	「一般的法則の知識」「理論的あるいは技術的な知識」「統計的情報」	事物の間の比較的小さな相違（在り場所，質など）を捨象し，同じ種類のものとして一括することによって作成される．	「適切に選ばれた専門家たちから成る当局」
「現場の知識」	「組織されない厖大な知識，すなわち時と場所のそれぞれ特殊的な情況についての知識」「実際的知識」「有益に使用されうる独特な情報」	第三者によって容易には入手できず，情報の所有者本人によってか，その人の積極的な協力によってしか有益に利用できない．また，統計的形式では伝達できない．	「現場の人」その積極的な協力を得られる立場にある人

（注）「　」は本文からの直接の引用．それ以外は筆者による本文の要約である．
（出所）ハイエク（1986）より筆者作成

図12-4　情報生産の主体による区別とハード情報とソフト情報の伝達経路の違い

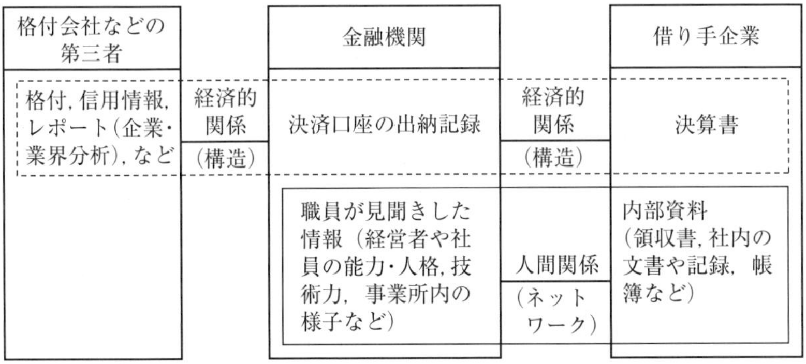

格付会社などの第三者		金融機関		借り手企業
格付，信用情報，レポート（企業・業界分析），など	経済的関係（構造）	決済口座の出納記録	経済的関係（構造）	決算書
		職員が見聞きした情報（経営者や社員の能力・人格，技術力，事業所内の様子など）	人間関係（ネットワーク）	内部資料（領収書，社内の文書や記録，帳簿など）

（注）1. ☐は主体を示す．主体によって生産される情報は図12-2の具体例と対応している．
　　　2. ┈┈はハード情報の伝達経路を，☐はソフト情報の伝達経路を示す．
　　　3. 新聞社など第三者には，格付け会社，大学などの研究者，シンクタンクなどを含む．
（出所）筆者作成

ことを明らかにした（表 12-2）．このように，ソフト情報を生産し伝達するための経路，インフラに当たるのは，金融機関と借り手企業という組織の間に形成される，人と人との関係，つまり，金融機関の職員と借り手企業の経営者や財務担当者などの従業員との人間関係（＝ネットワーク）である．これに対して，ハード情報の生産と伝達のためには，会計制度，情報開示制度，監査制度，および格付け機関や情報機関，信用データベースなどのインフラが必要であり，これらがハード情報の伝達経路を形成する[23]．図 12-4 は，図 12-2 で分類した情報を，「情報生産」の主体別に分類し直し，それが金融機関に伝達する経路を示している．すなわち，金融機関職員が見聞きした情報や，借り手企業の内部資料といったソフト情報は，金融機関職員と企業経営者とのネットワークを介して伝達する．

(2) 渉外活動を通じたソフト情報の取得

信金・信組が雇客との親密なネットワークを通じて借り手企業についてのソフト情報を入手する過程は，具体的には主として渉外（訪問）活動である．

信金・信組の渉外活動については，一般に次のようなイメージが語られることが多い．渉外係は地元の中小企業経営者と密に接触し，事業所や工場が稼動する様を自分の目で確認し，事業の将来性を議論する中で，事業内容や地域情報を深く知り，財務内容，経営者の人となりや行動パターン，親類縁者も含めた個人財産状況などを把握する．その接触は，定期積金の集金などを切り口にしている．これは，預金の受入・決済業務を介した貸出先の発掘およびモニタリングである．こうして資金繰り状況を押さえ，新たな資金ニーズがあれば，確実に貸出案件へとつなげていく[24]．すなわち，信金・信組の渉外活動の特徴は，地域の顧客に対するきめ細かな訪問による直接面談を通じた，資金ニーズの把握と融資判断に必要な情報の収集である[25]．

筆者はこれまで信金・信組の渉外活動がもつ情報伝達に関わる機能に着目し，その現状と歴史を研究してきた（拙稿（2009，2010b，2011，2012））．その中で筆者が行ったヒアリング調査では，定期積金の集金という名目で営業地域内

の顧客企業を訪問し，そこでの会話を通じて親密な人間関係を構築していること（後述），顧客と親密になるにつれ，様々な情報を聞き出すことができるようになること，それらの情報を基に，資金ニーズやリスクの把握を行っていること，顧客企業に対して経営のアドバイスなどの情報提供を行っていること，などが確認された（拙稿，2009，2010b）．

(3) 渉外活動を通じたネットワークの形成

また，渉外活動は，ソフト情報を伝達する経路としてのネットワークを形成・再生産する役割を果たす．

信金・信組の渉外係は定期積金の契約を獲得すると，毎月決まった日に集金のためにその顧客を訪れることになるが，その際に重要なことは集金それ自体ではない．ここで重要なことは，世間話をすることで顧客と打ち解けた話をできるようになること，つまりネットワークを作ることである．どのような目的であれ，顧客を訪問すれば必ず何かしら世間話をすることになる．そこで顧客に親近感を抱いてもらい，ネットワークを作ることができるかどうかが，その後の取引の発展を大きく左右する．人間的に親しくなる中で，顧客は渉外係に対して税金，相続，融資などの相談をするようになり，必要なソフト情報を開示するようになるからである．

また，多くの信金・信組では日々の渉外活動を補完する形で，顧客とのネットワークづくりのために，地域の顧客のために懇親会や旅行を企画したり，地域の祭りに参加したり，店で習い事教室を開催するなどの取り組みを行っている（多くの信金・信組のディスクロージャー誌にはこの類の取り組みが数多く紹介されている）[26]．

おわりに

本章では，信金・信組が社会に「埋め込まれた」存在であることを，融資判断に利用している情報，主な取引先の特性，および情報収集の体制という3者

間の密接な関係の分析を通じて明らかにしてきた．3者間の関係とは，信金・信組の情報収集の体制（具体的には渉外活動）が，融資判断に必要なソフト情報を媒介に，主要な貸出先である小零細企業の特性と密接に結び付いているということである．その内容は，次のように要約できる．

　第1に，情報と顧客特性との関係である．信金・信組は，ハード情報の不足という消極的な理由だけでソフト情報に依存しているわけではなく，借り手の特性に即した情報利用を行っていると考えられる．信金・信組は主要な顧客である小零細企業に対し，ソフト情報を特に重視した融資判断を行っている．それは，小零細企業のリスク評価にとって，ソフト情報が非常に有益だからである．小零細企業は，良質なハード情報の生産のためのインフラと人的資源の不備・不足や，節税等のための赤字経営の慣行，中小企業経営の環境変化に対する脆弱性などから，ハード情報によるリスク評価に大きな限界をもっている．また，小規模で単純な組織構造，個別性・多様性，個人の能力への依存などの特性が，ソフト情報の具体性，借り手の将来性を示す性質と合致している．ソフト情報のこのような性質はハード情報の性質と対照的であり，2種類の情報は相互補完的であるため，中小企業向け貸出においてソフト情報をハード情報によって代替することは非常に困難である．

　第2に，情報と情報収集の体制との関係である．信金・信組は，渉外活動を軸にして，借り手企業のソフト情報を取得している．ソフト情報は基本的に人から人へ，人を媒介に伝達される性質をもっているため，ソフト情報を伝達するための最も重要なインフラは，金融機関の職員と顧客との親密な人間関係である．信金・信組は，渉外活動を通じて小零細企業との間に長期的で親密な取引関係を築き，その基礎の上でソフト情報を取得している．

　以上の分析は，ソフト情報が小零細企業のリスク評価にとって普遍的な重要性をもっており，同じくソフト情報を伝達するための基本的なインフラとしての，金融機関と借り手企業との間に形成される親密な人間関係の役割も普遍性をもっているということを示唆している．このように，信金・信組の貸出は，顧客である小零細企業との親密な人間関係を必要条件としており，その意味で

そこに「埋め込まれて」いる．

　マルクス経済学者であるラパビツァス（Lapavitsas, 2008）は，「経済の金融化」に伴う銀行のハード情報への依存は，銀行と借り手との距離を拡大し，それにつれて銀行が借り手についての個人的な知識や経験，つまりソフト情報に依存しなくなったことを指摘している．また，サブプライムローン問題においては，銀行が借り手についてのソフト情報（「関係的な知識」）を欠いたまま，証券化によって手数料を稼ぐためだけにモーゲッジを創造し，さらに証券化された金融資産の保有を，それが内包するリスクを評価することなしに，あるいは理解さえせずに進めたと述べ，ハード情報への過度の依存が情報収集とリスク評価における銀行の「システミックな失敗」を作り出し，金融市場の不安定性を増大したことを指摘している[27]．

　ここでいわれていることは，住宅ローン等消費者金融に限った問題だとは言い切れない．日本振興銀行をはじめとする，スコアリング・モデルをベースとしたハード情報中心の融資の試みとその失敗は，そのことを示唆している．

1) リレーションシップバンキングという用語には，厳密で統一的な定義が存在しているわけではない（内田（2007），15ページ）．ここでは，「金融機関と借り手中小企業との長期的で密接な取引関係や，そのような関係を通じて入手される有益な情報（ソフト情報）に基づいた貸出手法，およびそれがもつ経済的機能」という広い意味で用いる．ここで言う経済的機能とは，貸し手が借り手企業のリスクを長期的な視点から柔軟に評価し，そのことを通じて借り手企業のアヴェイラビリティをより安定的に提供することを指す．
2) 信金・信組は，旧相互銀行（現在の第2地銀）とともに，大手銀行が限界的な融資対象として扱っていた中小企業に対して，安定的な資金供給を行うために設けられた中小企業金融専門機関である．特に協同組織金融機関である信金・信組に対しては，地域における相互扶助という経営理念に基づき，税制面などでの優遇措置とともに，取引先（一定の地域内に居住する中小企業や個人を会員とし，融資は原則として会員または地域内の勤労者に限られる．また，法人会員の規模にも制限がある）や営業地域についての規制が設けられている．
3) 2003年3月末に発表された「アクションプログラム」以降，金融庁はこれらの金融機関に対してリレーションシップバンキング強化のための計画策定とその実行

を求めるようになった．それは当初時限的な取り組みであったが，2007年4月以降恒久的に取り組むべきものと位置付けられるようになった．
4) 若林（2006）によれば，「社会ネットワーク分析を取り入れた組織や経済の社会学の研究パラダイムは『新しい経済社会学（New Economic Sociology）』と総称されている．ことにその中で埋め込みを重視するウッジやグラッティらの研究グループについては『埋め込みアプローチ』ともいわれる」（69ページ）．
5) その他，代表的なものとしてPetersen and Rajan（1994, 1995），Boot（2000），Berger and Udell（1995, 2002）などがある．また，これらの研究は由里（2003），村本（2005），筒井・植村編（2007），内田（2010）などで詳しく紹介されている．
6) これに対して関係性に依存しないスポット取引は「トランザクションバンキング」，財務諸表に代表される定量的な情報は「ハード情報」と呼ばれている．
7) ソフト情報を活用した貸出手法はリレーションシップ貸出と呼ばれる．これに対して，企業の財務情報，担保価値など，ハード情報に基づいた貸出手法はトランザクション貸出と呼ばれる．
8) このようなソフト情報の性質は，M.ポランニー（2003）の言葉でいえば「暗黙知」である．「私たちは言葉にできるより多くのことを知ることができる」（ポランニー（2003）18ページ）．「それがきちんと伝わるかどうかは，受け手が，言葉として伝え得なかった内容を発見できるかどうかにかかっている」（同20ページ）．
9) ただし，彼は次のことを付け加えている．「アカデミックな経済学者も，公開された財務数値に基づいた機械的な取引ルールがリスクに見合った正のリターンを得ることを可能にすると期待しているわけではない．全ての有用な情報が数字に要約されるわけではないことは，暗黙の前提である．関係するデータのいくらかは質的であり，個人的な意見である」（Petersen（2004），14ページ）．しかし，彼が基本的にソフト情報がハード情報によって代替され得ると考えていることは明らかである．
10) ウッジの情報の分類基準は以下の3点である．①標準化されている，②第三者によって実証できる，③誰にでも入手できる．②③は①から派生していると考えられるため，①が主要な基準である．
11) 「企業の資金繰り上の特性，経営者の経歴・経験・金銭概念・約束履行意志や家族を含めた資産保有状況など」（由里（2006），112ページ），「経営者の人柄・能力・経営判断・業界での評価・地域での風評」，「従業員の資質・士気・技術力・開発力などや，その企業の業界・地域での評価など」（村本（2005），18ページ）．また，前掲のUzzi and Lancaster（2003）は「非公開情報」の具体例として「その企業の未発表の戦略の一部分，特有の能力，文書には現われない生産能力，内部での経営摩擦，あるいは世代交代の計画，決定的なサプライヤー，あるいは依存している顧客，契約上の特別条項，未発表の経営上の新機軸，背後にある動機など」を挙

げている (384 ページ).
12) 詳しくは拙稿 (2010b) を参照されたい.
13) この分類に, 信金・信組が利用する独自のソフト情報として定期積金の実績を加えることができる. これには, 返済原資 (この場合はキャッシュ・フロー) の確認と, 将来性の判断の両方の意味がある.

　信金・信組は, これらのソフト情報を利用して, どういう条件で融資するかをその都度考える (たとえば, 短期か長期か, 担保・保証か「信用」か, 保証協会か一般の保証会社か, などなど).「どうやったら貸せるか」は貸出先ごとに異なるため, できる限り細かい情報が必要になるのである (たとえば月々のキャッシュ・フローが少ない顧客は, 貸し出しが長期になるので保証人が必要になるなど).
14) 堀内 (2004) がいうように, リレーションシップバンキングとトランザクションバンキングの区別はあくまでも理論上の区別であり, 現実の融資は両方の特性を備えている (108 ページ, 脚注 22).

　また, 大企業のリスク評価におけるソフト情報の必要性については砂村 (1996) を参照されたい. この研究では, 上場企業の財務情報などは, 信用分析機関や格付け会社などから充分に収集することが可能であるが, これらの情報の信憑性は, 当該企業の財務担当者や主要な取引先への直接訪問・面談, 監査人報告書に示されていない金融取引明細表やデータの点検, 昼食や週末のスポーツ・クラブでの会話によって裏付けを取らなければならないことが示されている. また, 大企業が窮地に陥った場合, ソフト情報の重要性が一層高まることも示されている.
15) 例えば中小企業金融に携わる実務家の指摘として次のようなものがある.「専門の経理スタッフが処理した財務諸表で監査法人がチェックしているようなものに比べると, 特に零細企業の場合は財務諸表類というのはあまり信頼性を前提にしては考えられないという現実があります」(荒井 (2007), 27 ページ).
16) 村本 (2005), 36-38 ページ.
17) 山口 (2002), 82-86, 115-123 ページ参照.
18) 情報開示制度や監査制度が, 必ずしも良質なハード情報の生産を保証するとは限らない. それはエンロンやワールドコム等米国の巨大企業や, 日本のライブドアによる会計操作・粉飾決算の事例を見れば明らかである. また, 現在起きているサブプライムローン問題においても, ローンを証券化する際に行われる格付会社による格付けに対して, その信頼性が疑われている.
19) ハイエクはこのような知識の例として, フルに使用されていない機械の使用方法, 他人の技術の別の利用方法, 隙間産業やさや取り業者のもつ知識, などを挙げている (58-59 ページ).
20) 渡辺 (2006) によれば, ハイエクにおける「現場の知識」と「科学的知識」という情報の区別には M. ポランニーの影響が見られる (240-241 ページ).

21) そこでは彼が「科学的知識」「統計情報」などと呼ぶ，組織され定型化された情報が利用される．
22) 高田（1999）は経済システムにおいて市場メカニズムや公的規制と並んで存在する交渉，協働，調整などの社会的プロセスを，「非市場的な調整メカニズム」と呼ぶ．その概念については高田（1999）217-222 ページを参照されたい．
23) また，すでに述べたことであるが，ウッジらの研究は，ハード情報の伝達にとっても，（アームスレングスな）人間関係が重要であることを強調する．信金・信組においてもこのような事実が確認できるかどうかは今後の課題である．
24) 多胡（2004），259-262 ページ．
25) 関西地方の中小企業へのアンケート調査によれば，信金・信組は，他業態よりも頻度の高い渉外活動を行っている．中小企業経営者がメインバンク職員と顔を合わせる頻度は，都銀（1 カ月に 1 回），地銀（半月に 1 回），信金（10 日に 1 回）の順に高い．このような訪問頻度の高さは，借り手企業におけるメインバンク評価の高さにつながっている（家森（2006），43-63 ページ）．

　信金の渉外体制は，1960 年頃おおよそ現在の形をとるようになり，都銀との競争が激化し始めた 1973-1974 年度を境に強化された．この時期における渉外活動強化の内容を要約すれば，「狭域高密度」の営業地域設定，営業地域内における「全戸訪問」，「小口・零細の取引」の積極的な展開である．また，そのための手段として，定期積金が活用された．詳細は拙稿（2011）（2012）を参照されたい．
26) 詳しくは拙稿（2010b）を参照されたい．定期積金の集金や，これらの企画などの取り組みは，直接的に信頼関係を意味するわけではなく，さしあたりは信頼関係を作る手段あるいはきっかけとして理解できる．しかし，渉外係が顧客の下を定期的に訪れることができているという事実，あるいは顧客が企画や旅行に来ているという事実自体が，信頼関係を形成できている証拠だと考えることもできる．このことの論証は，最終的にはこれらの取り組みと融資金額や取引期間との相関を調べることによって達成されると考えられる．
27) Lapavitsas（2008）21-23 ページ．

参 考 文 献

相川直之監修『営業店戦略・渉外活動研究』，地域産業研究所，2001 年
新井大輔「都内 2 信用金庫へのヒアリング調査報告書」，『論究』（中央大学大学院経済学・商学研究科），第 41 号，2009 年，77-96 ページ
――――（2010a）「中小企業金融におけるハード情報とソフト情報の相違と相互補完関係」，『季刊 経済理論』，第 46 巻第 4 号，2010 年，54-64 ページ
――――（2010b）「信金・信組における渉外活動の機能」『大学院研究年報』（中央大学大学院商学研究科），第 39 号，2010 年，19-33 ページ

―――「1970 年代における都銀と信金の競争激化とリレーションシップバンキング」『商学論纂』(中央大学商学研究会),第 52 巻第 5・6 号,2011 年,363-397 ページ

―――「高度成長期における「金融の二重構造」とリレーションシップバンキングの成立」(未定稿),2012 年

内田浩史「リレーションシップバンキングの経済学」,筒井義郎／植村修一編『リレーションシップバンキングと地域金融』,日本経済新聞出版社,2007 年,13-46 ページ

金融審議会「リレーションシップバンキングの機能強化に向けて」,2003 年

齊藤 正「金融自由化と協同組織金融機関」,『経済学論集』(駒沢大学経済学会)第 26 巻第 3 号,1995 年,97-119 ページ

―――『戦後日本の中小企業金融』,ミネルヴァ書房,2003 年

―――「中小企業金融の特質と専門機関の役割」,齊藤正・自治体問題研究所編『地域経済を支える地域・中小企業金融』,自治体研究社,2009 年

砂村 賢「メインバンクの人材育成と管理技能の向上」,青木昌彦／ヒュー＝パトリック編『日本のメインバンク・システム』,東洋経済新報社,1996 年,355-396 ページ

全国信用金庫協会編『信用金庫 40 年史』全国信用金庫協会,1992 年

全国信用金庫連合会『信用金庫の貸出業務の実態』,1972 年

高田太久吉「金融業の規制緩和・市場規律・非市場的調整」,花輪俊哉編『金融システムの構造変化と日本経済』,中央大学出版部,1999 年,211-267 ページ

多胡秀人「リテールバンキングのビジネスモデル」,堀内昭義・池尾和人編『日本の産業システム 9 金融サービス』,NTT 出版,2004 年,253-302 ページ

根本忠宣「情報インフラの高度化が中小企業の資金調達に与える影響」,建部正義編『21 世紀の金融システム』,中央大学出版部,2002 年,151-192 ページ

―――「日本の金融機関における審査体制とソフト情報の収集・活用」『商工金融』,2011 年 1 月号,2011 年,8-37 ページ

日向野幹也『金融機関の審査能力』,東京大学出版会,1986 年

堀内昭義「金融システムにおける融資取引関係の可能性と限界」,堀内昭義／池尾和人編『日本の産業システム 9 金融サービス』,NTT 出版,2004 年,100-150 ページ

村本 孜『リレーションシップ・バンキングと金融システム』,東洋経済新報社,2005 年

藪下史郎／武士俣友生編著『中小企業金融入門 第 2 版』,東洋経済新報社,2006 年

家森信善「企業が望む金融サービスと中小企業金融の課題」,経済産業研究所 Discussion Paper Series 06-J-003,2006 年

由里宗之『リレーションシップ・バンキング入門』,金融財政事情研究会,2003年
若林直樹『日本企業のネットワークと信頼』,有斐閣,2006年
渡辺幹雄『ハイエクと現代リベラリズム』,春秋社,2006年
『金融ジャーナル』,1988年特大号,96-111ページ
Berger, A. and Udell, G. "Small Business Credit Availability and Relationship Lending : The Importance of Bank Organisational Structure," *The Economic Journal*, Vol. 112, 2002, pp. 33-53
Boot, A. "Relationship Banking : What Do We Know?," *Journal of Financial Intermediation*, Vol. 9, No. 1, April, 2000, pp. 7-25
Granovetter, M. "Economic Action and Social Structure : The Problem of Embeddedness," *American Journal of Sociology*, No. 91, 1985, pp. 481-510（渡辺深訳「経済行為と社会構造：埋め込みの問題」,『転職　ネットワークとキャリアの研究』,ミネルヴァ書房,1998年,239-280ページ）
Hayek, F. A. "The Use of Knowledge in Society," *American Economic Review*, XXXV, No. 4, September, 1945, 519-530（田中真晴／田中秀夫訳「社会における知識の利用」,『市場・知識・自由』,ミネルヴァ書房 52-76020,1986年）
Lapavitsas, C. "Financialised Capitalism : Direct Exploitation and Periodic Bubbles", 2008
Petersen, M. "Information : Hard and Soft." Working Paper, Northwestern University, 2004
―――― and R. Rajan. "The Benefits of firm-creditor relationships : Evidence from small-business data." Journal of Finance, 49, 1994, pp. 3-37
―――― and ―――― "Does Distance Still Matter? The Information Revolution in Small Business Lending." Journal of Finance, 57, 2002, pp. 2533-70
Polanyi, M. "The Tacit Dimension", 1966（高橋勇夫訳『暗黙知の次元』,ちくま学芸文庫,2003年）
Rajan, R. and L. Zingales "Saving Capitalism from the Capitalists" Crown Business, 2003（堀内昭義他訳『セイヴィング　キャピタリズム』,慶應義塾大学出版会,2006年）
Scher, M. J. "Japanese Interfirm Networks and There Main Banks", 1997（奥村宏監訳『メインバンク神話の崩壊』東洋経済新報社,1998年）
Uzzi, B. "Embeddedness in the Making of Financial Capital : How Social Relations and Networks Benefit Firms Seeking Financing." *American Sociological Review*, Vol. 64, 1999, pp. 481-505
Uzzi, B. and R. Lancaster "Relational Embeddedness and Learning : The Case of Bank Loan Managers and Their Clients," *Management Science*, Vol. 49, No. 4, April, 2003, pp. 383-399

執筆者紹介 （執筆順）

林　　　正　樹（はやし　まさき）	研究員・中央大学商学部教授
所　　　伸　之（ところ　のぶゆき）	客員研究員・日本大学商学部教授
岡　村　龍　輝（おかむら　りょうき）	客員研究員・明海大学経済学部専任講師
山　田　雅　俊（やまだ　まさとし）	客員研究員・名古屋産業大学専任講師
井　上　善　博（いのうえ　よしひろ）	客員研究員・淑徳大学国際コミュニケーション学部准教授
塩　見　英　治（しおみ　えいじ）	研究員・中央大学経済学部教授
島　内　高　太（しまうち　こうた）	客員研究員・津市立三重短期大学法経科准教授
孫　　　榮　振（そん　よんじん）	客員研究員・㈱エコマット産業部長・監査役
瀬　口　毅　士（せぐち　たけし）	客員研究員・鹿児島県立短期大学商経学科専任講師
根　岸　可奈子（ねぎし　かなこ）	準研究員・中央大学大学院商学研究科博士後期課程
奥　寺　　　葵（おくでら　あおい）	元客員研究員・千葉商科大学商経学部専任講師
新　井　大　輔（あらい　だいすけ）	準研究員・中央大学大学院商学研究科博士後期課程

現代企業の社会性──理論と実態──　　　　　　　　中央大学企業研究所研究叢書　31

2012 年 3 月 5 日　初版第 1 刷発行

　　　　　編著者　　林　　　　　正　　　樹
　　　　　発行者　　中　央　大　学　出　版　部
　　　　　代表者　　吉　　田　　亮　　二

〒192-0393　東京都八王子市東中野742-1
発行所　電話 042(674)2351　FAX 042(674)2354　　中央大学出版部
http://www.2.chuo-u.ac.jp/up/

© 2012　　　　　　　　　　　　　　　　　　　㈱千秋社
　　　　　ISBN978-4-8057-3230-4